復旦往事

吴中杰 著

复旦大学出版社

目 录

小引	1
灵魂的撞击	1
最是校园不平静	16
"阳谋"下的落网者	40
蓊溪纪事	72
跃进岁月	91
张弛之间	115
到农村去上阶级斗争主课	135
诸神渴了	160
复旦园里炮声隆	196
被扮演的"反革命"	227
大学还是要办的	323
艰难的转折	340
附录:谈校史的编写方法	360
后记	374
再版后记	376

小引

几年前,我出版了那本以描写复旦教师为主的《海上学人漫记》之后,就打算接着再写一本记叙复旦往事的散文集子,但因为其他事忙,一直因循未果。现在,复旦大学百年校庆将临,我想乘此机会,将这本书写出来,一则为百年校庆凑个热闹,二则也算是给自己在复旦半个世纪的生活留个纪念。

复旦百年,大致可以1949年为界,分为两个阶段。1949年以前,复旦虽然有马相伯、严复、于友任、邵力子、李登辉、章益等名流学者长校、任教,但在抗日战争以前,毕竟是一所规模较小的私立大学,抗战期间改为国立,也算不上名校。听老学长们说,抗战时期国内的四大名校是:西南联大(由北大、清华、南开三所大学组成)、中央大学、浙江大学和武汉大学。抗战胜利以后,复旦在民主运动中较为活跃,但主要影响还是在上海地区,并不算是全国的先锋。1949年上海解放,复旦得到共产党和人民政府的支持,才有了长足的发展。所以复旦将上海解放的日子:5月27日,作为自己的校庆日,是有他的道理的。

复旦之成为全国性重点大学,是在1952年院系调整之后。

1952年的院系调整,是以前苏联的办学模式来改造欧美的办学模式。因为那时号召一边倒,举国上下正在全面学习苏联老大哥的时候,高等学校自然不能例外。原来按欧美模式建立起来的大学,一般是由文、法、理、工、商五大学院组成的多科性大学,有些大学还有医学院、农学院,院系调整之后,就改造成为两类大学:一类,是由文、理两个基础学科组成的综合性大学,如北大、复旦;另一类,是以某一两个应用性学科

1950年5月27日的复旦校门披着节日的盛装,用以庆祝新定的校庆日。

20世纪50年代初期东移的复旦校门,面对着国权路。

为特长的专科性大学,如清华以建筑和机械为主,交大以造船和电机为主。当然,院系调整也有很强的政治因素。教会学校被认为与帝国主义文化侵略有关,一律撤销,如燕京大学、圣约翰大学;与国民党关系密切的学校也要撤销或削弱,如中央大学直接由国民党中央所掌握,自然不能继续存在,所以早就改组为南京大学,广西大学的许多教授是桂系首领的智囊,这所大学与桂系军阀的关系太密切,也被撤销了——现在的广西大学是后来重建的,而且校址也由桂林改在南宁。而复旦之所以能得到扶持,则与它在战后反对国民党政权斗争中的出色表现有关。

近年来,我们的高教界又在进行调整了,虽然并无"院系调整"的名称,其力度也相当的大。但调整的思路却与上次截然不同,甚至可说是反其道而行之,即以欧美模式来改造前苏联模式,又重新合并和改造为多科性大学,而且仿佛是以大为好,学校愈并愈大,有些还以全国最大的学校相标榜。行动虽然在变化,但对1952年的院系调整,却一直不见有什么认真的总结。这场改革到底给中国的高教事业带来什么样的后果呢?古语云:"前事不忘,后事之师",对于前事倘无清晰的认识,那么,后事进行的根据又何在呢?

1952年的院系调整,对于有些大学来说,造成了致命性的伤害,但复旦却是这场调整的受益者。它归并了许多学校的师资和设备,壮大了自己的力量。

50年代末期,复旦校门再次东移。这个校门造得很有气派,是师生们摄影留念常选的背景。这张照片是中文系61级部分毕业生回校时所摄。

院系调整的前奏,其实在1949年8月就开始了,从那时起,就陆续有一些高等学校并入复旦,如暨南大学、英士大学、华东新闻学院等。刘大杰先生在暨南大学当过文学院院长兼中文系主任,他是1949年9月,在暨南大学撤销之后调入复旦的,所以才会在复旦经历1951至1952年的思想改造运动,而且有轰动一时的跳黄浦事件;郭绍虞先生也是1949年9月从同济大学调来的,他原是同济文法学院院长。大规模的院系调整,是思想改造运动基本结束之后,在1952年8、9月份进行的,因为经过了思想改造运动,又是按上面的指令办事,所以三下五除二就解决了,并没有费太多周折。

据《复旦大学志》记载,从1949至1952年,前后计有十八所高等学校的有关系科并入复旦。其中有公立大学八所:浙江大学、交通大学、同济大学、暨南大学、南京大学、英士大学、安徽大学、华东新闻学院;私立大学六所:大同大学、大夏大学、光华大学、中国新闻专科学校、民治新闻专科学校、上海学院;教会学校四所:圣约翰大学、沪江大学、震旦大学、金陵大学。加上复旦本校,这所新的复旦大学是由十九所高等学校的有关系科组成,是全国院系调整中组合高校最多的一所大学。

当然,复旦也有调出去的系科,如:财经学院的会计、统计、企业管理、银行、贸易、合作六个系,以及统计、贸易、银行三个专修科,就调出去组成上海财经学院;农学院的农艺、园艺、农化三个系,调至沈阳,新建沈阳农学院,茶叶专修科调至安徽大学农学院;法学院法律、政治两系调出,与圣约翰等九所大学的有关系科合并,组成华东政法学院;外文系的德文组调到南京大学;理学院的土木工程系并入同济;文学院的教育系并入华东师大。此外,还撤销了一个系:社会学系。

但总的说来,复旦是进多出少,力量壮大了。

复旦大学于1949年7月29日成立校务委员会,主任张志让(左),副主任陈望道(右)。1952年10月3日,陈望道担任校长。

办学的决定因素是师资力量。复旦在院系调整之后,汇集了一批著名学者,人才济济,极一时之盛。20世纪50年代的学部委员和一、二级教授,就有一大部分是从别的学校调来的,如:苏步青、陈建功、谈家桢、吴征铠、卢鹤绂、谭其骧等来自浙江大学,周同庆来自交通大学,顾翼东来自大同大学,吴浩青来自沪江大学,郭绍虞、杨武之来自同济大学,赵丹若、王恒守来自原中央大学,刘大杰、吴文祺来自暨南大学……当然,也有些在院系调整之前原就在复旦任教的,如陈望道、卢于道、陈子展、周谷城、周予同、全增嘏、陈传璋、张孟闻、孙大雨等。

我在1953年入学时,院系调整已经结束,复旦的校舍虽然还很瘑陋,但名师荟萃,实力强大。后来盛传当年复旦中文系有十大教授,其实,当时的教授何止十人。影响较大的就有:郭绍虞、刘大杰、朱东润、陈子展、蒋天枢、王欣夫、赵景深、徐澄宇、吴文祺、张世禄、郑权中、李笠、乐嗣炳、贾植芳、方令孺、余上沅等人;陈望道原是新闻系教授,当时因为做校长事忙,也没有给我们上过课,但他创立的语法修辞逻辑研究室与中文系有关,也可排在中文系教授名单之内。当时这些"老教授"大都还只有五十岁上下,用现在的标准衡量起来,大概只能算是中年教师,而鲍正鹄、胡裕树、蒋孔阳、濮之珍、王运熙等中年教师,都还只有三十岁上下,照现在的说法,则是青年教师。他们当时大都精力充沛,正是大有作为的时候。可惜政治运动一个接着一个,使人不得安闲,而且对人伤害很深。

除了思想改造运动之外,20世纪下半叶的政治运动我都身历其境,可以说是与复旦共同经历了半个世纪的风风雨雨。往事虽然不堪回首,但是又不能不去回首。因为,正如鲁迅所说:"历史上都写着中国的灵魂,指示着将来的命运……"

凡有老同学回校,每每要我陪着重游故地,看看当年上课的教室,抢过位置的图书馆和住过的宿舍。被打成"右派",历尽坎坷的叶鹏同学,还要去凭吊当年批斗他的场所,以及他和当时的恋人依依惜别的地方。是的,无论是欢乐还是痛苦,这里都存留着我们岁月的印痕,它印在我们脑子里的,是抹不去的记忆。

我将根据自己的所见所闻,记录下一些20世纪下半叶的复旦往事。为朋友,为后来者,也为我自己。

灵魂的撞击

建国以后,第一次针对知识分子的大规模政治运动,是1951至1952年的思想改造运动,而这种思想改造的要求,还是知识分子头面人物自己提出来的。这一点,不但后来者难以想象,就是过来人也大都记忆模糊了。但从文献资料看,事实的确如此。

1951年9月,北京大学校长马寅初首先提出在北大教师中进行思想改造学习的计划,得到了毛泽东主席的肯定;

9月29日,应马寅初校长之邀,周恩来总理到北大作《知识分子的改造问题》的报告,为了扩大影响,便于在全国范围开展思想改造运动,周恩来主动提出报告会扩大范围,请京津地区各高校师生代表参加;

10月23日,毛泽东主席在中国人民政治协商会议一届三次会议上说:"思想改造,首先是各种知识分子的思想改造,是我国在各方面彻底实现民主改革和逐步实行工业化的重要条件之一";

11月30日,中共中央发出《关于在学校中进行思想改造和组织清理工作的指示》。

于是,思想改造运动就在全国范围内全面展开。

当然,马寅初的思想改造计划之所以能迅速得到最高领导的肯定,而且立刻全面加以推广,只是因为这个计划正好投合了领导上的需要,或者本来就是上面授意提出的。从毛泽东在建国前夕所发表的《论人民民主专政》和五评《白皮书》的文章看,他把许多知识分子定位为"自由主义者或民主个人主义者",本来就对他们持批评态度,当然是非加以改造不可的。可以说,对知识分子进行思想改造,是中共中央的既定方针。

但从马寅初的行动中,我们也可以看到当时知识分子自身要求改造的积极性。他们竭力想要捐弃旧我,争做新人,跟上时代的步伐,符合革命的节拍。当然,这也是形势逼人,从旧社会过来的知识分子,非接受改造不可。所以在马寅初提出思想改造学习计划之前,朱光潜就在1949年11月27日的《人民日报》上发表了《自我检讨》,接着,费孝通和冯友兰又在1950年1至2月间,在《人民日报》上发表了《我这一年》《一年学习的总结》等文章,谈自己一年来思想改造的体会。

但谁又能知道,后来却是愈改造离共产党的要求愈远,愈改造愈变成为革命的对立面了呢?就连倡导知识分子思想改造的马寅初本人,也在数年之后,因在人口论问题上坚持自己的学术见解,不肯屈服于强力的批判,而被拉下台来,成为拒不接受改造的顽固派典型。

这里只好说声"呜呼哀哉"了!

变革中的新奇与困惑

对于知识分子的思想改造工作,其实早就开始了。只不过在1951年下半年之前,因为忙于抗美援朝、土地改革和镇压反革命三大运动,还来不及全面展开罢了。

开始是采取正面教育的方式,学习社会发展史,学习辩证唯物论,学习《新民主主义论》、《论人民民主专政》和五评《白皮书》的文章,等等。于是,大家都认识到,世界各国的社会发展,都是由五个阶段组成的,即原始共产主义社会、奴隶制社会、封建社会、资本主义社会和科学共产主义社会,这就坚定了大家走社会主义—共产主义道路的决心,因为这是社会发展的必由之路;而自由主义或民主个人主义是资产阶级思想,

50年代初期,多次在学生中发动参军参干运动,参干者,即参加军干校之谓也。当时的青年向往革命,报名非常踊跃。

是逆历史潮流而动的,所以非加以改造不可。

同时,也动员知识分子参加社会运动。解放初期的社会运动实在太多,而且无一不波及学校。三大运动也相继化为:参军、参干,检举反革命,批判"亲美、崇美、恐美"思想,以及抗美援朝捐献运动……发动知识分子参加社会运动,一方面可以造成巨大的声势,另一方面也使知识分子在参加社会变革中变革自己的思想。所以,连反银元贩子的斗争,也要学校派出宣传队,上街宣传。

而影响最大的,当然要算发动文、法两个学院的师生参加土地改革运动了。

复旦土改工作队去的是淮北地区的两个县:五河与灵璧,参加了两期土改工作。时间是从1951年10月7日到1952年2月6日,历时四个月。

当时,大学教授还有相当的威望,所以许多事情还得由教授出面或由教授挂名。比如,在学习动员阶段,学校组织工作队师生在胜利电影院看了一场电影《白毛女》(那时复旦还没有放映机,所以只好组织大家到电影院去看电影),就由教务长周谷城教授在放映前作了半小时的动员报告,而工作队队长则由副教务长周予同教授担任,宣传部长是陈守实教授,因为他是研究土地关系史和农民战争史的,但陈守实不参加任何会议,宣传部的实际工作由副部长余子道代理——余子道当时还是学生中的团员干部,已能独当一面了。

当然,教授们本来就是挂名的,正如当时中央政府许多部的部长虽然是由民主人士担任,而实权却掌握在党员副部长兼党组书记手里一样,复旦土改工作队实际上也是由副队长余开祥负责,余开祥是土改工作队党小组负责人。但余开祥也决定不了大事,因为他是知识分子党员,一则不了解农村情况,没有土改经验;二则本身也是要接受改造的。真正的决定权掌握在华东土改工作团手里,由他们来划定成分,选择斗争对象,决定处置办法,等等。这个团由干部组成,已在苏北搞过几期土改,算是老手了。

尽管如此,教师们的积极性还是很高的,办事也十分认真。比如,有一户农民被划为地主,他们根据实际材料,认为是错划,就联名写信向土改工作团提出意见,力求做到公正;而对于干部中的不法行为,也勇于提出来,要求处理。所以在土改结束,工作队撤离时,农民们舍不得有些队员走,热情地加以挽留。

1951至1952年,复旦师生奉命组织土改工作队,开赴安徽,参加土地改革运动。这既是一项重要的社会改造工作,也是一项重要的思想改造措施。图为参加土改的教师合影。

至于教师们此行的内心活动，我们可以从谭其骧教授日后在思想改造大会上的自我检查中看出。他在检查中说及自己积极报名参加土改的动机，除了"无可奈何"、"奉命参加"、"过关思想"之外，还说了几条很可注意的想法："光荣感，认为这样一场重大的政治运动，自己能够作为一名工作队员，是非常光荣的"；"立功思想，自己没有什么光荣的历史，企图参加土改为党、为新社会做一点事，多少立一点功"；"面子问题，觉得这样重大的政治运动，如果不能参加就会被人瞧不起"；"镀金思想，参加过土改就有了政治资本"（据葛剑雄《谭其骧前传》所录）。这里所说的一些想法，是真实的，我们从中可以看出当时知识分子的心态。过去中国知识分子一直是把到欧美留学看作是镀金——到日本留学只能算镀银了，现在却把参加土改看作是镀金，可见时代风气的变化，不是当事人自己说出，后来的人是难以想象的。

据老先生们回忆，当时参加土改的教师很多，历史系有：周予同、陈守实、谭其骧、胡厚宣；中文系有：陈子展、刘大杰、蒋天枢、赵宋庆、胡文淑、鲍正鹄、胡裕树、蒋孔阳、王运熙；新闻系有：赵敏恒、曹亨闻、舒宗侨、杜月村；经济系有：朱伯康、苏绍智、陈其人；此外，还有外文系的全增嘏、社会系的孙桂梧、法律系的陈文彬，等等。他们中有些人还参加了县土地改革委员会。当然，这也只是挂名的角色，用来象征一种反封建的统一战线。

但由于华东土改工作团的干部们以老革命自居，对知识分子缺乏尊重，双方的矛盾也时有发生。最严重的一次是由工作团一名干部自杀事件引起的。这位干部追求复旦新闻系一位女生，纠缠不休，该女生被缠得没有办法，只好向小组长汇报，小组长葛迟胤严肃地批评了这位干部，叫他别再纠缠了。不料这个干部恼怒之下，竟开枪自杀了——为了对付土匪和镇压土豪，土改工作团是带有枪弹的。于是工作团要追究葛迟胤的责任，强迫他作出检讨。葛迟胤是根硬骨头，他说自己没有错，坚决不作检讨。工作团就上纲上线，说他逼死工农干部——这在当时是很严重的罪名。葛迟胤经过调查，指出该干部是小商人出身，而且搬出了毛泽东的《中国社会各阶级的分析》作为依据，证明小商人属于小资产阶级，与工人农民不是一个档次。毛泽东著作在当时是革命运动的指南，谁也不敢有所非议，此事只好不了了之。复旦方面对葛迟胤的行为是默许的，自然不作什么处理，在他毕业时还将他留校任教，可见对这个人还是比较欣赏的。但到得1957年，葛迟胤却因宣扬系主任王中教授的新闻理论而获罪，被打成了"右派"分子。我想，这与他骨头太硬，大概不无关系，因为领导上毕竟是不喜欢具有独立见解的人。60年代初，我与葛迟胤做过邻居，那个时候，只见他点头哈腰，唯唯诺诺，完全没有一点硬气了，要不是听到老学长的介绍，绝对看不出他当年的锋芒来——他已经被改造得很好了。

　　五河、灵璧本来就是两个穷县，前几年在这一带刚打过淮海战役，灵璧县的墙壁上还有密密麻麻的弹孔，上一年又遭了淮河水灾，饿死和被一同避水到树上的毒蛇咬死了不少人。据余子道说，他在五河和灵璧跑了很多人家，就没有看见过一张四只脚完整的桌子，也没有看见过一家有脸盆、毛巾的，最好的人家，也只是在灶头上埋一个瓦罐，烧饭时可以顺带热一点水，里面放一块旧布，全家轮流用这块布擦脸。有些人家父子两人合用一条裤子；有些在堤坝边搭一个草棚住，大水一来就泡在水里；有些人家住的房子没有屋顶，下起雨来只好东躲西藏。就是地主人家，也是破破烂烂的。当地以胡萝卜和山芋为主食，并辅以高粱粉——这些粗粮，现在经过精心打造，已成为酒席上的特色菜，但在当时，却是粗粝得难以下咽之物。建房的材料，不是用窑烧的砖瓦，而是用碎麦秆、碎稻草与泥土拌起来在模子里压成的大土砖。历史学家周予同、谭其骧说，这是西汉时代的造房水平。而耕作方法，则连西汉也不如了，因为西汉早已有了牛耕，而在五河与灵璧两县，竟连一条牛也看不到，农民只好用锄头来翻地。

复旦的师生，长期在大城市里生活，有些学生的家庭环境还很好，何曾见过这种艰苦生活，所以这番经历，对他们了解社会、认识社会很有好处，思想上也确有很大的触动。但在总结会上，却又提出了一个现实的问题：农民的思想意识是比较落后的，知识分子应向农民学习些什么？

这一个问题，连复旦土改工作队里的党员干部也无法解决，因为他们自己毕竟也是知识分子。听说，党小组长余开祥就引用过毛泽东的话，说毛主席曾经肯定过学生运动的先锋作用，并说过知识分子在民主革命时期是首先觉悟的成分。但来自中央工作团的党校干部则说：毛主席虽然肯定过学生运动，但他还讲过许多知识分子要向工农学习的话，这是一个方向问题。这位干部还斩钉截铁地说：知识分子应该向工农投降。

"投降"之说，复旦师生还是第一次听到，感到很新奇，很震动,也很不理解。但那时认为中央下来的人,水平总是很高的,何况还是党校来的呢!于是就带着收获和疑惑,回校去了。

在碱水里浸泡

土改工作队回到学校,思想改造运动也就开始了。

这时,华东局文教委员会从华东革命大学抽调了王零、郑子文等一批干部到复旦来加强领导,他们与1949年派来接管复旦的军代表李正文,1950年从华东新闻学院合并过来的该院的领导人王中等,共同组成了中国共产党复旦大学委员会,改变了原来以地下党知识分子党员为主的领导班子。李正文任第一届党委书记。并成立了"精简节约及思想改造学习委员会"(简称学委会),以陈望道为主任,李正文为副主任,王零为办公室主任,具体领导思想改造运动。

与知识分子的思想改造运动同时进行的,还有"三反"、"五反"运动。"三反"是针对干部的,"五反"是针对资本家的,本来应与知识分子无关,但因为所反之事,都属于资产阶级思想,所以也就搭上了界。因而,思想改造的第一阶段,重点也就在反贪污、反资产阶级思想上。

学校本来就是清水衙门,教师又不管理财务,哪里来的贪污事件呢?但华东军政委员会的干部却特地批判了"学校是清水衙门,无贪污可反"的"错误观点",于是教师们也只好挖空心思来检查。检查得最多的,大抵是用了公家的信纸、信封——甚至是旧信封;用公家的话机打私人电话;借了图书馆的书不还，丢掉图书馆的书不赔，等等。即使从不动用公家信纸信封的人，也要借此题目，检查一下思想，如周谷城在自我检查时就说："我从来不用公家的信纸信封，是为了怕公私不分的批评，不贪便宜不是为公家打算，而是为自己打算，并不是真正爱护公共财物。"——这显然是为了要做检查而硬找话题了。还有人检查在某校多领了一个月的工资，而没有去上课；或者拿了多少稿费而没有交工会费；还有在解放前通货膨胀时期买过黄金、银元、美钞的。周予同检查自己用屋前敌伪留下的木头，做了一张小桌、四只椅子；胡厚宣则交代在解放前曾买卖甲骨，从中赚了钱——这已算是较为明显的事，老复旦们至今还记得起来。我们今天看来，这些大都是些鸡毛蒜皮的小事，但当时的学委会却把这一切都统计在贪污范围之内，李正文在总结报告中说：复旦教授中贪污的比例有百分之六十三点七，讲师有百分之四十九点三，真是可怕的数字。而当时复旦打出来的大老虎（即大贪污犯），是保健科李科长，他曾经在全校大会上坦白交代，说自己私卖掉多少阿司匹林和盘尼西林等，造成了轰动性的效果。但运动结束之后，他还是坐在保健科长的位置上。大概查实下来，情况并不如他所交代的那么严重吧。

此外，则是检查资产阶级思想。这是人人都有很多东西可以交代的。比如，周谷城就检查自己讲究衣着，追求享受，喜欢跳舞，"口袋里当票一大把，却经常上馆子吃饭"；官僚主义，不负责任，盛气凌人，绕着弯子骂人，"外表谦虚，实际傲慢不可一世"；"不做专家，以通人自居"，"好大喜功，不想老老实实做学者"，"对教学不负责任，胆大妄为，有一知半解就对学生讲",等等(据《谭其骧前传》中所载谭其骧的会场记录)。其他人也如此这般地发掘自己的资产阶级思想,洗手洗澡,涤荡污垢。

这种检查,还要深入到业务领域。比如:经济系教授陈观烈是美国留学生,学过凯恩斯理论,教的课程是国际金融和国际货币,于是就被指责为贩卖帝国主义理论,为美帝张目,他只得自我批判,并因为认识得好,还在登辉堂全校大会上现身说法;政治系教授胡其安是英国留学生,研究西方政治理论与文官制度,这当然也是资产阶级的一套货色,他也在登辉堂上做检查,批判资本主义政治理论与文官制度。

但并不是自我检查一下就可过关的,还要经过群众评议。而群众总是说你避重就轻,或者是思想根源挖得不深,还得重新检查。周谷城在经过群众评议后,就作过补充检查。当然,对各人的分寸掌握得并不一样,松紧的程度,其实并不取决于群众,而是取决于群众背后的领导。有一位当年参加帮助教师思想改造的学长告诉我,他们系的领导曾与学生积极分子约定,教师的检查是否可以通过,以举鸡毛掸子为号。这位领导坐在主席台上,台上放着一把鸡毛掸子,如果他举起鸡毛掸子,某教师的检查就可通过,如他不举鸡毛掸子,学生就应穷追猛打。这种戏剧性的举动,当然并非每系都有,但借助学生的力量来逼迫教师交代问题,则是统一的部署。

就在这种追逼之下,发生了刘大杰跳黄浦自杀事件。

大杰先生是具有浪漫性格的风流才子,早年又搞过小说创作,平时讲话虚虚实实,难免有些夸张成分。思想改造运动刚开始时,他由于缺乏这方面的经验,不知道运动的厉害,还是照往常一样，一坐下来就与学生随便乱吹。他研究过西洋文学，还写过评论表现主义的专著，对德法的情况当然比较熟悉，就与学生大谈巴黎的胜迹，柏林的风光，一副游历过欧洲的派头。等到进入检查阶段，学生们就追问他在欧洲干过些什么勾当。其实，他只是在日本留过学，根本就没有到过欧洲，当然无从交代起。而大杰先生是极爱面子的人，拆穿之后，面子上很下不来，一时想不开，就跳了黄浦。好在他是白天跳江，又是在人流量较多的河段，马上就被人打捞了上来。

刘大杰跳黄浦事件，在复旦是一大逸闻，老人们每谈起思想改造运动，必然要提及此事。上面所述，就是从老复旦们的谈论中听来的。但我想，刘大杰的跳水，恐怕还有深层原因。他大概是怕有些历史问题过不了关。因为思想改造运动的后一阶段，着重追查的是历史问题。连陈望道的脱党问题也受到追查，何况其他？陈望道是上海共产主义小组的成员，这个小组是中国共产党的发起组，他又是第一个《共产党宣言》中文全译本的翻译者，只因为不满于陈独秀的家长式专制领导，产生冲突，就离开了共产党组织，但他从未放弃过对于共产主义的信仰，而且一直从事革命文化工作，是有名的左翼文化人，现在又担任着复旦大学校长之职，学生们还对他穷追不舍，弄得他几次掉泪，别人又如何是好呢？在旧社会过来的人，谁又没有三朋四友，没有复杂的社会经历呢？

但刘大杰跳黄浦之举，却惊动了华东局和上海市领导。华东局教育部副部长陈其五，专为此事发表意见，同时调整了运动的部署。陈毅市长还到复旦作了一次报告，对知识分子颇有慰抚之意，因此人们说，他是武戏文唱；虽然同时来复旦讲话的华东局宣传部长舒同,却仍是调门很高,人们说他是文戏武唱。但对知识分子的凌厉攻势,毕竟是缓和了下来。刘大杰不久也在全校大会上作了典型发言,他交代了自己的一些历史问题,也就算过关了。

教师们虽然都通过了检查,但这些材料却归入了档案,一并归档的还有系学委会做出的思想鉴定,此后每次运动都要拿出来敲打一番。而且,各人的位置也重新排定。我在1953年秋季入学时,就听人们传唱一首打油诗:"陈望道,卢于道,头头是道;张孟闻,曹亨闻,默默无闻。"据说是在一次新年联欢会上,苏步青出了上联,要求属对,严北溟站起来环顾了一下在场人物,见有张孟闻、曹亨闻二位,就对出了下联。这虽是即兴的打油之作,但也的确反映了思想改造运动之后教师们的不同处境。

学生虽然是用来帮助教师的进攻力量,但他们自己也在被改造之列。学生们可检查的事情更少,但也要有些交代才行。于是有些人检查入学动机,说读大学是想出人头地,有个人主义思想;有些上海女同学比较注重衣着打扮,穿高跟鞋,着旗袍,烫头发,自然是资产阶级享乐主义;有人看《红与黑》、《约翰·克里斯朵夫》,这是接受个人英雄主义的影响;还有一个同学,因为崇拜他那个做中央社记者的哥哥,羡慕西方新闻记者,这更是严重的阶级立场问题……

何况,有些资本家的子女,还有划清界线,揭发家长的任务。新闻系有一位女同学吴志莲,是天厨味精厂创办人吴蕴初的女儿,吴蕴初是进步的民族资本家代表,当时还担任华东军政委员会委员,但在"五反"运动中照样要审查交代,而学校里，吴志莲就成为团支部重点帮助的对象。团市委还特地派了位女干部奚珊珊来做思想工作，这位女团干部奚珊珊后来就成为当时复旦团委书记金冲及的夫人。大概这次工作是做得成功的，电影《不夜城》里有一段情节，就是以此为原型，复旦新闻馆（即现在的日本研究中心）还出了镜头。

但思想改造运动中的一些做法，对知识分子却伤害很大。个人隐私全部曝光，人格尊严受到打击。中国知识分子一向的信条是"士可杀而不可辱"，人格受到凌辱，还有什么自尊自信可言呢？打击了教师的人格尊严，当然也就使他们失却了学生的信任，教学工作自然无法正常进行了。《复旦大学志》在记述当时的情况时说："思想改造以后，由于教师在学生中的威信下降，加上有些学生分配所学的专业不符其本人志愿等原因，学生旷课现象严重，课堂秩序比较混乱。当时全校学生总数为二千三百零一人，每周旷课人数达四百四十四人次，占总人数的百分之二十至百分之二十五，有的学生背后乱骂教师，许多教师被扣上绰号，文科尤为严重。在上课时，有些学生未经许可自由出入教室，有些在做其他作业或看小说，有些在谈话，个别的甚至在上课时睡觉。晚自修时，有相当数量的学生在宿舍打桥牌，唱京戏、谈天等等，也有少数学生去上海市区跳舞、看电影、赌博，考试时，作弊现象亦相当严重。"我曾听1951年入学的学长说起，他们在听赵景深教授的课时，就有同学因打瞌睡，把头撞在赵先生突出来的肚皮上，赵先生也不敢说话——那时，课堂里没有课桌，同学们坐的是扶手上可放笔记本的椅子，而教师也就站在台下讲课，所以第一排的学生可以触及老师。

古人说："铁打的营盘，流水的兵"，学校与学生的关系也是如此。经过思想改造运动的学生们，是很快就会毕业离校的，当我们入学时，课堂秩序已经恢复，但教师们所受的精神创伤却是难以平复的。中文系教授陈子展，在思想改造运动中受到伤害，从此告别课堂；外文系教授孙大雨，不屈服于压力，一直对抗到底——他们在1957年都被打成"右派"分子。而心里不满者更是不计其数。

1957年春天，我们在听陈望道校长逐字逐句地传达毛泽东《关于正确处理人民内部矛盾的问题》记录稿时，记得里面还提到，说思想改造运动中伤了一些人，这样做不好，以后要注意和风细雨，不要再这样粗暴地伤害人了。可见领导上对于这个问题，并不是没有认识。但在正式发表时，却删掉了这一段内容，而且以后的政治运动却是愈来愈激烈，对于知识分子的伤害也是愈来愈严重了。

最是校园不平静

当姚文元还在上海滩上做文学批评家时,就时常对大学里的师生和研究机关中的科研人员加以奚落,说他们是关在高墙深院中做学问的人,借以反衬出他自己是个社会斗争的战士。其实,1949年以后的中国校园,从来就没有平静过。

我们的领导,始则把知识分子看作是依附在资产阶级这张皮上的毛,为要把他们移植到无产阶级这张皮上来,就得不断地进行改造;后来,又发现凡是知识分子成堆的地方,都是滋生修正主义的温床,为了反修防修大计,更须彻底地加以整顿。所以,学校往往成为政治运动的中心,而知识分子也就难得能坐下来研究学问了。

比较起来,在我做大学生的那几年:1953年秋至1957年夏,教学秩序还相对地稳定一些,不像后来那样,动不动就"停课闹革命",或者长期下乡搞运动。在那四年中,我们没有下过工厂、农村,总共只停过两次课:第一次是1955年夏天由反胡风运动进而进行全面的肃反运动;第二次则是1957年夏天的"反右"运动。但不停课并不等于不革命,不下乡并不等于不搞运动,那四年,学校仍进行了许多变革。

苏联模式的移植

我们入学之初,正是执行"一边倒"政策的时候,各行各业都要向苏联老大哥学习,大学教育自然不能例外。院系调整只是在大学组成结构上从欧美模式转为苏联模式,这远不是

1950年5月11日,以米哈诺夫为团长的苏联青年代表团来校联欢。

教育改革的全部。当时学习苏联是非常全面的,全面到巨细不遗。比如,在每天的课时安排上,我们一向是分段制,即上午四节课,下午三节课,然后是课外活动,但有一段时期,却要按照苏联模式,实行六时一贯制,即上午连上六节课,下午不排课。我不知道苏联学生早上吃的是什么东西,精力如此充沛,能够长久不衰,一直支持到午后,我们则上到五六节课时,总是精力不济,听不进课去,虽然在第三节下课时,每人可领取一只面包或馒头,使我们这些穷学生很高兴,但吃过之后,仍支持不到最后。好在此项改革措施没有维持多久,也就取消了,不知是因为教学效果实在太差,还是因为长期供应馒头面包支出太大之故——那时,大学生的伙食费是由国家包下来的。

但课程改革仍在进行。听说在我们入学之前,课程体系已作过很大的变动,不过我们并不了解变革以前的课程组合,所以也无从知道作过哪些变动。反正那时刚考入复旦,一切课程都很新鲜。只是有一门课改了之后,却很不适应,而且害处很大,那就是在各系的公共外语课中,一律取消英语课,而改学俄语。我们那时大都在中学学过六年英语,有些人从小学三年级读起,那就学了十年,水平虽然不能算高,但也都打下了相当的基础。倘能在这个基础上再继续学习四年或更多一些时间,至少在一般的阅读和应用上应该是可以对付的。现在一律从头改学俄语,就得从字母学起,虽然大家都学得很认真,有些同学还对着镜子不断练习俄语字母中那个特有的卷舌音——P,但大学生的记忆力已不如中小学生,而专业功课又很紧张,也没有多少时间可用在外语学习上,因而除外文系俄语专业之外,俄语学得好的同学就很少了。再加上毕业之后,不断地下乡下厂,更无法坚持外语学习。所以我们这一辈人中,大都把英语抛荒了,而俄语又没有学好。至少在中文系,就表现得比较突出。外语水平差,当然要大大地影响学术视野,而英语的应用范围,实在要比俄语广泛得多,当初这一改,不能不说是因政治倾向而带来的教学改革的一大误区。

那时,不但强调要以马克思主义来改造思想,而且还要求以马克思主义来指导业务学习。不过,对于中文系说来,马克思恩格斯直接论述文艺问题的文字并不很多,而论述语言问题的文字就更少,所以我们学的其实是苏联式的马克思主义主义文艺理论和语言学理论。我们班是吴文祺先生教的《语言学概论》,理论部分完全讲的是斯大林的《马克思主义与语言学问题》,而《文艺学引论》的主要参考教材,则是季摩菲耶夫的《文学原理》,这门课还没有上完,任课教师蒋孔阳先生就被抽调到北京大学去参加苏联专家毕达柯夫的文艺理论培训班了。高教部办这个培训班的目的,是要把全国高校文艺理论课程都统一于苏联的理论规范。那时,人民文学出版社出版了一本薄薄的白封面的《马克思、恩格斯、列宁、斯大林论文艺》,同时又出版了同样格式的《苏联文学艺术问题》,后一本书里面收的是联共中央关于文艺问题的决议、日丹诺夫关于文艺问题的讲话,还有苏联作家协会章程。这两本书参照学习的结果,就把苏联的文艺政策看作是对马克思主义文艺理论的正确诠释。而新文艺出版社又以类似活页文选的形式发行"苏联文艺理论小译丛",一篇一两万字的文章,就印成一本小册子,以其价钱便宜,在学生中非常风行。其结果,是使得我们的理论观点完全跟着苏联走。

只有古代文学史课程,似乎跟得不太紧。虽然有些教师也使用"人民性"和"现实主义"等标签来贴一下,但以应付的成分居多,所讲的内容,还是各人原来那一套。比如,蒋天枢先生讲先秦两汉文学,重在训诂;赵景深先生讲明清戏曲小说,则偏于材料。但这也正是被认为是落后的地方,在当时算是一大缺点,需要在学习中加以提高的。到得反右运动以后,茅盾在《文艺报》上连续发表《夜读偶记》,在批判右派文艺观点的同时,又将苏联流行的"现实主义与反现实主义斗争"的模式引到中国古代文学史的研究中来,并由大跃进中产生的几本文学史加以阐发。郭绍虞先生也曾试图用这一观点来重写中国文学批评史,但没有完成;刘大杰先生却并不赞成此说,他认为文学现象比较复杂,不能像切西瓜似的将文学史切成现实主义和反现实主义两半。应该说,我们的教师还是保持着一份清醒的。

苏联最高苏维埃主席团主席伏罗希洛夫向复旦大学赠送图书。

欢迎苏联最高苏维埃主席团主席伏罗希洛夫,陈望道与其干杯。

在课外阅读上,苏联文学仍是主流。不过已由中学时代争相传观的那些直接宣传苏联爱国主义和共产主义思想的作品,如《钢铁是怎样炼成的》、《卓娅和舒拉的故事》、《我的儿子奥列格》、《普通一兵——马特洛索夫》等,进而阅读俄罗斯—苏联文学史上的名著了。贾植芳先生给高年级开的《俄罗斯苏联文学》课备受学生欢迎,除了教师讲得好之外,也与当时苏联热的形势有关。我们低年级还没有开这门课,但同学们也自己开始阅读这些名著了。我们班级不知从哪里传来了一份俄苏文学名著的书单,按作家的年代为序,从普希金的《文集》和《欧根·奥涅金》,到契诃夫的《樱桃园》、《三姐妹》和短篇小说集,从高尔基的《母亲》、《克里萨木金的一生》,到肖洛霍夫的《静静的顿河》和《被开垦的处女地》,书单开得相当完备,我们就照单阅读。这种阅读热情,一方面自然是由求知欲所驱使,另一方面也有点为形势所迫。清代文人有言:"开谈不说《红楼梦》,纵读诗书也枉然"。我们那时候中文系的学生,如果不熟悉俄苏文学,在许多场合也就插不上嘴,有点自惭形秽了。我们不但常常谈论奥涅金和泰吉娅娜的爱情、安娜·卡列尼娜的命运,而且还学着《死魂灵》中乞乞柯夫与玛尼罗夫的虚伪动作,在进宿舍的房门时,常常要彼此谦让一番,先说几遍"您先请"、"您先请",然后两人稍稍地挤了一下,同时挤了进去。大家对《静静的顿河》的内容更加熟悉,不但记得葛利高里与阿克西尼娅故事的详情细节,而且还背得出该书的《卷首诗》。在我们宿舍里,只要有谁朗诵了一句:"噢咦,你,静静的顿河!噢咦,静静的顿河,你为什么这么混浊?"大家都会齐声地从头背诵起来:

> 我们的光荣的土地不用犁来耕,
> 我们的土地用马蹄来耕,
> 光荣的土地,用哥萨克的头颅播种,
> 我们的静静的顿河用年轻的寡妇点缀,
> 我们的爸爸,静静的顿河靠孤儿繁荣,
> 静静的顿河内的波浪全是父母的眼泪汹涌。
> ……

大家背得非常投入,如醉如痴。俄苏文学已经融入了我们的生活。此情此景,使我至今难忘。

但由于精力过于偏注的结果,对于西方文学,就读得少了些,虽然西方文学历史更加悠久,内容更加丰富,而且讲授此课的老师也是名家:伍蠡甫教授。但时代的影响远胜过理性的分析,这是无可奈何之事。

在当时,校园生活还是比较活跃的,一方面是由于学生工作还不是管得那么死,另一方面与学习苏联也不无关系。因为俄罗斯毕竟有着西方化的社会传统,封建意识比我们少些,青年人的性格比较活泼,而且富有感情。他们的青年谈情说爱,喜欢唱抒情歌曲,诸如《红莓花儿开》、《喀秋莎》、《小路》、《莫斯科郊外的晚上》、《遥远的地方》、《有谁知道他》、《我们举杯》等,都非常好听,在中国也流传很广。我们这辈人,就是唱着这些歌曲渡过大学生活的,直到现在,苏联已经解体,青春早已逝去,但一听到这些歌曲,还是相当的动情。当时学生中的共产党员人数不多,主要活动通过共青团开展。不但团日活动讲究多样化,就是团委书记做报告也力求生动活泼,否则就不受欢迎。以致有一次团市委的干部来做报告,简直像是说书先生在表演,连我们也觉得有点太过分了,但这也是他迎合青年特点的一点苦心。周末常常有交谊舞会,团支部还要动员我们这些不会跳舞的乡下人去学习,直至"反右"运动之后,上海市委书记柯庆施下令禁止跳交谊舞为止。但那时,男女同学间谈恋爱的事尚未禁止,所以校园里成双成对的很多,而且都是公开的。只可惜复旦校园狭小,除了燕园的小桥流水之外,别无优美的景点,远不及华东师大的丽娃河畔那么幽深雅致,这是一大缺憾,以致当时有人感慨道:"复旦连谈恋爱的地方都没有!"好在那时周围房屋不像现在这么多,校外的田野很开阔,略可弥补,而且在夜色掩映之下荡马路,也是别有一番情趣。

复旦校园狭小,连谈情说爱的地方都没有。只有燕园里的小桥流水,算是最佳景点,恋人们常常在此留连,摄影留念。这是我与高云在 1957 年春天摄于小桥流水的照片,当时我是四年级学生,她是二年级学生。

到得 60 年代,虽然在一定程度上摆脱了苏联的影响,但管理愈来愈紧,思想愈来愈革命化,情侣们只好转入地下活动了,这使复旦校园减色不少。

革命与反革命之间

高等学校是改造的重点,文艺界也是改造的重点,中文系处于两界的交叉点,所受冲击之大,更是可想而知。

仙舟馆是抗战前的旧建筑,我们上学时,它是校图书馆,每天晚饭后,许多学生都到这里抢位置,管理员是一个小老头,他晚上上班时总要竖起右手,分开拥挤的人群,才能把大门打开。1958年新图书馆落成,仙舟馆成了中文系办公楼,不久又将楼下划归经济系,直到1987年文科大楼建成,中文系才完全迁出。仙舟馆见证了中文系的沧桑。

文艺界的思想改造是与高等学校的思想改造同步进行的。还在1951年11月30日中共中央发出《关于在学校中进行思想改造和组织清理工作的指示》的前六天,即11月24日,胡乔木、周扬和丁玲就在北京文艺界学习动员大会上作了关于思想改造的动员报告,12月5日,《人民日报》又发表了胡乔木的讲话:《文艺工作者为什么要思想改造》,意在将思想改造运动推向全国文艺界。而在这之前半年,则已经进行过电影《武训传》的讨论了。从毛泽东为《人民日报》所写的社论《应当重视电影〈武训传〉的讨论》看,此次讨论的目的,显然不在于评价一部电影的成败得失,而是借此来澄清文化界的混乱思想。毛泽东从电影《武训传》和对于武训及《武训传》的众多歌颂里,看到的是:"我国文化界的思想混乱达到了何等的程度!"

既然文化界的思想如此混乱,当然不是通过一部电影的讨论就能解决问题的。需要继续寻找题目来做澄清思想的工作,也就在所必然的了。

关于《红楼梦》研究问题的讨论,正是毛泽东所抓到的另一个题目。这个题目之所以重要,并不在于俞平伯本身,而是由于他的《红楼梦研究》(原名《红楼梦辨》)是胡适所开创的新红学派的代表作,通过对这本书和作者其他文章的批判,可以打开批判胡适思想的大门,而胡适的学术思想和学术影响,正是当时传播毛泽东思想的重要障碍。正因为如此,所以毛泽东才会为大学刚毕业不久的两个小人物李希凡和蓝翎的文章受到压制而大动干戈。而且,利用小人物来反对大人物,利用青年人来冲击老年人,也是他的一种策略,这一点在后来的"文化大革命"中表现得更为明显,更为突出。只是,在当时,许多知识分子还看不出其中奥妙,难免有些隔膜,行动起来就要撞在枪口上了。

冯雪峰在《文艺报》奉命转载两位小人物的文章时,写了一个较为实在的按语,结果受到毛泽东严厉的斥责和《人民日报》公开的质问;胡风在中国文联主席团和中国作协主席团联席会议上站出来发言,指责《文艺报》压制路翎、阿垅等新生力量,结果引来了一场反胡风运动。

当然,胡风也不过是以此来作为一个突破口而已,而对胡风的清算,也只是迟早间事。因为胡风在文艺界有相当的实力和影响,而胡风的文艺思想又确有与毛泽东文艺思想不合的地方,这是决不能容忍的。

作为中文系的学生,我们对于文艺界的这些论争,一向是很关心的,因为它与我们的专业有关。但真正重视起来,则是在《人民日报》发表了袁水拍《质问〈文艺报〉编者》之后。这篇文章,明显是针对冯雪峰的,因为他是《文艺报》主编。但冯雪峰在我们的心目中是老革命,是文艺理论权威,怎么为这一点小事就受到公开质问,而且被撤掉主编职务呢?实在有点想不通。但文艺界将有一个大变动,是看得出来的。待到展开对胡风的批判之后,特别是周扬发表了《我们必须战斗》的讲话,我们很多人都认为这是30年代左翼文艺阵营两派斗争的继续。大概正为了要引起学生们对反胡风运动的重视,市领导特地派了一些作家来做报告,加以引导。我记得其中有吴强和靳以。靳以在复旦中文系教过书,大家都知道,吴强那时还未出版他的代表作《红日》,不太有名,当时会议主持人对他的介绍是:《高高地举起雪亮的小马枪》的作者,但我们大都没有读过这部小说,所以对这位作家也并不怎么重视。

而不久形势就发生突变。《人民日报》公布了胡风给舒芜的信,标题是《关于胡风反党集团的材料》,而且加了许多非常严重的按语。接着,又公布了第二批、第三批材料。到得第三批材料出来时,标题已改为《关于胡风反革命集团的材料》。由反党而反革命,问题当然是愈加严重的了。接着,就是停课搞运动,并且由反胡风集团进而发展成全面的肃清反革命运动。

我当时很缺乏法制观念,没有意识到这样不经本人同意就将私人信件公布出来,是违反宪法所规定的通信自由原则的,而且也缺乏独立思考的能力,只能跟着《人民日报》的"编者按"去理解问题。虽然觉得有名的左翼作家忽然变成了国民党的特务,很是费解,但既然党中央机关报这样说,总是有道理的,也就不去怀疑了。只是《材料》里将我们的老师贾植芳先生定为胡风骨干分子,觉得很是吃惊,而且学校里还将四年级的几位同学也牵涉进去,更是觉得可怕。

  贾植芳先生是在第一批材料公布之后不久,就被捉将进去。据他自己后来告诉我,说是党委书记杨西光用汽车送他到高教局里去开会,局里有陈其五等三个干部找他谈话,要他交代问题,贾先生说没有什么好交代的,态度很笃定,吃过午饭后还在沙发上睡了一觉。陈其五等人说他态度不好,不能再在高教局里交代问题,下午就被公安局的人抓走了。这一去,就关了十多年,直到1966年才放出来,仍旧是监督劳动。

  "这不是诱捕吗?"我问。

  贾先生却说,在家里捕还是到高教局去捕,其实都是一样的。他认为杨西光对他还算客气,在去高教局的路上,还送他两包中华牌香烟;到了高教局,陈其五宣布对他停职审查时,杨西光还说:"贾先生,我们学校里缺教师,你把情况弄清楚了,就赶快回来教书,我们需要你。"

  贾先生真是老好人,凡对他做过一点好事,或讲过几句好话的人,他都记得,永远表示感谢。

  他还告诉我,在胡风案子平反之后,有一次章培恒进京开会,见到杨西光,杨西光叫章培恒带话给他,说那次送他到高教局,是上面的通知,即使他杨西光不送,也会有别的人送的;并说,贾先生如果愿意见他,下次到北京时打电话给他,他派车子来接。他还抄了电话号码托章培恒带给贾先生。

贾先生说："他所说的倒也是事实，不过我没有去见他。"

章培恒当时虽然刚毕业，但已是中文系教师党支部的书记了，并且兼联系学生党支部工作——那时，各系还未设立总支部，他这个支部书记，就相当于后来的总支书记，是领导全系的人物了。但是，他被捕的规格比贾植芳略低一级，是学校党委副书记王零坐汽车到他家中来接，也说是到高教局开会，是舒文把他留在高教局里写检讨，两三天后，再把他隔离到一个什么地方——因为车窗挂上窗帘，他也搞不清这是何处，但凭他老上海的经验，觉得这也许是建国西路什么地方，不过十多天后即放回复旦，当然仍是写检讨。他的罪名是给贾植芳通风报信。其实，他只对贾植芳说过："反胡风是中央的决定。"这是不言而喻的事，当时那副架势，有谁看不出来呢？当然，他还有别的一些可以上纲之事。因为他曾经说过，他在学术上想研究三个专题：一是鲁迅思想，二是胡风文艺理论，三是屈原作品。这第二项，在当时已经是一个大问题。而且，章培恒虽然担任支部书记，做着政治工作，却是书生气十足，不大能领会政治行情，在周扬发表《我们必须战斗》的声讨檄文之后，他竟然写文章到《人民日报》去与之商榷。文章当然不会发表，但账还是记着的。而且，他还写过一篇文章，批评晓立对于路翎小说《洼地上的战役》的批评，这篇文章虽然没有寄出，但曾与老同学王聿祥说起过，王聿祥在新文艺出版社工作，回去讲了出来，刘金就写了《感情问题及其他》，加以批判，并且赶着出了以此为名的书，这一切很快就反馈到复旦来，都成为章培恒的罪状。后来，王聿祥也因胡风案被关了进去。审查的结果，章培恒不但被撤掉支部书记的职务，而且被开除了党籍，调到校图书馆去工作。

施昌东则是直接从学校里逮捕的。不过公安员还算文明，用一块手帕将他手上的手铐遮住，算是顾全他一点面子。但关的时间却很长。听到他回校的消息，我到淞庄宿舍去看他时，已是第二年的夏天了，后来他就留在系资料室做资料员。把他关得很长的一个理由是，他有托派嫌疑。但是，听章培恒说，那时这个问题已经调查清楚了，知道他是冒名顶替，用了一个叫施昌东的人的文凭报考学校，他原名本不叫施昌东，托派嫌疑是文凭的真正主人那一个施昌东，不是他。这样看来，只不过是借着这个因头，把他逮捕，实际上还是要审查胡风案件。章培恒在被审查前是党支部书记，这些事应该是清楚的。我记得在反胡风运动中，施昌东不但没有为胡风辩护，而且在运动初期还写过一篇批判胡风文艺思想的文章，发表在《文艺月报》上，影响很大，与姚文元同列为上海理论界的新生力量，但运动一深入，情况就改变了。

另一些受影响的同学，如曾华鹏、范伯群等，则是在学校里审查，他们当时都是毕业班学生，本班同学毕业后，他们还集中在一间平房里学习。曾华鹏在反胡风运动初期，也写过一篇批判胡风文艺思想的文章，发表在《解放日报》上，很引人注目，但也无济于事。本来，曾华鹏、范伯群和施昌东一样，都是班上的业务尖子，应该留校做教师的，但因此却被开除团籍，曾、范二位分配到外地去教中学。不过，他们到工作岗位以后，也都恢复了团籍，而且不久，曾华鹏调到扬州师院任教，范伯群调到《雨花》杂志做编辑，后来又到苏州大学任教，都成为很有影响的专家学者，此乃后话。

我们入学时，54届已提前毕业，55届是三年级生，却算是

复旦淞庄(第六宿舍)，和当时其他几个宿舍一样，原是日本占领军的兵营，矮小、简陋、潮湿。1953年我入学时，这里是学生宿舍，前面还住着几户助教。1954年成为教工住房。我在1959年结婚之后，几经周折才分到了楼下一间房子，一直住到1978年。

老大哥了，一些热心的同学常对我们这些小弟弟加以指导，施昌东、范伯群、曾华鹏都与我们较熟，后来我留系任教后，又与章培恒熟悉起来，所以对他们的情况也较为了解。我原以为当年受牵连的大概只此四人，顶多再加上一个潘行恭，他曾以章培恒为模特儿，写过一篇小说，发表在《人民文学》上，大概与他们关系较深。直到近年，我才问贾植芳先生："除了章、施、曾、范四位以外，你的案子还牵连了多少同学？"贾先生说："一共牵连了二十多位。比如，张德林、陈秀珠夫妇，已经毕业，分配在华东师大工作，也受到审查，陈秀珠是党支部书记，也被撤职、后来又开除了党籍。还有两位分配到中国科学院文学研究所，也定为

'控制使用',不过他们自己并不知道,我是在胡风案平反之后,我哥(贾芝)告诉我的,他是文学所的领导,掌握内部情况。"

贾植芳先生爱才,而且慷慨大方,颇有江湖侠气,所以许多同学都喜欢与他接近。贾先生也常常请学生吃饭,接济金钱,帮他们看稿,介绍发表之处,接洽出版事宜。然而这样一来,却就成为拉拢学生、腐蚀青年的罪行,有人在全校大会上声讨,有人在报刊上进行揭发。这些文字,就收在中国作家协会上海分会编辑、新文艺出版社出版的《揭露胡风黑帮的罪行》及其《续集》二书里。

在复旦,除了贾植芳和他的学生受到拘留和审查之外,作为反胡风运动领导小组成员,曾送章培恒到高教局去审查的校党委副书记王零,他自己在不久之后也受到了审查。据说有一次市高教局召开各校反胡风运动领导小组成员开会,王零也接到通知,但到得会场,主持人却宣布王零不得参加,这无疑给他当众难堪。王零是因为与刘雪苇的关系而被审查的。他与刘雪苇原是华东革命大学的同事,刘雪苇后来做了上海市委宣传部文艺处处长,新文艺出版社社长,曾到复旦大学做过报告,王零略尽地主之谊,请刘到家里吃过饭,为这事就审查了将近一年,但不久也就官复原职了。人们纷纷传说,认为这是杨西光收服王零的方法:先从政治上敲打一番,再让他官复原职,使他服服帖帖地跟自己走。不过这类官场游戏,照例是无从查考的,也只能录以聊备一说罢了。但大概王零与刘雪苇只不过是工作关系吧,否则怕是难以过关的。王零原是新四军军部的作战参谋,一向从事武化工作,与文艺界本来并不搭界。不过在"文革"结束,刘雪苇复出并继续研究鲁迅时,却仍找他的老朋友王零帮他查找资料。王零还特地跑到我家来要我帮忙,后来又转来一本刘雪苇的赠书。胡风案平反以后,有一次与王零坐在一起开会,我曾问及此事,王零很超然地说:"唉,那个时候,总要审查一下的。即使没有这件事,也会找别的理由来审查的。"遂一笑了之。那时,另一位党委副书记郑子文就坐在旁边,据说,郑子文就是揭发王零与刘雪苇有关系的人。

反胡风运动虽然牵涉到很多人,但毕竟不能把所有的人都卷入。因为并不是人人都与胡风和"胡风分子"有交往的。接着而来的肃反运动就不同了,它几乎与全校师生都有关系,谁也不能置身事外。大家先是学习公安部长罗瑞卿在全国人民代表大会上的报告,用以武装思想,擦亮眼睛,提高警惕,接着就展开检举揭发运动。不但要揭发反革命的事实,而且要揭发反动言论。而这"反动言论"又无明确的界限,于是弄得人人自危了。比如,谭其骧教授在浙江大学历史系教书时,很受到该系系主任张其昀的器重,有此知遇之恩,自然会说他几句好话。张其昀是历史学权威,尤长历史地理,与谭其骧是同行,他著作等身,影响很大,谭其骧说他是有学问的人,而且对浙大很有贡献,这原本没有错,但张其昀的身份却使这几句话成了问题。盖因在陈布雷自杀身亡之后,张其昀接替了陈布雷的工作,做了国民党中央执行委员会的秘书长,成为蒋介石的又一个文胆,后来又担任台湾的教育部长,这就成为反革命人物,在政治决定一切的年代里,谭其骧肯定张其昀的学问,就是为反革命分子叫好,这当然被认为是反动言论,受到批判是难免的。虽然后来并没有给他定罪,但当事者心情是很不愉快的了。

第一教学楼,建于1953年。直到它建成,我们才有了像样的教室。由于学生日益增多,有很多课就移到临时搭建的平房里去上。在这幢大楼里,我听过郭绍虞、蒋天枢、刘大杰、王欣夫、吴文祺、张世禄、郑权中、方令孺、余上沅、鲍正鹄、蒋孔阳、胡裕树诸位老师的课;朱东润、赵景深、濮之珍、伍蠡甫、杨烈等老师的课,则是在平房教室里听的。这些课程,为我打下了治学的基础,给我留下终生难忘的记忆。

更有甚者,则以言论定罪,或以社会关系定罪,被打成为反革命分子,就更是冤哉枉也。当时"肃"出的反革命分子不少,比如,中文系的余上沅教授,只不过是杨帆的老师,他做戏剧专科学校校长时,对杨帆这个学生颇为赏识,将他留校工作,后来国民党政府溃败时,教育部指令戏剧专科学校迁至台湾,余上沅在杨帆的影响下,抗命不迁,将学校保存下来,交给共产党的军代表,而且自己也拒绝国外的高薪聘请,留在大陆。这些行动,应该说是对革命有贡献的,但潘汉年杨帆事件出来后,余上沅就被作为这个集团的同伙捉将进去,一年之后才放出来,已经是毫无生气了。新闻系的赵敏恒教授,是一位相当活跃的名记者,曾担任过路透社远东分社的负责人,在抗日战争时期曾做过许多重要的报道。他留在大陆不走,应该说是一种爱国行动,但却被怀疑为潜伏的特务分子,也坐了很多年的牢,而且就死在劳改农场。在学生中也有被打成反革命分子的。我们中文系有一位两手残疾的学生,被揪了出来,说他当过还乡团,手持大刀残杀农会干部,自己的手也被砍伤了,因而被关进了监狱。"文革"结束之后重新复查,才证实他的手是患小儿麻痹症而致残,而且那时他才十二三岁,不可能参加还乡团,也并没有杀人,参加还乡团的是他的父亲,并不是他,因而得到平反。但此时他已年老,而且与社会脱节太久,无法正常工作了,听说是让他领退休金了事。

对于1955年的肃反运动,在1957年鸣放时节,就曾受到人们的质疑,有人还提出"平冤狱"的口号,当然立即就遭到批判,后来右派改正之后,此话也不再有人提起,而且档案材料至今尚未解密,还没有人对它作出确切的评价。

双百方针与向科学进军

但是,到得1956年,情况就有了很大的变化。

1月中旬,中共中央召开关于知识分子会议,周恩来在会上作《关于知识分子问题的报告》,强调知识分子在社会主义建设中的重要作用,并且宣布:我国知识分子的绝大部分已是工人阶级的一部分。这次会议还发出了"向科学进军"的号召。

5月,毛泽东在最高国务会议上提出了"百花齐放,百家争鸣"的方针。认为文艺上应该提倡百花齐放,学术上应该提倡百家争鸣。

为了贯彻百家争鸣的方针,中共中央宣传部马上抓两个重点:在文科,组织了一场美学讨论;在理科,召开了一次遗传学会议。

美学讨论是由朱光潜的自我检讨开始的。他在《文艺报》上发表了一篇文章:《我的文艺思想的反动性》,否定了自己原有的美学观点,表示愿意接受大家的批评;然后在对朱光潜的批评中,形成不同美学见解的争鸣,有主张美在主观的,有主张美在客观的,朱光潜也参加争鸣,他提出了新的美学见解,主张美是主客观的统一,还有人从苏联引入新的理论,强调美的客观性在于它的社会性,一时间争得很是热闹。我们系的蒋孔阳先生也参加了讨论,在复旦带动起一股美学热。后来蒋孔阳的文艺思想受到批判时,他就转入美学,特别是西方美学的教学与研究,使复旦中文系的文艺学学科形成一种特色。听说组织这次美学讨论的中宣部副部长周扬,后来对《美学概论》编写组的人说过:让他们主观客观地争论去,反正不涉及现实问题。他无意间透露了百家争鸣的底线:不能涉及现实问题。可见,文科学术研究之脱离现实,实乃有意为之,是一种政策导向。而胡风、冯雪峰的文艺思想之所以受到批判,就是因为现实性太强之故。一方面批评大学教师的学术研究脱离现实,另一方面又生怕别人接触现实问题,这是自相矛盾的事情,而大学教师之受到责备,实在是冤哉枉也。

遗传学问题,与复旦关系更加密切些。因为这里有个摩尔根学派的代表人物谈家桢教授。在"一边倒"年代,我们对学术问题的看法也是紧跟苏联的。苏联学霸李森科将遗传学分为米丘林和摩尔根两个对立的学派,认为前者是无产阶级的、唯物主义的,后者是资产阶级的、唯心主义的,而基因学说更被说成是捏造的伪科学。复旦生物系谈家桢教授是摩尔根的入室弟子,曾经从事果蝇种系进化和亚洲瓢虫色斑变异研究,提出了"异色瓢虫斑镶嵌显性遗传理论",在国际遗传学界很有影响,现在当然是首当其冲了。1950年,苏联遗传所副所长努日金来华,就指名要与谈家桢讨论,1952年,国内生物学界又一再强调坚持米丘林方向,公开批判摩尔根学说,这对谈家桢形成很大的压力。1952年5月27日《复旦》校报上登有一张谈家桢看显微镜的照片,文字说明是:"生物系主任谈家桢教授学习米丘林学说研究遗传学。左图为谈教授用显微镜观察果蝇。"这显然是对外界压力的一种应付,因为从照片上,实在看不出来谈家桢是用米丘林学说来研究遗传学,还是用摩尔根学说来研究遗传学,反正顺着形势来说就是了。

1956年8月间在青岛召开的遗传学座谈会,是在苏共二十大之后,那时,苏联已经开始对斯大林进行批判,以斯大林为靠山,用行政命令的方式扶植起来的李森科,也开始遭到苏联科学界的清算。这不能不对中国生物学界产生影响。所以在双百方针的推动下,摩尔根学派就有了翻身的机会。对于谈家桢说来,无疑是一次精神解放。次年,毛泽东又两次接见,鼓励他把遗传学搞上去。有毛泽东撑腰,事情当然就好办了，复旦在1959年成立了遗传研究室，后又扩建为遗传研究所，终于在遗传学上搞出成绩来。

抓重点是为了推动全面。那一年知识分子特别兴奋，觉得发挥作用的时机到了，都有点跃跃欲试的样子。我印象较深的有：周谷城在《新建设》杂志上发表《形式逻辑和辩证法》一文，引起了持续数年的形式逻辑问题讨论；王中在新闻系提出新闻改革的观点，引起很大的社会反响；在我们中文系，一些曾经在反胡风运动中被批判的观点，又提出来讨论，如写真实问题，文学的艺术特征问题，蒋孔阳还在校庆科学报告会上提出了一篇长文：《论文学艺术的特征》——当然，这与苏联文艺界的新变化也不无关系。这年的科学报告会，办得特别热

1956年，中共中央提出"百花齐放，百家争鸣"的文化方针，又发出"向科学进军"的口号。复旦于当年5月份借校庆五十一周年之机，举行了第三届科学讨论会。照片上，陈望道校长正在会上作报告。之后各系分场讨论，学生亦有专场，连续数天，热闹非凡。

闹,不但教师提供论文,学生也另辟专场。此后每年举行一次,持续了很多年。应该说,这对复旦的科学研究,是有推动作用的。可惜到得阶级斗争天天讲、月月讲的时候,就在无形中中断了。后来虽然恢复,可已不再有当年的盛况。

那时,使我们特别兴奋的,是领导上还提出,要鼓励"独立思考",这是以前所没有过的。本来,自由的思想,独立的精神,正是知识分子创造性工作的基本要求,在1949年以前,复旦学子还将"学术独立,思想自由"写入校歌;而百家争鸣与独立思考更是相辅相成的,没有独立思考,何来不同意见的争鸣?既然要百家争鸣,当然需要独立思考。但在多年强调思想统一、形成舆论一律的形势下,这种精神已经失传了,现在重新提出独立思考问题,的确是鼓舞人心。当时不但领导上鼓励独立思考,而且教授们也都现身说法,强调独立思考对学术研究的重要性。《复旦》校报上还登着一大篇郭绍虞教授谈独立思考的讲话,很具说服力。

但是,"独立思考"的口号,与"驯服工具论"却是针锋相对,不能兼容的。要独立思考,就不可能盲目地服从;要做驯服工具,就不能进行独立思考。两者冲突的结果,当然是"驯服工具论"取得胜利,因为这是中央领导人所公开提倡的口号。凡认真进行独立思考者,无不在现实面前,碰得头破血流。

"阳谋"下的落网者

1956年是20世纪五六十年代中国知识分子心情最舒畅的一年。

这一年,中国共产党提出了"百花齐放,百家争鸣"的方针,发出了"向科学进军"和"独立思考"的号召,这种方针和号召,切合文化科学工作的特点,适应国家建设的需要,因而激发起知识分子最大的积极性。

这一年,人民政府实行工资改革,知识分子的待遇有大幅度的提高。以上海八类地区计算,一级教授的工资有三百六十元,副教授和讲师相交叉的六级工资是一百五十六元五角,比原来多出几倍,有些刚工作四年的新讲师就有九十二元,最低级别的助教也有六十五元五角。而当时的物价,虽然已经上涨,但还算低廉,一个大学生每月的统一伙食标准是十二元五角,大食堂里每客客饭是两角钱。所以这次工资改革,对知识分子的生活的确是大有改善,解除了他们在经济上的后顾之忧。

本来,在这个基础上,是可以出现一个文化繁荣、科学昌盛的新局面的,但是,到得1957年夏天,情况却发生突变。原先是共产党开展整风运动,号召大家提意见,鼓励鸣放活动,但当人们经过一再动员,开始鸣放时,却突然一转而为"反右"斗争,将积极鸣放者大批打成"右派"分子,定性为敌我矛盾,而且说,这本来就是一个"阳谋",目的在于"引蛇出洞"。这真使人惊诧莫名,突兀万分。但现实又是这么残酷,这些中计落网者,从此走上了悲惨的人生之旅。

层层动员,大鸣大放

虽然有了1956年的政策变化,但知识分子毕竟经历过1952年的思想改造运动和1955年的反胡风斗争和肃反运动,仍旧心有余悸,并不是马上就肯大鸣大放,向共产党提意见的。为了造成鸣放局面,共产党可以说是花了九牛二虎之力,从中央到基层,层层动员,毛泽东还亲自出马,在北京、天津、山东、江苏、上海等地发表讲话,宣传鼓动,这才将群众发动起来。

我们可以排一个大致的日程表:

1957年2月27日至3月2日,毛泽东主持召开第十一次扩大的最高国务会议,并在会上发表《关于正确处理人民内部矛盾的问题》的报告。这是一个纲领性文件,它提出不同于苏联模式的社会矛盾学说,正式将"百花齐放,百家争鸣"确定为发展文艺学术的方针,并提出与民主党派长期共存,互相监督的政策。这个文件在没有正式发表之前，就破例将记录稿传达到各文化单位，起到全面动员的作用。

3月6至13日，中共中央召开有党外人士参加的全国宣传工作会议，毛泽东在会上发表重要讲话，即后来公布的《在中国共产党全国宣传工作会议上的讲话》，在这里，进一步强调："百花齐放，百家争鸣，这是一个基本性的同时也是长期性的方针，不是一个暂时性的方针"，打消顾虑，鼓励鸣放。这是一个中央级的鸣放动员会。

4月27日，中共中央发出《关于整风运动的指示》；5月1日，《人民日报》公布了这个整风运动指示。

4月底5月初，中共上海市委召开宣传工作会议，吸收党外人士参加，动员鸣放。复旦大学教授周谷城、周予同、王造时、陈仁炳等都参加这次会议，并且作了发言。

5月8日至6月3日，中共中央统战部邀请各民主党派负责人和无党派人士举行了十三次座谈会，倾听他们的意见，推进整风运动。

6月初，复旦党委召开各种类型的座谈会，动员鸣放，号召大家帮助共产党整风。有全校性的鸣放会，如6月3日和7日两次教授座谈会，也有党委派人到各系召开的鸣放会，约有几十次之多，有些会议，如物理系、历史系的会议，都有党委副书记王零到场，听取意见。

这种座谈会一直开到基层。在学生中，各年级党支部也都召开年级座谈会，鼓励鸣放，听取同学对党支部和上级党组织的意见。

"阳谋"下的落网者

1957年4月27日,中共中央发出关于整风运动的指示,层层动员,多方鼓励,终于,复旦师生员工打破顾虑,以积极的精神提意见,贴出了几十万张大字报。

如此层层动员,造成鸣放气氛,许多人终于打破顾虑,直言提出意见。这些座谈会上的发言,每次都作有记录,墙上贴的大字报,也有专人抄存,名曰留作整改依据,实则作为秋后算账之用。这些会议记录和抄存的大字报稿,想来应该还是保留着的罢。但是复旦虽说建立了档案馆,而这些四十多年前的历史档案却并不开放,所以我只有摘录一些当时校报上的记载和根据对过来人的访谈记录,来说明那时复旦的鸣放情况。

据《复旦》校报报道:6月5日下午,中共物理系总支邀请了王福山、周同庆、王恒守、叶蕴理、李仲卿等教授和方俊鑫副教授共六人举行了座谈,党委王零同志也参加了这一座谈会。物理系主任王福山教授说:"过去党做错了事,总不肯公开的向群众承认错误。只是个别的道歉,群众不知道。这就不能发挥人的积极性。党又不愿意接受群众的意见,直到碰了鼻子,还说有理,群众很不服气。而且以前一味强调苏联怎么好,怎么好,这实际上是一种洋教条。"在"以党代政"方面,他举出与自己有关的三件事情:系里请某教授任副系主任,调某教师到安徽师范学院去教书,事先他这个系主任都不知道。周世勋先生到北京去开什么会,也不告诉他一下。他说:"现在有人觉得,国家是党的国家,好像只有党员是爱国的,群众是不爱国的,群众是被雇佣的……"在回忆历次运动时,王恒守教授说:"有些人无中生有,打击别人,抬高自己。这是要不得的。肃反后有些人入党,很多人不服气。认为这种人入党,使真正好的人不愿入党了。"他还说:"抓别人辫子打,永不会亏本,打中了得奖受赏;打不中也有奖,这比资产阶级做买卖还'稳'。"

6月6日,《复旦》校报以通栏标题《继续"放""鸣",揭露三害,提出建议,帮助共产党整风》报道了各系鸣放的情况。其中报道了新闻系副教授舒宗侨对共产党的指责:"你们讲的是一套,做的是另外一套!"法律系教授杨兆龙说:"法律系办得最坏,是公安机关,法院作风。所以不能说成绩是主要的,错误是次要的。如果肯定成绩,还检查什么错误。要检查错误,希望检查一下历次运动的合法性,尤其是肃反运动……此外,对评级评薪和工作安排,希望也认真检查一下,有那么多安排不当的人。"生物系教授刘咸说:"党群之间为什么有墙沟?是因为将全中国看作党天下。希望不只对党员作风检查,同时对国家的科学学术方面的发展不平衡,要作深入的检查。我学的是人类学,冷门的。国民党反动派时,在国内有三个人类学系:浙大、暨南和清华,解放后说人类学是反动的,资产阶级的,为帝国主义服务的……我为了这个学科,在复旦倒霉至今。苏联也有这个学科,我们却始终不承认。"

……

从《复旦》校报的这些报道中,可以看到当时校内鸣放的一些实况,但是并不全面,而且,有些重要人物的重要言论都没有报道。

据一位党政干部向我介绍说,当时鸣放出来的意见可概括为以下几个方面的问题。

一、党的领导是否一贯正确?

有人提出,共产党也有错误,并不都是伟大、光荣、正确,更不是一贯正确。苏共二十大批判了斯大林的个人崇拜问题,中国共产党有没有个人崇拜现象?中共受到苏共哪些方面的影响?

当时图书馆有一份英国《泰晤士报》,教师凭卡可以看。从中陆续透露出不少消息,如波匈事件、铁托在普拉发表的三次演说,这些都在知识分子中产生了很大影响,所以他们提出了上面的问题。

二、"一边倒"政策是否正确?

有些教师提出:一边倒倒过头了。大家感触较深的还是学校里的事,比如:对停止学习英语,一律改学俄语的措施,就认为不妥,因为英语是国际通用语言,而俄语的使用范围并不广,不能用政治倾向来左右外语教学;对学时安排的六时一贯制,也认为学得太机械,没有什么好处。有些教师还从国际关系问题上提出意见,认为与英美断绝关系的做法是不明智的。王造时认为,尼赫鲁的外交政策就比我们高明,印度原是英国殖民地，一向亲英，但他并不一边倒倒向英国，而是走中间路线，与苏联也有较好的关系。这种中间路线对于殖民地和半殖民地国家是有利的。

三、对解放后高等教育的成败得失如何估价？

这方面老教授的意见相当集中。首先是对1952年的院系调整很有看法，认为这是用行政命令的方式来拉郎配，使许多学校元气大伤，将有些学校积累了几十年的学术传统一夜之间一扫而光，比如浙大就是如此。其次，对学习苏联的教育制度也有意见，认为学习苏联要有选择，适合我们的才可学，不能样样照搬。而当时则从培养方案、课程设置、教科书，一直到学术观点，一律照搬。这很引起教师的反感。还有人对教研室的设置也提出了意见。以前的教师大都是通才，能教各类功课，按照苏联模式的教研室设定之后，就把教师的专业范围限制得死了。比如：周谷城能教中国通史和世界通史，后来编在世界上古史组，就只教世界上古史了；陈守实的专长是农民运动史、土地关系史和明史，后来编在中国上古史组，也就只能教中国上古史了；蒋天枢、刘大杰、朱东润、赵景深原来都能教文学通史，后来也各自被固定在先秦两汉、魏晋南北朝至隋唐、宋元和明清的分段文学史上。这种人为的分割，对学术上还不成熟的青年教师，影响就更大了，局限了他们，难以全面发展。

四、对知识分子政策的意见。

从1952年思想改造运动，到1955年反胡风及肃反运动，对知识分子的伤害很大。有些教师认为，思想改造等运动伤害了知识分子的自尊心，谭其骧教授对发动他的弟子来揭发他，特别不满，认为这是道德败坏。有些从国外放弃了优厚的待遇,冲破重重阻力,回到祖国的人,感到不被信任,被看作外人,像个边缘人物。有位在解放前发表了不少文章的教师,说吃不准共产党对他是怎么看的,所以抱定宗旨不再写文章,说是"不留只字在人间"。

五、对学术批判的看法。

当时教师们对学术思想批判普遍有不满情绪,但还不敢说不应该批判,只是说批得太粗暴,用政治概念来代替学术评价,乱贴标签,不允许谈不同的意见。批判电影《武训传》时,陈守实教授正在上近代史——那时他还没有被固定在上古史上,学生要他对武训作出评价,陈守实说:武训的精神是对的,办法未必对。结果受到学生质问:精神对为什么受批判? 还有学生问道:你说武训精神好,那么希特勒的精神是否好? 问得陈守实大光其火。同时这个批判也牵涉到对陶行知教育思想的评价问题,过去一直认为陶行知是进步教育家,评价很高,现在怎么看? 许多教师还提出,政治和学术应该分开,在学术界,有些人政治上是跟国民党走的,但是学术上还是有成就的,对这些人,就不能一笔抹杀。

六、对三大改造运动的看法。

许多教师认为,1955年的农业合作化运动和1956年对资本主义工商业的改造和对手工业和小商业的改造,到底有多少成绩,有多少缺点,应该作出实事求是的分析。

七、党群关系问题。

有人说是油水关系,有人说党群之间有沟,有墙,有铁丝网。有人指出,许多党员脱离群众,不是先人后己,而是假公济私,命令主义,盛气凌人,不愿听取不同意见。陈仁炳提出,要反"乡愿",认为党员干部很欣赏"乡愿",实际上护了短,掩盖了问题。他还提出要发扬贾谊精神,要敢于给皇帝上书。

……

可见,现在政改和教改中的许多问题,当时即已发现,都已提出。应该说,这些意见,大都是切中时弊的,如果当时能够认真整改,为时还不算太迟。可惜这些意见不但不被接受,而且还要对之进行反击、批判,于是毛病就愈来愈严重了。

据当时的校内中层党政干部回忆说,在鸣放期间,上面倒并未打招呼,只是由于他们自身处于被提意见的位置,为要保持一种高姿态,所以不进行辩解,而且那时很强调党内外有别,界线较为分明,党员们认为自己有意见应在党内提,不宜在群众面前提,所以大抵沉默的居多。但也有思想较左的,认为这种鸣放很不正常,说迟早要算账。甚至还有当场反击的,如孙大雨指责杨西光时,就遭到中共复旦大学党委委员徐常太的反击。徐常太一向唯"西光同志"的意见是从,开口闭口不离"西光同志指示"——而且还把"西"字拉得很长,说得有腔有调,所以最听不得别人对杨西光进行抨击。反右运动开始后,徐常太以其立场坚定,遂成为有名的大左派,很快就升为复旦党委副书记,但他对于群众却是官架子十足,外号叫作"徐大架子"。

那时也有主动进行鸣放活动的,这主要是学生中的一些活跃分子,他们大抵少不更事,为报纸上的鸣放气氛所感染,也为别的学校的民主精神所激励,所以急欲争相一鸣。

当时,社会学家费孝通撰文宣称,知识分子的早春天气已经来临;民主党派的头面人物,纷纷发言指责共产党领导的缺失;电影评论家钟惦棐敲响了"电影的锣鼓";文艺界流行着揭露社会弊端的写真实作品,名曰"干预生活";《文汇报》上还发表了与周扬商榷的文章,虽然所提出的只不过是关于英雄形象塑造这样的小问题,但敢于在太岁爷头上动土,意义却也非同小可。具有民主传统的北京大学早已动了起来,物理系学生谭天荣贴出了大字报,自称是《第一株大毒草》、《第二株大毒草》、《第三株大毒草》……而北大学生叶于洭干脆把火烧到复旦,他给复旦学生会寄来一篇文章:《我的忧虑和呼吁》。在这种形势下,学生怎能耐得住性子呢?

与北大一样,复旦最先动起来的也是物理系同学,而且还出现了一员女将:马明敏,她非常活跃,勇于挑战,在鸣放会上直指党委书记杨西光质问道:"请你回答,复旦的肃反运动究竟搞错了多少人?"弄得杨西光非常尴尬。当然,后来她就成为极右分子,吃尽苦头。但据她的丈夫张静甫说,马明敏其实并非主要角色,只因为北京出了个女生大右派林希翎,复旦也要搞出个女生大右派来,才能南北相称,所以有意把马明敏抬举起来,作为重点来整,并且还上了《解放日报》和《中国青年报》,弄得远近闻名。当时在物理系四年级唱主角的是何新民、罗宪祖和张静甫三个人,他们轮流主持鸣放会。而这鸣放会的召开,也并非完全出于自发,而是复旦党委悉心策划的。大约在学习《论无产阶级专政的历史经验》和《再论无产阶级专政的历史经验》时,物四同学就对这两篇文章提出一些不同看法,而对铁托的普拉演说却很感兴趣。党委常委、马列主义基础教研室主任吴常铭觉得物四的思想很活跃,可以作为典型来抓,就在这个班级组织小型辩论会,说是真理愈辩愈明。

这些学生不知其中厉害，就鸣放了起来，提出一系列尖锐的问题，如：胡风是不是反革命？私人信件能否随便公布？能否据以定罪？肃反运动有没有扩大化？统购统销政策是否好？等额选举是否算民主？人事档案制度好不好？苏联出兵匈牙利是不是干涉别国内政？等等。到得反右阶段，这些当然都成为右派言论。

物理系的鸣放会开得很热烈，吸引了许多外系师生，他们受到会议气氛的感染，也有站出来发言的，当然一并被记录下来，秋后算账。中文系的施昌东，就是在这个会上发言，诉说自己因胡风案被拘留审查的冤屈。但他还是很虔诚地将共产党比作父母亲，说：我是青年团员，好比是党的儿子，小孩子即使犯有错误，父母可以教导他，用巴掌打一下也就够了，为什么要用拳头打得那么重呢？结果却是遭到更沉重的打击，他被打成了"右派"分子。

接着是中文系二年级学生黄任轲、张瀛等人贴出大字报，指责学生会扣压北大叶于洰同学的邮件。学生会两位副主席出面进行了回答，说是这个邮件充满了谣言和污蔑，充满了恶意和推论，公布这样的东西对整风不会带来什么好处。但后来终于公布了这封邮件，而且开会辩论。

据《复旦》校报报道，叶于洰在文章中说道："毛主席提'鸣''放'方针之初，有百分之九十高级干部不同意。贯彻'鸣''放'方针至今，在省市一级还没有普遍动起来。""苏联舆论对我国'鸣''放'冷淡。"这些话，虽然说的是事实，但在当时，却算是分裂中央、破坏中苏团结的大逆不道之论，所以有些积极分子就出来反驳。新闻系四年级有一张大字报说："赫鲁晓夫最近对美国新闻记者说,苏联支持中国的看法,这不是明白地表明叶于泩在无事生非,挑拨中苏关系吗?"这反驳,在今天看来,是多么幼稚可笑,违背事实,但在当时却是义正词严的革命言论。

夹杂着政治因素的辩论,照例不是靠辩论本身所能说服人或被人所说服的。总要等到形势大变,才会出现一方压倒另一方的局面。但以势取胜,并不等于真理在握,真理还需要靠实践来检验。不过等到实践终于检验出真理时,时间已经过去几十年了。

纷纷落网不胜防

形势的遽变是在6月8日开始的。那一天,中共中央发出《组织力量反击右派分子的猖狂进攻》的指示,《人民日报》发表《这是为什么》社论。指示是内部传达的,而社论是公开发表的。这篇社论,就是反右派运动开始的信号。

而在这之前,形势就有了变化的征兆。5月25日,毛泽东在接见中国新民主主义青年团第三次全国代表大会全体代表时,说了几句看似平常,实则意味深长的话:"中国共产党是全中国人民的领导核心。没有这样一个核心,社会主义事业就不能胜利。""同志们,团结起来,坚决地勇敢地为社会主义的伟大事业而奋斗。"最后还强调说:"一切离开社会主义的言论行动是完全错误的。"各报对这几句话的重视程度不一,版面安排的位置也很不一样。姚文元大概已从柯庆施—张春桥这条线上得到了消息,就写了一篇杂文《录以备考》,对《文汇报》在排版上不突出毛泽东这几句话的重要性，提出了批评。姚文元的杂文得到毛泽东的表扬。

但这一切，似乎并没有引起人们足够的重视。有许多知识分子，特别是青年学生，实在缺乏政治经验，敏感性不足，一时还觉察不出形势的变化，继续大鸣大放。中文系二年级黄任轲等人的大字报，就是在《人民日报》发出"反右"斗争信号之后的6月11日上午贴出来的。

但这之后，形势就急转直下了。

6月19日，《人民日报》发表毛泽东《关于正确处理人民内部矛盾的问题》的文章，各报一律转载，作为"反右派"斗争的理论根据。但这次正式发表的文章，与几个月前传达的讲话记录稿，却大有区别，侧重点已转移到阶级斗争还没有结束这一点上来了。除了语气和侧重点的不同以外，文章里还特别提出了区分言行是非的六条政治标准，是原来讲话稿中所没有的。这六条标准是："（一）有利于团结全国各族人民，而不是分裂人民；（二）有利于社会主义改造和社会主义建设，而不是不利于社会主义改造和社会主义建设；（三）有利于巩固人民民主专政，而不是破坏或者削弱这个专政；（四）有利于巩固民主集中制，而不是破坏或者削弱这个制度；（五）有利于巩固共产党的领导，而不是摆脱或者削弱这个领导；（六）有利于社会主义的国际团结和全世界爱好和平人民的国际团结，而不是有损于这些团结。"毛泽东还特别强调："这六条标准中，最重要的是社会主义道路和党的领导两条。"

从此，"反党反社会主义"便成为一种严重的罪名，经常用来给人定罪。

7月1日,《人民日报》发表社论:《文汇报的资产阶级方向应当批判》。当时虽然没有说明这篇社论是毛泽东所写,但口气之大,一看便知来头不小,决非报社的秀才们所能写得出来的。从这篇文章中,谁都可以看出问题的严重性。"阳谋"云云,就是在这篇文章中透露出来的。

复旦的反映相当迅速。

6月18日,全校同学在登辉堂集会,"痛斥反党反社会主义谬论"。这是展开反右派斗争的全校誓师大会。

6月21日,校行政会议会同各民主党派复旦支部,协商后决定,从24日起停止一切教学活动,"组织全校师生员工认真深入地学习毛主席《关于正确处理人民内部矛盾的问题》,开展击退右派分子猖狂进攻的斗争。"从此复旦的反右派斗争全面展开。

正当广大师生员工积极提意见的时候,"反右"运动开始了。图为1957年夏天"反右"运动中复旦的批判斗争人会。

复旦多名人,自然也会有许多出名的大"右派"。孙大雨、王造时、陈仁炳、王恒守、杨兆龙、陈子展、王中……都是报上点名批判的人物,很为复旦扩大了影响。虽然后来也搞不清到底是因为复旦打出了这些大"右派"而显得战果辉煌,还是因为这些大"右派"的名气为复旦增辉生色。

这些人之所以成为"右派"分子,罪名虽然一律都是"反党反社会主义",但具体情况却大不一样。

孙大雨和王造时在民主革命时期都有过贡献,但也与共产党产生过一点误会,或者有过一点过节。

孙大雨在解放前是大教联(大学教授联谊会)中的头面人物,做过代理主席,在开辟反对蒋介石的第二战场上有过贡献。1949年以后,仍想在政治舞台上一显身手,也是人之常情,但原大教联干事中的共产党员李正文随军回到上海之后,主持大教联改选,却把民主同盟的一些人从领导岗位上选了下来,孙大雨也从代理主席降为候补干事,从此孙大雨不满于新的现实。恰恰李正文又担任了复旦大学军代表和第一任党委书记,摩擦自然难免,后来由于工作安排等问题,意见更大。不久,孙大雨开始控告李正文等人为反革命,后来又将后任复旦党委书记杨西光、华东文教委员会头头陈其五,高教局的曹未风,还有复旦一些教师都一并囊括进去,陈毅市长曾经进行劝说,但是无效,结果当然是孙大雨失败,不但被打成"右派"分子,而且由于一直不肯屈服,还被别人将反革命分子的帽子反扣在他自己的头上,在监狱里关了很多年。在孙大雨发言批评党委时,中文系教授徐澄宇说了一句"快人快语",也被打成了右派分子,可见孙大雨问题的严重性。但孙大雨却很顽强,受尽磨难而仍活到九十二岁高龄,晚年仍致力于莎士比亚研究。但大概因为得罪的人太多之故,反革命平反、"右派"改正之后,仍未能按照惯例,回到原工作单位复旦大学,却为华东师大所罗致,这对复旦实在是一个讽刺,显示出校部某些领导人的胸襟狭隘之处。

王造时是位政论家,曾经写过不少揭露国民党腐败统治的锐利文章,又是为坚持抗日而下狱的救国会七君子之一,可以说是民主阵营中的风云人物。但1949年以后,却一直不被重视。七君子中除邹韬奋病故,李公朴被刺,其他几人:沈钧儒、章乃器、史良、沙千里,均任中央要职,只有王造时被投闲置散,虽然在华东局和上海市挂了几个委员的虚衔,但是并无实职,他提的建议也无人理睬,使他郁郁不得志,所以朋友们说是"冠盖满京华,斯人独憔悴!"后来还是陈望道校长惜才,亲自登门,请他到复旦大学做教授,但在官本位的中国,这也是一个不被看重的位置。据说其中的过节,是出于对苏联的态度上。盖因1941年4月13日,苏联与日本签订了《苏日中立条约》,宣称"倘缔约国之一方成为一个或数个第三国敌对行动之对象时,则缔约国之他方,在冲突期间,即应始终遵守中立"。这在苏联,据说是一种外交策略,而对于正在进行艰苦的抗日战争的中国人民,却是一个严重的打击。特别是条约所附《宣言》中说:"苏联誓当尊重'满洲国'之领土完整与神圣不可侵犯性;日本誓当尊重蒙古人民共和国之领土完整与神圣不可侵犯性",显然是拿中国的领土主权来做交易,更加引起中国人的反感。救国会的同仁为此发表了一封《致斯大林大元帅的信》,以示抗议。但在当时,凡对苏联有意见,即被认为是反苏,而反苏即是反共,所以就算是一个大问题。而救国会是一支有影响的政治势力,不能不加以团结,于是责任就落到这封信的执笔者王造时身上,从此对他就有了看法。虽然史良曾经提出,这是大家的责任,不能由王造时一人负责,而且王造时也对周恩来作过解释,但看法既已形成,就会有一种思维定势,要改变也难。所以在"反右"运动中他本来就在劫难逃,再加上他在各种座谈会上又鸣放出不少意见,便都变成严重的"右派"言论。

现在看来,王造时的一些意见,实在算不上尖锐。例如,他在5月20日上海市委宣传工作会议上的发言云:今天的官僚主义,不是个别现象,而是普遍存在着;不是刚刚萌芽,而是发展到了相当恶劣的程度。一般说来,越往下层,越是专横,违法乱纪的事情越多。又如,他在复旦历史系鸣放会上说:希望共产党不要吃老本,老本是要吃完的;基层也应搞大鸣大放。这些话都成为右派言论,上纲为攻击党的领导、火烧基层论,等等。

由于王造时敢于在批斗会上据理争辩,立即被斥为态度恶劣,遭到围攻。在市政协政法组,在复旦登辉堂,都出现了围攻场面。虽然报纸上把王造时描写得狼狈不堪,但据当时参加会议的人说,王造时其时态度镇定,沉着应答,很有政治家的风度,令他佩服。可见我们的新闻报道是很有政治倾向性的,事实可以根据政治需要而进行改造,当不得真也。王造时抗议道:"你们是压服,还是说服?周总理也不是这样对待我的。"但那时正是大家竞相表现革命积极性的时候,这些话当然是丝毫不起作用。王造时因为前不久刚与周恩来推心置腹地谈过话,受到周恩来的鼓励,认为周恩来能够理解他,就给周恩来写了一封信,诉说家庭的不幸和目前的处境,并表示愿"以残余年华追随党及毛主席和我公之后,作一砖一瓦之用,而有助于社会主义的建设事业"。此信真是写得"哀而动人",但仍无济于事,王造时还是被打成"右派"分子。政协政法组和复旦的批判会不断,《文汇报》和《解放日报》连篇累牍地对他进行揭发。7月4日的《解放日报》上还发表了一篇抹黑文章:《请看伪"君子"的嘴脸!》,副标题是:"王造时,太臭了。他的亲戚、邻居、学生、同事群起揭他的皮,他如果不举手投降,还要更臭更臭"。

在历次运动中,凡是要打倒一个人,总要动员他的亲戚、邻居、学生、同事来编造材料,落井下石,不但弄得他众叛亲离,孤立无援,而且还泼他一身粪水,弄得臭名远扬。尽管这种做法很引起正直人士的反感,但后来不但不改,反而愈演愈烈。在这次"反右"运动中,报上就发表了许多"右派"子女与父母划清界线的文章。这种现象并不奇怪,奇怪的是,王造时的小女儿王海容,不但不肯揭发父亲,而且还公开宣称:"我是非常爱我爸爸的。揭发他的那些邻居、亲戚都不是好人!"她当时是复旦物理系四年级学生,与其父亲同在一校,所受压力之大,可想而知。结果,她是以同情"右派"父亲,划不清界线罪,再加上还曾帮助父亲抄写过鸣放文章,于是也一并被打成"右派"分子——此事说起来还有一点戏剧性,有一个星期天,王海容的男朋友来找她出去玩,恰好报纸催索王造时的鸣放文章,急着发稿,这一对情侣就留下来一人帮他抄写半篇文章,结果是双双被打成"右派"。王造时后来死在看守所中,王海容则因心情抑郁得了癌症,也很早就过世了。王造时的前妻在"反右"前一年去世了，两个儿子和大女儿则因患精神病而亡，全家只剩下一个后来续娶的妻子，景况实在凄惨。

杨兆龙是法律系教授，从法制的观点来看问题是理所当然的。他在5月9日《新闻日报》上发表了一篇文章：《我国重要法典何以迟迟还不颁布？——社会主义建设中的立法问题》，文中说："社会主义的建设并不是单纯的物质建设"，"非物质建设中特别值得注意的是社会主义的法治（有人用'法制'这一名称……）和社会主义的民主"。他指出："我们的立法工作在某些方面进展得慢的主要原因是过去在我们中间对这种工作存在着一些不正确的或片面的看法"，并列举了十种看法，如："认为自己有一套"；"认为中国的情况特殊"；"认为只要懂得'政策'，有了正确的'立场、观点、方法'，就可以解决法律问题"；"认为在国内外现阶段的动荡局面中，政府应该有可能灵活地应付各种局面，现在如果制定一套完密的法律，难免限制政府机关的应付事情的灵活性"；等等。

现在看来，杨兆龙的意见是何等正确呀！"文革"以后，经过再一次的思想解放运动，终于出现了一些讨论社会主义民主与法制的文章，得领时代之风骚，其实，却只不过是重复了杨兆龙的意见而已。但杨兆龙的意见，在当时却被认为是极端错误的右派言论，而遭到狠狠的批判，不但杨兆龙本人被打成右派分子，连复旦的法律系也一并被端掉了——现在的法律系，是"文革"结束以后重新组建的。

杨兆龙从法制的观点质疑历次政治运动的合法性，要求处理问题应有法律依据，而不能光凭政策行事，可悲的是，他这回所遇到的是更大的政治运动，他自己被定为"右派"分子，却仍然不是根据法律，而是根据政策条文。这个《中共中央关于"划分右派分子的标准"的通知》，总共只有一千多字，条文订得非常笼统，执行起来伸缩性很大，加上本人没有自我辩护的权利，也就必然带有很多的主观随意性了。

陈子展在1949年以前原是个左翼作家，革命教授。他20年代在湖南自修大学里与毛泽东、谢觉哉、李维汉等有过革命友谊；30年代在上海与鲁迅等人并肩战斗过，在文化界很有些名气；40年代在重庆差一点被国民党CC派从大学里除名。但是，他有一股湖南人的犟脾气，所以与新当权者难免有所冲突。最初是为"公馆派"的事。所谓"公馆派"者，是指当年时常进出于校长章益公馆的一批人，而章益与国民党CC派有关，所以陈子展与之斗争甚力。后来，章益虽然调走了，而围绕着章益的一批人又围绕着军代表、党委书记李正文转了，这使陈子展很愤愤，又重新展开新的一轮斗争，这就与新的领导对立起来。其实，鲁迅早就说过，旧的猛人倒掉之后，包围着这个猛人的一批人，必然会去包围新的猛人；猛人可倒，而包围者是不会变的。陈子展之所以愤愤者，是由于他对世情远没有鲁迅参得透的缘故。但这样一来，他的命运也就决定了。

其实，陈子展在1957年并没有参加鸣放，因为他在1952年思想改造运动中受到伤害之后，就拒绝到校上课，同时也不参加任何会议。但学校却并没有放过他，派了一位民主党派头面人物去逼他到校开会。那位民主党派头面人物狐假虎威，对他申斥道："我代表党，通知你到校开会。"这很激怒了陈子展。因为陈子展一向很看不起此类溜须拍马的人，现在此人居然以"党"的名义命令他,他不禁脱口而出:"你是什么狐群狗党!"这句话应是指这个人所在的党派,不料此人汇报上去,成了陈子展骂共产党是狐群狗党了。这当然是十足的反党罪行。但陈子展根本就不承认他是"右派"分子,也仍然不到校开会上课,直到"文化大革命"开始,才被学生逼着到校。

王中的革命资历虽然没有陈子展那么老,但他是随军南下干部,是接管上海报业的军代表之一,也算是老革命了,而且还做着现官:复旦党委委员,统战部长,副教务长,兼新闻系主任。听说复旦党委并没有主动想把他打成"右派"分子,而是由于外界的压力太大,不得不打。王中之所以在社会上有着广泛的影响,是由于他担任复旦新闻系主任以后,矢志搞新闻改革之故。他提出报纸的二重性理论,即认为报纸既有宣传性,又有商品性,所以办报必须照顾群众的口味。他批评《解放日报》一片机器声,一副寡妇脸;并讽刺那种所谓党性强的唯上文章道:"党性"者,即"党委性"、"书记性"也。他还带了一批人到各地去进行新闻改革的调查,准备写作《新闻学原理》;同时也一路做报告,宣传他的新闻观点。他的新闻观点,在鸣放期间当然是受欢迎的,而反右运动一开始,就成为众矢之的。有家权威报刊,竟然为此发表评论员文章,题目叫做《大家都来批判王中》。复旦大学虽然并不是主动发起者,但批判起来,却也毫不手软,校报上做出通栏标题:《坚决和右派分子王中斗争到底!》在发表批判文章的同时,还配以漫画,其中有四幅连续画给人印象甚深,题目是:《剥开右派分子王中的四层画皮》——1. 革命十年的招牌;2. 反教条主义的幌子;3. 学术问题的外衣;4. 自由主义的帽子。这就是说,王中的问题,决不是学术问题和自由散漫无组织无纪律的问题;而是挂着老革命的招牌,打着反教条主义的幌子,干的是反党反社会主义的勾当。这种将批判人物漫画化的做法,在复旦,大概就是从批判王中开始,至少在正式的印刷品上是如此。

为了将"右派"分子批倒批臭,积极分子们调动了各种武器,其中包括漫画。当时《复旦》校刊上的漫画颇多,给人印象最深的是这四幅丑化王中的连环漫画,所以特地翻拍下来,以飨读者。

复旦打出了这些大"右派",在上海,在全国,都产生了很大影响,那些左派们打得上了瘾,只想再打些大的。历史系有些党员就提出了要打周谷城,理由是:周谷城在各种会议上鸣放出来的材料,不比那些右派少,而且在全国人民代表大会批判右派分子的会议上,他一句都不批"右派",却大谈什么发展学术的大好时代,这说明他对"反右"运动有抵触情绪。于是他们整理好材料,上交历史系党总支,总支书记不敢定夺,直接向党委书记杨西光请示,杨西光笑笑,也不表态,说要请示一下市委。一周以后,他在一次会议休息时,找到历史系总支书记,说:你们想搞大人物呀?算了罢,市委的意思是不要动他。这事也就作罢了。

　　基层党员毕竟政策水平不高。他们没有悟到，既然"右派"分子的划定，不是根据法律条款，而是根据党的政策，而政策，就是政治上的策略，那么由于政治上的需要，当然可以打一些，也可以保一些，不可能一律平等。这层意思，到得"文化大革命"时期，就被点透了。连彭真所说的学术讨论中"在真理面前人人平等"这句话，都被批为资产阶级观点，更何况在政治斗争中要求用言论类比的方法来定案呢？

　　听说，杨西光在"文革"以后曾多次对复旦的教师说，他是懂得办大学是需要很强的师资力量的，所以在"反右"运动中还是保了一些业务骨干。这话不假，复旦的确没有像华东师大那样，将一大批骨干教师都打成"右派"，打得元气大伤；复旦的元气虽然也损伤不少，但毕竟还保存了相当的实力，为以后的发展留有余地。杨西光既能成为"反右"英雄，又能为自己的学校保存一些实力，的确有相当的眼光和手腕，可算得是政治舞台上的善舞者。不久，他即以"反右"和"大跃进"的显著领导成绩，受到柯庆施的赏识，从复旦党委书记而升任为上海市委教卫办主任，又升为主管文教的市委候补书记，在上海，算得是一个风云人物。

　　但"右派"分子是有指标的，保了一个，就得用另一个去填补。比如，杨西光保了蒋学模，保了苏绍智，但却把洪文达顶了上去。其实，就资历和业务水平而言，洪文达与蒋、苏都是同一档次的。洪文达的罪状是，他在《文汇报》上发表过一篇笔谈，说是"几年来，主观主义主要是教条主义的倾向，结合着官僚主义、宗派主义的声威，浩浩荡荡，大有罩盖一切之势"。

这里所说的主观主义主要表现为教条主义的看法,其实并非洪文达的发明,原是最高领导的意见,但后来又说是当前的主要危险是修正主义或者右倾机会主义,所以洪文达的话就是右派言论,洪文达也就成为"右派"分子。

谈家桢因受到毛泽东的眷顾,属于保护对象之列,但他的学生就不受保护了。他有一个从浙大带过来的得意门生,因为坚持学术自由,被打成了"右派"。此人骨头很硬,从不买账,监督小组的人与他谈心,他说:我现在所有的,唯有一张床而已,不怕失去什么;帽子嘛,戴着不感冒,不摘也罢。改革开放以后,他的女儿出国留学,学的也是遗传学,有些美国教授解答不了的问题,还是父亲为之解答。美国的教授知道后,大吃一惊,说中国有这样高水平的教授,真了不得。然而,这位了不得的高水平人物,现在是老病缠身,拄着拐杖走路,走十多步就气喘不止。

据一位老教授说,他其实一向是紧跟共产党的,并无反党言论,只因"右派"分子是定额分配,当时本单位还缺一名"右派",不能完成任务,就把他填补进去了。当时还不知其中厉害,到后来却说"右派"是属于敌我矛盾,而且还与地主、富农、反革命分子、坏分子一起,同列为五类分子,这样,就背了二十年的黑锅。

不但此也。既然政策条文富有伸缩性,可以根据主观意愿来保,那么也就可以根据主观意愿来打,其中难免夹杂着个人好恶和个人恩怨了。政治课教师朱元寅先生是因为有点抗上思想而被打成"右派"的。"反右"运动的前一年,复旦开党代会选举党委委员,杨西光没有获得全票,政治课教研室主任很愤愤地说：有人竟不投西光同志的票，党性到哪里去了？朱元寅也是党代表，他说：我是选杨西光同志的，但有人不选也是可以的，这是他的权利，无可指责。主任认为他的党性不强，立即对他进行帮助，但朱元寅那时年轻气盛，偏要认死理，不肯认错，而且还辩论起来。这种抗上思想在当时是一大忌，也就种下了祸根，"反右"运动中就被罗织了罪状，加以批判。尽管在他的五六条材料中没有一条够得上划定"右派"标准的，而且他所属的党总支里，也有几位委员不赞成将他划为右派，但上面执意要划，他也就终于被划为"右派"了，那几位持反对意见的委员，还吃了批评，说是思想右倾。

但对持反对意见者这样批评一下，而没有撤职查办，还算是轻的。我有一位中学时代的同学，在别的高校读书，做了年级党支部书记，在当时算是很突出的人物，因为对同班同学深有了解，在打"右派"时有点手软，即被批评为"同情右派"，在同班同学毕业之后，叫她留下来办学习班，也被定为"右派"，再遣送出校门。

那时，不但教师中打出许多"右派"，而且在学生中也每个班级都有右派名额。北大学生中打出了谭天荣、叶于泩，人大学生中打出了林希翎，都具有全国影响，复旦自然不能落后。首当其冲的是物理系四年级（57届），何新民、张静甫、施伟达、马明敏、王海容等十二人被打成"右派"分子，占全班总人数三十六名的三分之一。毕业之后，还要留校考察，亦即劳动改造，分为一年、两年、三年三等。马明敏是考察三年，但实际上直到1961年才分配到上海科技大学，"文化革命"中被剃了阴阳头游街，弄得她几乎自杀；王海容分到华东师大二附中教

复旦的"反右"斗争成绩辉煌,还打出些全国知名人物。左上:孙大雨,党外大右派,建国前是上海大学教授联谊会负责人,时任外文系教授;右上:王中,党内大右派,时任复旦党委常委兼统战部长,新闻系教授兼系主任;左下:马明敏,物理系四年级学生,把她突出出来,是为了与北京的学生女将林希翎相对应;右下:张瀛(左)与黄任轲,均为中文系二年级学生。

英语；张静甫先是在电光源实验室劳动，后来分配到复旦附中；施伟达则一直没有分配，先在出版科、金工厂等处劳动，"文革"结束后调回物理系，在实验室里工作。他长期没有工资，每月只领生活费三十元，直到右派改正。

其次就是中文系二年级（60届）的黄任轲、张瀛等人。黄任轲是干部子弟，父母都是一二·九运动的积极参加者，抗战初期奔赴延安，并且加入了共产党。父亲早逝，列为烈士；母亲当时是中共上海市委的一个处级干部。黄任轲受批判时，他母亲在《解放日报》上发表了一篇文章，分析了儿子犯错误的思想根源，并要求儿子认真改正错误，文章写得很有感情，也很符合形势的要求。却不料这封信受到中二左派的轰击，说她在包庇儿子，弄得黄任轲的母亲非常尴尬，还作了检讨。黄任轲成为"右派"之后，被押送到复旦的下放劳动基地莘溪乡从事体力劳动，与我和其他两位教师同住在一个房间，由一位党员负责监督。我们有半年时间的接触。我看他是书呆子一个，根本不懂政治。据说他是因为从小喜欢读鲁迅著作，读得对现实不满起来，而且对现实批评得非常尖刻。但那时他已不读鲁迅的书了，以免再犯错误，劳动之余，在看钱锺书的《谈艺录》。他劳动很认真，不久便成为一名强劳力。后来调回学校继续读书，毕业后分配到外地，他母亲对此事很伤心，而且由于感情上的需要，又认领了一个女儿。黄任轲是直到"右派"改正之后才调到上海社会科学院工作，但似乎已没有先前那种灵气了。张瀛的命运更惨。他是公认班级中古典文学基础最好的学生，深受蒋天枢教授的赏识，但毕业后分配到边远省份，又处于基层，不但没有发挥专长的余地，而且因在

"文化大革命"中议论林彪的短长,又被打成现行反革命。他实在受不了折磨,据说在一次劳动中跳进烟囱自杀了。哀哉!

与黄任轲一起押到莳溪乡劳动改造的,还有物理系的一些右派。其中有一位曾经逃跑,于是领导上发动同系的下放干部回市区追捕,偌大一个上海,怎么能追捕得到?后来听说他冲进了英国领事馆,要求政治避难,但却被当作外逃叛徒,由陈毅外长出面,通过外交途径要了回来,其命运也就可想而知了。

"反右"运动时,我们是中文系四年级,党支部书记是同班同学唐维生,他是一位南下干部,学历不高。进城之初,领导上要提高干部的文化素质,就调了一批人入学读书,先从工农速成中学读起,再进入大学学习,叫做工农调干生。老唐就是一名调干生。他本来跟班学习就有一定困难,后来又忙着谈恋爱、结婚,学习成绩当然不是很好,班级工作也时有疏忽,在鸣放时难免被同学提意见。但老唐为人善良,胸襟也很开阔,对这些意见不以为意。"反右"运动开始后,他认为本班没有"右派"分子,只有些错误言论。至于对他个人的意见,他觉得都是善意的,有则改之,无则加勉就是了。不料这样一来,却受到低年级左派们的攻击,说中四如果不打"右派",我们就要来冲,我们就不相信中四没有"右派"!结果中四党支部只好自己动手,打出了叶鹏、王禹之、冯可文三名"右派"。叶鹏是我们班级的才子,在读书时就发表了好几篇文章,又与低班女生相爱,才子佳人,同进同出,很受人注目,打成"右派"后发配到河南山区教小学,三年灾害时差一点饿死,不过总算挺过来了,80年代当了洛阳师专校长,退休后重理旧业,已经出版了好几本书了。王禹之志在研究古典文学，因为家庭经济条件较好，上学时就买了不少线装书，还自己带来一张小书桌，放在拥挤的宿舍里，认真地在那里做学问，当然也谈恋爱，但不问政治。他是独生子，母亲是寡妇，本应照顾在上海工作的，但打成"右派"之后，还是分配到外地，后来又被打成现行反革命，发配到青海劳改农场，病得差一点死掉。后来平反、改正，回到上海，他来看我，坐下来就问我知不知道他当年那位爱人的下落。我虽然也多年未见那位女同学了，但情况是知道的，就如实告诉他，这位女生早已结婚生子，他听了很失望，只好颓然而返。冯可文一向独来独往，很少与人交谈，不知何以也有"右派"言论。至于唐维生，大概因为右倾，毕业后也留校了一段时期，但因为出身成分好，而且还有革命经历，所以没有打成"右派"，但档案里还是塞了材料，分配到山东《大众日报》之后不久，就被定为"右倾分子"。

却顾所来径

以政策来代替法律的做法，是久矣夫非止一日的了，然而，何以在1956至1957年间，政策会如此多变，而且变动的幅度又是如此之大，却是值得思考之事。

这与当时的国际形势有关。

自1953年斯大林逝世之后，苏联进入了解冻时期，文学艺术和理论领域都出现了新的动向。1956年的苏共第二十次代表大会，提出了反对个人崇拜问题，而赫鲁晓夫的秘密报告，更是历数斯大林的罪恶，引起了世界范围的震撼。在西方,有许多共产党人纷纷退党;在东欧,则产生了波兰和匈牙利的改革运动,即所谓"波匈事件"。这种形势,不能不引起中共领导人的思考。

对于国际上的这场变动,毛泽东曾以很轻松的口吻,引用南唐词人冯延巳的词句说:"风乍起,吹皱一池春水。"但实际上,他对苏共二十大以后的国际变动,特别对于波匈事件,是极其重视的,深虑这股风吹到中国,将不是吹皱一池春水,而会激起巨大波澜。后来他又将文化界的改革分子们比做匈牙利的"裴多菲俱乐部",即是这种意识的表露。

他必须采取对策。

毛泽东在1956年4月所作的《论十大关系》讲话和1957年2月所作的《关于正确处理人民内部矛盾的问题》的讲话,就是在总结苏联经验教训的基础上,设法寻找自己的路径。前者针对苏联在社会主义建设上的缺点,探索适合中国特点的社会主义建设道路;后者则针对苏联阶级斗争扩大化的问题,而提出了两类矛盾的学说,认为社会主义革命取得胜利之后,大量存在的还是人民内部矛盾,不能把什么都归结到阶级敌人的破坏上去。正是在这种理论基础上,才提出了"百花齐放,百家争鸣"的方针。他希望通过自己的理论、路线、方针、政策,来避免社会矛盾的激化。

但是,要通过鸣放、协商来解决社会问题,是必须有相应的民主制度的保证才行。而毛泽东却只把民主当作是一种手段,而否认它作为制度的重要意义,这使得双百方针从根本上就无法实行。同时,在波匈事件中起了重要作用的自由主义思潮,也难免使他忧虑。这种自由主义思想,在中国也有相当大的势力。1948年,当中国人民解放军由战略防御转入战略反攻时,就有些自由主义者出来提倡第三条路线,也就是想在国共两党之外,建立第三种政治力量,颇有问鼎之势。1949年毛泽东以新华社的名义发表的五评《白皮书》文章中,虽然将"自由主义即民主个人主义者"敲打了一下,但从当时的形势出发,还是要对他们采取团结、争取的方针。现在,共产党的政权已经稳固,而自由主义者的潜在威胁还很大,就准备对他们放手一击。否则,万一形成波匈事件,局面就难以收拾了。他之所以不惜用"阳谋"来引蛇出洞,聚而歼之者,即为此之故也。

但自由主义即民主个人主义,并不只存在于民主党派中的几个头面人物身上,作为一种社会思想,它几乎渗透到所有现代知识分子的意识中,这就是为什么要把知识分子看做修正主义的温床的缘故。经过毛泽东修改的周扬那篇文艺界反右斗争的总结报告《文艺战线上的一场大辩论》,把个人主义(即个性主义)称作万恶之源,我们就可以看出这场运动的斗争指向了。明乎此,也就可以知道何以这场运动的打击面会这样广,而后来仍要不断地寻找题目来批判知识分子的缘故了。

然而,自由的思想,独立的精神,却正是发展科学文化的必要条件,批判了个性主义,打击了自由思想,也就扼杀了科学文化发展的生机,后果是十分严重的。

反右运动之后,学校风气大变。民主思想受到打击之后,群众再也不敢向领导提意见了,失却监督的权力自然会更加霸道。人与人之间也失却了信任,不敢再讲真话。师生之间的距离一下子就拉大了,教师不敢倾诚相教,生怕被抓住片言只语,上纲上线。实际上也的确出现了一批以打小报告为晋身之阶的左派积极分子。"反右"运动以前,我们这些学生是常常到老师家去聊天的,在闲谈中所受到的启发,往往比课堂中听课得益更大。"反右"之后,教师对学生不得不加提防,师生关系一直没有恢复到以前那种密切程度。而且,知识分子的人格尊严大受摧折,这也影响到社会正义的培养。这些变化,正应该深入认真地加以总结才是。

莘溪纪事

"反右"运动主要是针对知识分子的,虽然在知识分子中打出了许多"右派",但问题似乎并没有结束。当时的指导理论认为,凡是知识分子成堆的地方,一定要出修正主义;而他们的根本问题,就在于脱离工农大众。为了进一步改造知识分子,防止修正主义的滋生和发展,在反右运动的后期,就出台了一个"下放劳动"的政策。这其实也是延安时期的老办法,就是将知识分子赶到农村去,让农民来改造他们。但又与延安的办法有所不同:延安时期的知识分子下放到农村,大都担任乡长或乡文书之类的工作,是去做领导的,在领导工作中改造自己;而反右运动之后的知识分子,即使没有定为"右派",身价也已大跌,他们只能在劳动中接受改造了。

以落后的社会群体来改造先进的社会群体,从历史发展的角度看,是一种倒退。但那时大家都认真地学习过延安文艺讲话,各行各业都确立了为工农兵服务的方向,知识分子们更下定了向工农兵学习的决心,所以也就觉得下放到农村进行劳动锻炼是应该的;而且大家也都知道,即使工人农民的手是黑的,脚上有牛屎,还是比资产阶级和小资产阶级知识分子都干净,因为这是一个立场问题、感情问题。刚经历了一场急风暴雨式的"反右"斗争的知识分子,谁愿意在立场和感情上出问题呢? 所以他们虽然对业务学习上的事,难免总有些牵挂,但还是热忱地响应号召,愿意到农村中去改造自己。

到上海的西伯利亚去

我是复旦第一批下放干部中的一员,在全国也算是下放得早的,时在1957年12月13日。

我们这批下放者人数很多,共有一百六十人,一个月之后,又补充进来八十三人。这些人大多数是刚毕业不久的青年助教,也有一些讲师,还有一位新闻系的副教授,因为职称高,报纸上还特别有过报道,并登载了他摘棉花的照片,不过他没有干多久就调走了,可见在当时,高职称还是挺稀罕的;但在我们下放队伍中,也有一些职员和工人。工人是最先进的领导阶级,照理说,他们是要去改造别人的,不知何以也要下放到农村接受改造,莫非是因为他们长期在高等学校工作,也沾染了知识分子的臭气不成? 这一点,我始终弄不明白。

由于是第一批下放劳动,在当时的知识界要算是一件大事,所以学校领导相当重视,单是思想动员和理论学习,就忙了几个星期,党委副书记王零同志还特地来做了一次报告。我久闻王零书记是抽烟大王,据说是一枝接着一枝抽,只在吃饭时停顿一下，火柴用得相当节约，每天吸两三包香烟，仅用三四根火柴就够了。所以王零一进教室，我就注意他嘴上的烟卷，因为注意力太集中之故，他的报告倒反而没有怎么认真听。但仔细观察的结果，却有一个别人所未曾道及的新发现：他在做报告时，烟是一直叼在嘴上的，不用手拿，要吸时就吸一口，不吸时就这么叼着，极其方便，而且可以一边讲话，一边把香烟从左唇移到右唇，又从右唇移到左唇，从不掉下来。我后来自己试过多次，都没有成功，一讲话，香烟就往下掉，烟却往里呛。可见王零抽烟功夫实在很高，不能不使人佩服。

不过王零的讲话，我也不是全没有听，而且有两句话至今印象很深。一是他奉送我们一个字："熬"，说是你们在城市生活惯了，乡下的生活是很艰苦的，而且体力劳动也不容易，碰到困难时，咬紧牙关——熬，只要记住这一个字，没有过不了的关。在当时惯于讲大道理的气氛中，这句话使人觉得很实在，而且此一字箴言，的确使人受用匪浅。二是临结束时，他特别嘱咐一句：你们可别把乡下的小姑娘骗上手，要骗上人家小姑娘，我可不准你回复旦，不让你进校门。但这句话，其实也只是说说而已。我的学长潘富恩兄下去不久，就与他房东的女儿谈上恋爱了，结婚后王零并没有将他们拒之复旦门外。现在这位农村小姑娘早已做了祖母，复旦中国哲学史专业的博士生们都很尊敬地称她为潘师母。

据王零说，下放的地点，也很使复旦党委费了一番心思。离复旦太近了，怕我们经常往回跑，不能专心锻炼；选太远的地址吧，党委领导起来又不太方便，而且上面的精神是，各省市在自己的地区内安排。所以他们就选择了上海最偏远、最

这是潘富恩在莳溪乡贺家宅所住的房子,照片摄于1971年,基本上还保存着当年风貌,80年代后经过改建,则已面目全非了。照片中的妇女,就是当年潘富恩的房东女儿王月娣,此时早已成为潘夫人了。

艰苦的地方:莳溪乡。这莳溪乡的名字,在新出版的上海地图上已经找不到了,它位于大场与南翔之间,属宝山县,离上海大学现在的新校区不远,早已不是偏僻地区。但当时上海市所属只有嘉定、宝山、上海三个县,莳溪乡被复旦的领导视为上海的西伯利亚,给我们以非常遥远的感觉。

于是,在经过充分动员之后,我们就被敲锣打鼓送往上海的西伯利亚。虽然汽车只开了几十分钟就到,但却摆出了一副远征的样子。特别是领导上规定,单身教师一律要将住房交还学校,而且又不宣布锻炼期限,说是要断绝我们的退路,让我们一心一意在乡下锻炼,这就更有点"壮士一去兮不复返"的样子。

但下车之后,使我意外惊喜的是,高云竟从送行的车辆中走了下来。那时她还是学生,我们正在热恋,她在校门口送别之后,竟钻上校系领导送行的车辆,跟着他们一直送到莘溪乡来。虽然她把我送到新的住处之后,马上就得跟着校车回去,但有此一喜,也就冲淡了无期远征的落寞感。

同吃同住同劳动

刚下乡时,领导上对我们的要求是,要做到"三同",即:同吃、同住、同劳动。

下放干部与农民同吃同住同劳动,参加各项工种。物理系教师潘笃武被分派在猪棚养猪。

这大概也是老区带来的规矩,对知识分子说来,的确是一种磨炼。学校生活虽然清苦,但毕竟卫生条件较好,衣暖食饱也不成问题,一到农村,就感到落差很大,处处需要克服、适应。

那时还没有专门为下放人员造房这一说,我们就住在农民家里。人们只知道上海市区住房紧张,其实郊区的住房也不大宽裕。要在农民家里安插几个人进来长住,的确给主人造成很多的不便。但农民们一听说是共产党的号召,也都诚恳地接受了。我们就被见缝插针地安排下去。运气好的,住在客堂间,运气差的,住在牛棚猪圈旁边,我的运气中等,住在一间仓库里,因为屋檐不密封,四处透风,勉强用稻草来堵塞,也无济于事,而门户又是朝北开的,一开门,北风直入,室温与户外相差无几,真是冷不可挡。好在那时年轻,还能硬顶,但有时也冻得发抖。

体力劳动是一个"关"。开始时,队长照顾我们,让我们跟着妇女采棉花,这是一种轻活,为壮夫所不为。但我们却采不过农村的老太和小孩们,时间一久,弯着的腰竟直不起来,实在自感差劲。拔花萁虽然也是妇女干的活,还有铁钩作为辅助工具,但一行还没有拔到头,手上就长出血泡,带泡继续拔,其痛难当。而且,我们既然是男子汉,当然不能老是跟着妇女干活。男人的劳动本领全在一条扁担上,我们必须炼就肩膀上的功夫,才算是闯过劳动关。于是挑菜、挑粪、挑花萁、挑河泥……终日与扁担打交道,一挑到底。开始是弓着身子挑,像一只大虾,后来终于能直起身子挑;开始是摇摇晃晃地挑,后来能平平稳稳地挑;开始时只能挑三四十斤、五六十斤,后来能挑一二百斤。当我们能挑到一百多斤奔走于田间时,自然很为得意,大家见面时常常互问道:"你能挑多少斤了?"因为谈论得多了,所以印象很深。我记得当时我的纪录是一百六十八斤,但在复旦的下放干部中,这只能算是中等水平,潘富恩兄就已超过二百斤。后来大家都有所增加,但已没有兴趣再来过秤做记录了。

1957年底至1958年初,中国农村大兴水利,上海郊区各乡亦集中了许多劳力,肩挑手盆,开河兼积肥,这是大跃进的前奏。大学师生们参加劳动,豪情满怀,放声歌唱。

整个冬天,我们这些男劳力做得最多的活是挑河泥。这工作,一方面是为了疏浚河浜,同时也在进行积肥——挑上来的河泥是很好的有机肥。这工作不但很吃力,而且常常溅得一身泥水,但有些老农居然能够穿着新鞋挑河泥,而不把鞋子弄脏,这是真功夫,不能不令人佩服。

因为强调"同劳动",所以农民干什么活,我们也自觉地跟着干什么活。时近年终,农民拷浜捉鱼,我也跟下去捉鱼。浜里刚结过冰,水虽然快拷干了,但冰片仍随处可见,其冷可知。农民是喝过酒下去的,我没有喝酒,冻得更厉害,不一会,踏在泥水里的双腿就冻得麻木了。我将这次劳动体会写了一篇短文,发表在复旦校报上,我的老师方令孺教授说,她看到这篇文章后,真觉得心痛啊!等我回校休假时,她就请我到她家去大吃一顿,说是可以补养身体,增强御寒能力。其实,这时离我下浜捉鱼已经有好几个星期了。

但最麻烦的还是"同吃"问题。寄食在农民家里,我们虽然交足了粮票和钞票,但总是客人,不能不吃得相当节制。有一位下放干部大概死扣住"同吃"二字的表面含义,对房东将一条小鱼专给儿子吃,而不让他同吃,很有意见,我们的领队不但在下放干部大会上批评了他,而且还以《一条小鱼》为题,专门写了一篇杂文,发表在《解放日报》上。其实,小菜的好坏,尚在其次,饭吃得不够饱,劳动时间一长就没有力气,却实在是很难熬的事。农民自己有时还储备一些粗点心来填饥,我们则规定不准吃点心,只好硬熬。这情况大概有相当的普遍性,我的一位学长,在别的学校工作,下放到别的农村,他在给友人的信中说:"我饿得真想把整个地球都吞下去!"我很佩服他的形象化表达能力——但后来发现,这是从果戈理《钦差大臣》的一句台词中化过来的,不过这句话的确道出了我们的心声。

我那时是很虔诚地在改造自己,所以对上面定下的规章制度,都很认真地执行。既不敢私藏点心,也不敢到镇上去吃喝。虽然我所住的村子离南翔镇很近,有时也要去镇上办事,但我那时竟没有吃过有名的南翔小笼包。非不欲也,是不敢也。而且觉得既然下来锻炼,艰苦一点也是应该的。直到后来的一次运动中,看到与领队同住一室的一位教师贴领队的大字报,揭发他当年带队下放劳动时,在大会上叫大家不能吃点心,而自己却关在房子里用火油灯烘烤从家里带来的熟鸡蛋吃，我才有一种受愚弄的感觉，虽然这本身只是小事一桩。但后来也就释然了，觉得强劳动之下要吃点东西，也是人之常情，领队也是人，不能没有这种欲望，而他在大会上那样说，也是地位使然。问题是这种规定本身的不合理性，而我们又太虔诚之故。

但我们也有熬不住的时候。听贾玉润兄说，他与同室的人曾偷偷买了一斤饼干，两个人一顿就吃光了。我难得的一次享受，是潘富恩兄的馈赠。有一次，与我同住的教师休假去了，我一个人正在夜读，富恩兄深夜来访，笑嘻嘻地从棉大衣里掏出一包炒花生来——他那时正与房东女儿热恋，所以常有零食吃；于是我们边吃边谈，高兴得不得了。但那花生是有壳的，吃完之后，如何处理这堆花生壳，却成了难题。虽然我的屋后就有灰堆，再走几步还有小竹园，但是不能往那些地方丢，怕第二天别人看到，说是下放干部夜里吃花生，这话要是传到领导耳朵里去，弄不好会成为典型事例。我们两个人想了好久，终于想出了一个办法：跑到村前的木桥上去，将花生壳抛到河水里，让水流把它漂得无影无踪。这样处理之后，果然无人知晓，我们二人都很得意，从此谁也不再提起此事。直到我们二人都成为老头子之后，这才重新将此事从记忆里翻出来，作为谈助。

拔白旗，插红旗

不知是否与我上次敢于冒着严寒下浜捉鱼有些关系，到了春天，我被调到养鱼组去给一位从无锡请来的养鱼师傅做助手了。养鱼当然要下水，但开春之后，浜水已经不是那么冰冷了,倒是尚可对付。养鱼组里还有三个成员:一个是养鱼师傅自己带来的正式助手,另外两个是本社的农民,社里派他们来向师傅学养鱼技术的。所以我其实只是助手的助手,或者算是机动劳力。但正因为身无重任的关系,却得到了一次美差:跟着无锡师傅到长江中游去买鱼苗。这鱼苗听说只产在长江中段的,盛产区上不过武汉,下不到南京,所以九江附近是最相宜的位置。我们就在九江对岸小池口找了一户农家住下,每天清晨到江边去等鱼苗。鱼苗小到肉眼都看不清楚,要用一只白瓷碟衬着看,一旦买到,随即装入盛满江水的油纸大竹篓里,尽快上船运回上海,一路上除用熟蛋黄研末喂食之外,还要不停地用装有木片的水拍拍水,以保证水里不缺氧,因为那时尚无电动充氧器。

但并不是随时都可买到鱼苗,苗讯何时来到,连捕鱼苗的人也摸不准规律。我们在小池口一等就等了一个月左右。但又不能远离,因为每天早晨都要去江边问讯。但早晨如果买不到鱼苗,这一天也就没有事情了。无锡师傅每天从江边回来,实在无事可做,除了烧饭以外,就喜欢与村里的大姑娘调情。所以对我也就很宽容,分派给我的任务,只是每天去拣一脸盆的蚌,他剥出蚌肉,用来作为豆腐汤的配料,其余时间则让我自己支配。那时江边水潭里的蚌多得很,我大约只需花上半个小时就可完成任务,此外就整天坐在江边的一艘破船上读书。那时最大的收获,是读出了李白诗句"孤帆远影碧空尽,唯见长江天际流"的境界,这完全是写实的句子,只有亲历其境者,才能体会得到。

回到莇溪,已是初夏。农业社里形势大变,社长已被当作白旗拔了下来，有些生产队长也被拔掉，不能指挥生产，而我原来所在的生产小组组长，则被批得低着头进出了，下放干部们，已经介入了农村的斗争。不料这时又派来一批五角场银行系统的干部，他们的行事比学校的下放干部还要左，连我们复旦下放干部的小队长老唐，也险些被他们作为白旗拔掉，因为他说了几句实事求是的话。好在复旦下放干部人多势大，竭力抵制，才幸免于难。

其实，社长、队长和组长，都是农业生产的内行人，而且也颇有组织能力，前二人都是贫农出身，在成分上也是过硬的。只是当时"大跃进"已经启动，各方面都需要有新的指标，新的措施，他们却守着老经验，不能适应新形势，所以非拔去不可。特别是社长，还要据理力争，对于新的指标怎么都难以接受，自然更是首当其冲。至于我们小组的组长，则因为另有事由，老账新账一起算，所以也处理得最重。

还在我们进村之后不久，组员们就启发我们注意两件事：一是叫我们仔细看看，组长的弟弟像不像他的二叔；二是深更半夜是否听到我们所住的仓库对门人家的开门声？我开始莫名其妙，搞不清是怎么一回事，后来在他们进一步启示下，才知道说的是组长家奇特的发家史和风流韵事。

组长家上一辈很穷，三个兄弟讨不起三个老婆，只有老大娶亲了，其他两个都是光棍。但老大怕兄弟闹分家，这点可怜的家产一拆散，就更穷了，于是就用自己的老婆将二弟笼络住。他经常在天亮之前就到南翔镇上去赶早集，腾出时间，让二弟与自己的老婆睡觉，所以第二个儿子其实是老二生的。老三是独眼龙，长得既丑陋又瘦小，能力也较差，就只好委屈他,让他做一辈子光棍。他们家在三个男劳力支撑下,家道渐渐富裕起来,到土改时,已是中农成分了。后来二儿子在外做木匠,大儿子在家种田,又是个强劳力,家道更加富裕,在农村里,就是个令人羡慕的家庭了。但日子一好过,花样也就来了。他们上辈是两兄弟合一个老婆,而到得这位组长,却一个人要占有两个老婆。他家里已有妻子儿女,又把同村人家的小姑娘勾引上手,而且还生了儿子,虽然未能正式成婚,却就半公开地过着一妻一妾的生活。

知识分子劳动之余,还要访贫问苦,向贫下中农学习,在思想感情上与他们打成一片。

　　这些事情,倘若写起小说来,应该是很富有浪漫色彩的,但在现实生活中,则难免要受到指责。再加上我们这位组长经常在自留地上种些蔬菜送到市场上去卖,有时还骑了自行车到马路上载人赚钱,这又多了一顶"走资本主义道路"的帽子,一旦成为大跃进的阻力时,就势在必整了。

拔了白旗，就要插红旗。但新上来的人，在熟悉耕作的程度上，在组织生产的能力上，都不比原来的人更强，只是有了前车之鉴，他们不敢再提不同意见罢了。这时，"鼓足干劲，力争上游，多快好省地建设社会主义"的总路线已经提出，大跃进的声浪一浪高过一浪，不久，又纷纷成立人民公社，原来的思维模式和组织形式都打乱了，人们都处于既兴奋又迷茫的状态之中。我还记得公社成立之后，各生产队的代表在原高级农业合作社、现公社生产大队部所在地的红庙里开誓师大会，各队代表竞报生产指标，真是一浪高过一浪。这些生产指标根本不是深思熟虑的，也来不及与本队干部商量，而是像拍卖场上竞拍的样子，你报亩产指标二千斤，我就报二千五百斤，他接着报三千多斤，反正只要能压倒别人，夺得头名状元就好，是否做得到，则根本不去管它了。

只有养鱼组是化外之地。无锡师傅是个顽固派，只能按照他的操作规程办，不管你什么跃进计划，一言不合，就要辞职。而养鱼苗又是个高成本高利润高技术的生活，弄不好立即就要大批死鱼，好在这项副业并不是每个社队都有，上面编制的计划上也没有这方面的指标，于是，也就由着他搞独立王国了。

但领导上认为，我在养鱼组太脱离大跃进形势，得不到思想锻炼，就把我调回到农业队来。

在幻想的太空里遨游

"大跃进"时期提出过许多豪迈的口号，我们就在这些口号的指引下工作。有些口号至今印象尚深,如:"人有多大胆,地有多大产";"只怕想不到,不怕做不到"。这些口号把主观意志的作用强调到极点,对于我们这些学习过辩证唯物主义哲学的人来说,本该有所怀疑才是,但当时却被其革命姿态所迷惑,倒反而产生一种兴奋感。即使在一些具体问题上有过疑虑,但也不敢对整个跃进局面有所非议。

我们下放的地方,不能算是先进单位,没有放过亩产几万斤的"卫星",没有什么突出的发明创造,也没有出过什么风头,但凡事也还是紧跟的。

有些,是属于统一布置下来的工作,如围剿麻雀。那是在麦收之前,田里的麦苗已长得很高的时候。为了防止结穗之后麻雀来吃食,确保丰收,就来了个全民围剿麻雀行动。男女老少一齐出动,分布于田头、宅基、空场等处,有些手摇竹竿,有些敲打面盆,同时再放声大喊,据说要赶得使麻雀无处停留,疲劳而死。但麻雀是在天上飞的,而我们虽然人多热气高,却毕竟还没有多到布满地面的地步,所以尽管是全民总动员,还是给麻雀留下了不少喘息的空间,如竹园、屋顶……这样的折腾了一整天,并未见到麻雀们疲劳下跌,而轰麻雀的人们却弄得疲劳不堪。后来读茅盾《夜读偶记》,见其篇末注云:"4月21日,首都人民围剿麻雀的胜利声中写完",这才知道是全国性的行动,真是空前的壮举。好在后来这种围剿工作并未继续下去,听说是由于朱洗等生物学家提出了意见,说麻雀虽然要吃粮食,但是也吃害虫,对农作物是利多害少,这才将它从"四害"名单中剔除。

有些,是领导上号召学习的先进经验,如"小株密植"法。

此法一改过去将稻秧插得较为稀疏的种植法，而把秧苗插得很密，据说是多插秧苗就能多收稻谷。这个方法推广到莘溪时，插秧的工作已经结束，为了跟上形势，队里特地辟出一块水田来试验，拔了十亩稻田里已经插好的秧苗，集中地转插在这块一亩左右的试验田上，显示出密植的态势，而且特别派出一位下放干部专门管理这块试验田。至于那些拔了秧苗的水田，也就只好让它浪费掉一季的收成。但试验田里的秧苗长势并不好，虽然专管试验田的潘笃武兄每天勤于换水，但秧苗太密集了，空气流通也成为一大问题。不几天，秧苗就开始焦枯，笃武兄急得团团转。后来他灵机一动，不知从哪里弄来了一架鼓风机，放在田头吹风。当时我就想，用这架小机器来对付大田作物，能解决问题吗？而且用去的电费，恐怕要远远超过将来的收成。但生产队干部当时只希望试验成功，并不去核算成本，因为政治账远比经济账来得重要。只可惜这一措施无助于改变秧苗焦枯的趋势，过不了多久，试验田里就剩不下几根活苗了，只好拔掉拉倒。

但听说别的地方"小株密植"法是成功的，稻谷成熟时，把小孩子放在稻秆顶上都掉不下来，亩产是几倍、几十倍地增长。我们听后羡慕得不得了，只恨自己没本领，并不怀疑别人说话的真实性。后来报载各地竞放高产卫星，卫星愈放愈大，从亩产几千斤，到几万斤，甚至十几万斤，这才有些玄乎来，不过也不敢往深处想。

当时，不仅我们这些不识稼穑的知识分子，就是农家出身的"英明领袖"，似乎也对高产报道深信不疑。毛泽东在视察农村时还提出这样的问题：粮食吃不完怎么办？我们看了报道之后,都很兴奋,觉得大跃进的确获得了大丰收,总路线真是伟大。

那时的文艺作品,也不差于新闻报道,时有惊人之作出现。诗人、画家们当然也有很多能够紧跟形势的,但那时最出风头的还是民歌和农民画。1958年,在中国有一个轰轰烈烈的新民歌运动,那是自上而下地提倡起来的,所以搞得很红火。有一段时期,编写民歌的事还作为硬任务布置下来,定有指标,发动大家都来写。我们公社和生产队自然也要执行这个任务,但可惜一直没有收集到什么出色的作品,与报刊上发表出来的作品相比,真是差得远了。报刊上发表的民歌,的确气魄很大,有一首描写丰收景象的民歌给我的印象很深:"稻堆堆得圆又圆,社员堆稻上了天,撕片白云揩揩汗,凑上太阳吸袋烟。"还有一些农民画,用夸张的笔法,画几个孩子围着白菜捉迷藏,画肥猪赛大象,画稻穗比小孩大,画半个花生壳当船划,画农民爬上梯子摘玉米,画孙悟空被阻在新火焰山——小高炉之前……美术界的头面人物纷纷撰文称赞,连一向讲究艺术辩证法的美术评论家也出来赞扬这些农民画可以"跟民歌比美"。当时大家都陶醉在一片夸张出来的丰收景象中,直到后来开始饿肚子了,这才悟到这是虚幻之作。

但在当时,对于大跃进带来的大丰收,许多人是并不怀疑的。所以相应地出现了另一个流行口号,叫做:"敞开肚皮吃饱饭,鼓足干劲搞生产。"这个口号不但是喊喊而已,而且的确是付诸实行的。

在秋收秋种时节,我们一天吃七顿饭:早、中、晚三餐之外,清晨、上午、下午、夜里还有四顿点心。那时已经实行食堂化，各家一律停炊，所有粮食上交。所以七顿饭都由食堂送到田头来吃，我们则从一大早到田头，一直干到半夜，有时还有宣传队来表演鼓劲，晚上是拉起电灯干，叫做挑灯夜战，以示干劲冲天。那时，大部分的劳力都投在深耕上。这也是上面的号召，说是什么地方的先进经验，耕得愈深，愈能丰产。于是大家又在深度上比赛起来。至于深耕的方法，则是各显神通。我参加的一组，是用牛耕，人排列在四周，牛在中间一圈一圈地耕，牛过之后，大家用铁搭把松土拉上来，让牛再来耕第二遍、第三遍、第四、五遍，虽然牛耕的深度有限，但耕了几遍，就把生土翻上来了。老农们提醒说，生土翻上来对庄稼生长不利，但领导们为了保证深度，仍是不肯歇手。后来我经过另一块土地，发现那是用铁锹挖的，简直像挖战壕一样，人跳下去可以掩到胸部，挖上来的，当然更是生土了。到这时，大家似乎忘记了深耕的目的，只是为深耕而深耕了。

这种不顾实效的行动还很多，记得有一次我在半夜被叫了起来，说是上面下达的紧急任务，要在一夜之间实行车子化，每组都要造一辆车子。于是连夜寻找材料打造车子。我们既非造车的工匠，手边又无造车的材料，怎么办呢？大家急中生智，顺手找来几根竹竿，把它锯成长短合适的材料，然后扎成车子模样，又弄来两个圆木片作为车轮——或者是将圆砧板中央打个洞来代替，到天亮时，居然已经造出一辆辆车子了。只是这种车子是不能装货的，一压上货物，就要散架。好在上面也并不认真要求我们用车子去载物，只要报个数字，而且可备查点即可。

这还不算是最弄虚作假的，因为毕竟还打造出了模型。

我还参加过一次产量统计,那真是当地土话所说的"撮空"。我本来以为,统计一个生产大队的产量,总是先要把各生产小队的数字调查得来,再加以汇总,这就行了。所以接到任务之后,就借了一辆自行车,到各队去跑了一圈,回来就把产量统计好了。不料大队长一看,说:"这个数字不行,要重新统计。"我争辩道:"我一个队一个队去跑过,向他们的会计要得来的数字,不会有错。"但大队长仍说不对头,要我重搞。我只好再到各队去跑一次,得到的仍是这数字,结果当然仍是通不过。我一脸无奈,不知毛病出在哪里。幸好在一旁编造表格的老黄很有同情心,他说:"你这个人真是书呆子,一点不领市面,还是我来帮你搞吧!"老黄原在复旦后勤部门工作,人情世故比我懂得多。但他的统计方法,却大大出乎我的意料之外。

组织知识分子下乡劳动,目的是加速他们的思想改造,体力劳动之外,仍不放松政治学习。这是历史系教师在农村开学习会。

他不是根据各生产队的产量相加起来得出总产量,而是根据上面的要求和本大队领导准备上报的数字,随机分配在各生产队的头上。我在一旁还疑问道:"这样搞行吗?"老黄诡秘地笑一笑道:"等一下你看行不行吧!"果然,他的数字一送上去,就通过了。我这才恍然大悟:原来统计数字是这样编造出来的。

但编造出来的丰收假象,却使我们吃了大亏。敞开肚皮大吃了一通之后,粮食就无以为继了。

跃进岁月

"大跃进"是1958年从农业战线开始的,但很快就带动起各行各业,出现了全面的跃进局面;而且时间上也不止于1958

复旦大学跃进大会现场。大跃进从农村开始,不久就遍及全国各行各业,文教战线自然不能落后。跃进大会上动员、誓师,热情异常高涨,会后就开始通宵苦战。

年,接着还有"继续跃进",特别是1959年庐山会议上批判了彭德怀的"右倾机会主义"之后,更是跃个不停了,直到1960年全面大饥荒的出现,才被迫停顿下来,转入"调整,巩固,充实,提高"阶段。

复旦是所重点大学,先进单位,在"大跃进"年代里,更是一马当先,时常有点创造发明,影响所及,遍于全国的文教阵线。往事虽然只越过几十年,人们却早已将它遗忘。然而历史却是无法回避的,如果你不肯认真地对它加以总结,那么它必然会化为一种惰性,影响今天的行动。与其让历史左右现实,还不如对它加以正面的认识。

红专辩论与深挖个人主义思想

"破字当头,立在其中"和"大批判开路"等口号,虽然是"文化大革命"期间正式提出来的,但在实际上却是行之已久的做法。全国的"大跃进"运动是以批判"反冒进"思想开路的,农村的"大跃进"运动是以拔白旗来清除障碍的,高校要开展大跃进运动,除了拔几面白旗之外,还全面开展红专大辩论,深挖个人主义思想,准备工作做得更充分、更彻底。

其实,"反右"运动本身就是一种清路工作。毛泽东在审阅周扬的文艺界反右运动总结报告《文艺战线上的一场大辩论》时,就特别加上这么一段话,说是这场运动的意义在于"清除"了"旧地基","替无产阶级文学艺术开辟了一条广泛发展的道路","几十路、几百路纵队的无产阶级文学艺术战士可以在这条路上纵横驰骋了。"一批文艺界的斗士,在吹捧该文的座谈会上,还特别就这层意义大加发挥。

但作为一场政治运动,必须集中力量打击重点对象,不可能全面铺开。待到"反右"运动取得决定性胜利之后,全面深挖个人主义思想的工作也就开始了。

教学大楼门前的教学整改大辩论。学校里的整改,首先就要打破旧的教学体系,提倡厚今薄古。整改大辩论,就是要通过辩论的方式,把那些留恋基本理论,留恋历史知识的意见压下去。

还在1957年下半年,复旦就组织中青年教师开展红专大辩论,目的在于清算教师中的单纯业务观点。因为在领导上看来,这种偏重业务的观点,就是资产阶级个人主义思想的表现。但是,教师本来就是从事文化科学专业工作的,业务不好,何以教人呢?这一层意思,无论如何总是想不通。不过大家鉴于"反右"运动的经验,不敢明确地说出罢了,只有数学系一位姓徐的教师,因为得过一个什么数学奖,1956年参加过全国青年积极分子大会,还有些政治资本,他发言说,大学教师首先要把业务搞好，在专业上应该成为拔尖人才，否则，就谈不上为社会主义建设服务；至于政治上，只要不反党反社会主义就行了，一般教师不可能花太多的时间去做政治工作。这番议论，说出了知识分子的心里话，很得到与会者的共鸣，不料却被一位政治课教师批评为"中派观点"——还好，没有当作"右派言论"。据这位左派教师的意见，教师首先在政治上要红，其次才是专业知识。不过他始终没有说明，缺乏专业知识如何能为社会主义服务的问题。到得1958年，在学生中也展开了红专大辩论，听说辩论得很热烈，当然也是"红"字派占上风。

我参加过三四回这样的红专辩论会，虽然知道正确的结论应该是又红又专，但始终搞不清"红"的内涵是什么。有人说，只要拥护共产党、拥护社会主义，就是"红"，但左派们认为这只是社会主义公民的基本准则，还够不上"红"的条件，连陈毅副总理所说，飞行员首先要技术过硬，政治上只要不飞到台湾去就好了之类的话，也不被认可。有人说，"红"就是多参加政治工作和社会工作，不能怕工作耽误业务学习——这种说法自然有一定的针对性，我们系的教师那时就极不愿意担任行政工作，系秘书没有人肯做，生怕影响业务学习。但政治工作和社会工作是由领导上分派的，不是谁都能够插手。这就是说，一个人的"红"与不"红"，全掌握在领导的手中，本人没有主动权。

我虽然很想做到又红又专，但一直被认为是只专不红的人，当时也颇感苦闷。后来有一位学长私下里给我说了一句掏心的话，他说："你的问题就在于太喜欢写文章，文章发表多了，自然要引人妒忌；当然，不写文章也会被人看不起，你看我，发表过两篇文章之后，就不再发表了，这样，别人既不敢说我不会写文章,没有业务水平,我也不致太引人注意,一直平安无事。"这是经验之谈,很有几分道理。但有一位领导找我谈话说:"写文章不一定都是白专道路,要看怎么写。"他云里雾里谈了一通大道理,最后说道:"我们可以合作写文章。"我知道他与别人合作的经验,那就是他出点子,别人执笔,然后他署第一作者之名。我不喜欢这样做,当场就拒绝了,于是就成为白专道路的典型而受到了批判。这是后话。

我不知道红专关系的辩论是否达到预期的效果,但不久就开展了双反运动,直接转入对资产阶级个人主义思想的批判。《人民日报》在1958年4月13日专门发表了一篇社论:《搞臭资产阶级个人主义》;5月8日,该报又发表了党内著名理论家冯定的文章:《知识分子在大跃进》,文中指出:"个人主义的最普遍的表现就是名利思想。名利思想在资产阶级的高级知识分子中,既深且透,真是到了刻骨的程度。"这就把矛头指向说得非常清楚了。

为了深挖个人主义思想根源,于是又掀起一个贴大字报的高潮。复旦曾经规定,每人每天要贴上一百张,才算完成任务,大家只好把大字报纸裁小,一裁二,二裁四,四裁八……最后是大字报变成了小字报。不但贴满走廊,而且贴满寝室,甚至连床架、书橱上都是。这回不是帮助共产党整风了,而是群众性的自我整风和"向党交心",即教师之间和同学之间的相互批评、学生对教师的批评和各人的自我批评——这种自我批评,叫做"自画像",即自己画出自己的丑恶形象。内容主要是狠批深挖成名成家思想和名利观念,旁及享乐主义和谈情说爱现象等等。谈恋爱在当时虽然并不犯规,而且许多左派也在追求女生，但女生若与别人谈恋爱时，却要算是小资情调，丧失革命斗志的表现，所以有位革命性很强的女生，虽然入学之前就已定情，但那时她的男友来找她时，她却装得工作十分忙碌，把他晾在一旁。当时我还在莘溪乡劳动，算是躲过了这一运动，但高云却因谈恋爱而受到批评，也作了自我批评，画了自画像，当然就牵涉到我。好在当时几乎是人人过关，也就并不显得突出了。有位男生在床头贴了个"佛"字，这是逃避革命的典型；有位女生因患胃病，枕边放有饼干罐，有时要吃些小点心，则是享乐主义的表现，都被贴了大字报。总之，那时是一点私人空间都没有，大家拿着放大镜来观察别人，同时又被迫加油加醋地暴露自己，竞相上纲上线，竭力丑化自己，也丑化别人，这叫做"自烧"和"互烧"，务求将个人主义思想搞臭、烧净。复旦的做法，得到了上级的表扬，《人民日报》还特别报道了复旦大学举办批判资产阶级个人主义自画像展览。

  搞臭"资产阶级个人主义"，狠批知识分子中的"名利思想"，是要剥夺掉知识分子最后一点可以与共产党对抗的资本——业务上的专长，断绝青年学子向这方面发展的路；而且把知识分子凭脑力劳动而获得的高于体力劳动者的收入，说成是合法而不合理的"资产阶级法权"。毛泽东在考虑取消工资制，恢复供给制的问题。张春桥那篇《破除资产阶级的法权思想》的文章，就是在这样的背景下出笼的。这篇文章深得毛泽东的赞赏，在《人民日报》上转载后产生了全国性的影响，张春桥从此开始飞黄腾达。也正是在这个时候，文艺界的一些老积极分子提出了降低稿酬的要求，把本来就不高的稿费标准，又降低了许多，并且取消了版税制度。姚文元还批判傅雷是索取稿费的猛将,而傅雷是不拿工资只靠稿费生活的自由翻译家,他不要稿费则何以为生?

"反右"运动以后,多次进行红专问题辩论,不断批判白专道路,要求师生树立又红又专的思想。图为复旦教授们在拟订红专规划。

使人最不可解的是,高等学校本应培养各类专家的,各系所订的培养方向上,也有培养本门学科专门人才的规定,而且国家的建设也正需要各类专家,批判成名成家思想,就是不要再培养专家,更加不要名家,这与办学目的岂非矛盾?

大概为了解决这一明显的矛盾,接着就重新讨论培养方向的问题。别的系怎样调整,我不大清楚,在我们中文系,则经过反复讨论之后,提出了一个以办党校的精神来办系的方案。也就是说,中文系不再培养语言、文学学科的专业人才,而要培养能够积极贯彻共产党的各项政策任务的党政干部。这个方案得到了学校党委的肯定,中文系也就成为先进单位,向全校介绍经验。

与新的形势相适应,在课程上也作了相应的调整。比如,《文学概论》被认为太偏重于介绍文学理论基本知识,政治性不强，就以《毛泽东文艺思想》和《修正主义文艺思想批判》两门课来替代——这时，姚文元正出版了一本遍批许多"右派"和准"右派"作家的《论修正主义文艺思潮》的著作，批判修正主义文艺思想是一个极为时髦的课题。同时，语言、文学两个专业也各自选中靶子，对资产阶级学术思想进行批判。开初，语言学专业的批判靶子是张世禄先生，说他宣扬的是高本汉的资产阶级语言学思想；文学专业选的是刘大杰先生，集中批判他的《中国文学发展史》，还出了一本专门批判这本书的论文集。后来，文学方面又增加了一名蒋孔阳先生，说他有超阶

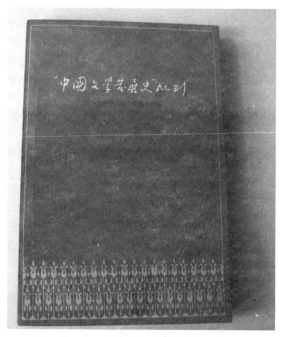

"破"的工作相当广泛，不但要打破旧的教学体系，而且要破除对于"资产阶级专家学者"的迷信，清除他们的"反动学术影响"。在中文系，刘大杰与张世禄两位教授被选为文学和语言两个方面的资产阶级代表人物。图为批判刘大杰代表作的《"中国文学发展史"批判》论集的书影。

级文艺观,是修正主义文艺思想。到得 1960 年春夏间,在中共上海市委策划的、由中国作家协会上海分会主持的持续四十九天的批判资产阶级文艺思想大会上,蒋孔阳先生又被作为三个重点人物之一,受到批判——另两名重点批判对象是:华东师范大学的钱谷融先生和上海师范学院(即现在的上海师范大学)的任钧先生。

到得 1961 年"调整、巩固、充实、提高"时期,复旦中文系党总支才奉命对刘大杰、张世禄和蒋孔阳这三位受批判者赔礼道歉,并将中文系培养规划重新调整到接近原来的轨道上来。也就是说,不再提以办党校的精神来办系,而仍要培养专业人才。但是,经过双反运动,经过重点批判,再加上不久之后情况又有反复,中文系又推出新的白专道路典型人物来批判,怎能不教人警惕呢!于是许多青年教师就不敢踏实地搞业务,更不敢写学术论文,有些人甚至课都上得很少,整天忙于社会工作,以求将自己涂成红色。而到得"文革"结束以后,学校的工作重心一旦转向以教学科研为主的时候,有些人就跟不上形势了,因为业务知识不是一下子能够补得上的,学术论文也不是马上能写得出来的;而另一些人,在情急之下,则利用别人的劳动,来垫高自己的学术地位。

后来者常常对这一辈人的业务水平有所非议,其实这是特定时期文化政策的产物,当然也与当时的选才标准有关。

一天等于二十年的日子

"大跃进"时期的各种活动也真多,任务一项接着一项,不但后辈难以想象,连我们这些过来人也难以一一备述。

炼钢炼铁,本来是钢铁厂的工作,但这时却变成了全民的任务。因为毛泽东在1957年11月的社会主义国家共产党和工人党莫斯科代表会议上与苏联相约,提出了超英赶美的任务,即在十五年时间内,中国要超过英国,苏联要赶上美国,这样,社会主义阵营就可以战胜资本主义阵营了——后来,毛泽东又认为:"我们中国赶上英国,可能不要十五年,可能只要十年或十一年。""再有二十年就赶上美国。"但到得杨西光在复旦党代会上传达时,却说是:"赶上英国不是十年,也不是八年,而是五年!赶上美国,也不是十几年,而是八年!"这当然不会是杨西光本人的创造,肯定也是从上面传达下来的。因为不久毛泽东在薄一波的报告上批示道:"超过英国,不是十五年,也不是七年,只需要两年到三年,两年是可能的。"可见决策者对经济形势的估计是非常乐观的,所以计划指标一提再提,超赶年限一缩再缩。

当时中央领导的看法,认为超英赶美,主要就是要在钢铁产量上超过他们,所以号召全党全民用最大的努力,来提高钢铁产量。1957年我国的钢产量是535万吨,1958年生产指标是1070万吨,翻了一番;毛泽东希望1959年的钢产量能达到2500万吨,再翻一番。要完成这样的高指标,原有的设备当然是不够用的了,于是就发动群众,搞起了全民大炼钢铁运动。不但炼钢厂要炼,而且机关、学校、农村都筑起小高炉来炼钢,这叫做土法上马,全民炼钢。复旦自然不能例外,校园里也筑起小高炉,火焰日夜不熄。没有原料怎么办?就发动同学到处拣废铁,这叫做"工业抗旱"。外文系几个同学一直找到江湾机场,在废墟里挖出一架国民党军败退时丢弃的汽车壳,大喜过望。但这样的机会毕竟不多,一般拣到的大抵是些零碎的小件。而学校周围的废铁是有限的,没有几天就拣完了,于是就把各种可拆的铁器拆下来作原料,一直拆到陈望道校长家门口的铁门。历史系有几位同学还到学校后面的铁路边拆下一段备用的铁轨。而炼出来的成品呢,则连原来的铁门也打造不出来,更何况铁轨。这时,大炼钢铁的目的性已经没有了,只是为完成指标而完成指标,至于炼出来的钢铁质量如何,能否有用,就在所不计了。这其实也是我们生产统计的老毛病:只计产量,不管销路,完全违背了马克思政治经济学中将生产与流通联系起来考察的观点。

不过在那时,却另有一种说法,叫做:不能只算经济账,首先要算政治账。大炼钢铁,在经济上显然是得不偿失,这一点不必等到彭德怀元帅指出,谁都能够看得出来,但领导上却以为把群众发动起来了,就是最大的成绩,赔几十亿钱,只是交学费而已。毛泽东最崇尚群众的积极性,说是人多议论多热气高,所以无论干什么事情,都要搞群众运动。全民赶麻雀就是一种群众运动,虽然动用的人力甚多而轰毙的麻雀很少,但除四害的声势却造起来了。后来虽有科学家为麻雀正名,将它从四害名单中除却,不再加以围剿,但除其他四害,仍旧用的是人海战术。我还记得1959年夏天全校灭蚊的情景:每临薄暮,大家都在面盆里涂上一层肥皂水,然后到树丛、草坪、屋角等蚊虫出没之处去扑,不一会,就能沾满盆底,于是再涂,再扑,效果的确不错。灭蚊当然是好事,但何以不用药水喷射,而要动用那么多人力,当时只觉得时间可惜,事后思之,大概也仍是要发动群众,制造跃进气氛吧!

1958 至 1959 年,是全面跃进的时代,除了与专业有关的编写教材工作之外,师生们还要参加许多活动,除四害即是其中之一。这是大家拿着各种工具捕捉蚊蝇的情景。

要有跃进气氛,就不能按照常规办事,更不能搞得冷冷清清。领导上一再强调,"鼓足干劲,力争上游,多快好省地建设社会主义"的总路线,"多、快、好、省"的灵魂是一个"快"字,这种快的速度,就如马克思在描述共产主义社会时所形容的,"一天等于二十年",于是就拿这句话作为行动口号,响遍全国。

既然要快,于是什么事都讲究速成,连体育成绩也不能例外。那时体育锻炼实行一种劳动卫国制,简称劳卫制,各项运动成绩都订有较高的指标,要达到并不容易,只能根据各人情况量力而行。但那时各个班级却要限期全体通过,当然就要采取许多超常规的措施。比如,学开摩托车,一般总要先会骑自行车,能够在两轮车上平衡住身体,再掌握摩托车的性能,慢慢学开,但这样按部就班地学起来时间太长,不符合跃进精神,于是有些不会骑自行车的,就直接跨上摩托车飞驰起来,一下子撞到篮球柱子上,撞得头破血流且不说,有人还撞掉了门牙——好在他们还是在体育场上学骑,如果骑到马路上,就更危险了。跑一百米也有新的措施:将那些跑得不好的人拉到桥头上往下跑,利用斜坡的冲力来提高速度;如果再达不到标准的,食堂里还准备了许多猪尾巴给他们吃,据说吃猪尾巴有助于提高速度——于是大食堂门口出现了一张漫画,画着猪八戒面对一群没有尾巴的猪,十分惊讶,并附有一段精彩的对话——猪八戒问道:"孩儿们,你们的尾巴哪里去了?"群猪回答道:"到复旦大学食堂里去了。"但这漫画,主要是表达对于食堂的不满。有人提出,说食堂里老是供应猪尾巴,是因为膳食科有人贪污,把便宜的猪尾巴当猪肉来卖了。学校还对此事追查了一阵子,后来把中文系的一名调干生派去做膳食科科长,加强对食堂的领导,也算是一项整改措施。

当然,这些并非复旦的主要跃进成果。复旦领导很明白,正如农业上要抓粮食产量,工业上要抓钢铁产量一样,教育上也必须有自己主要业绩,才能站得住脚,这就是教学与科研。而复旦,正是在这两个方面跃居全国领先的地位。

在1957年以前,复旦的教学工作一直是老教授唱主角,中年教师为辅,以我们中文系53级为例,专业课程的任课教师是:文艺学引论——蒋孔阳讲师;语言学引论——吴文祺教授;现代文学作品选——鲍正鹄讲师及余上沅、方令孺教授;古代汉语——张世禄、郑权中教授;现代汉语——乐嗣炳教授、胡裕树讲师;写作实习——濮之珍、王运熙、杜月村讲师;

先秦两汉文学史——蒋天枢教授；魏晋南北朝及隋唐文学史——刘大杰、王欣夫教授；宋元明清文学史——朱东润、赵景深教授；中国文学批评史——郭绍虞教授；汉语史——吴文祺教授；俄苏文学——原任课教师贾植芳教授因胡风案被捕，请外文系杨烈教授讲授；西方文学——外文系伍蠡甫教授；中国现代文学史——这门课因排在四年级，原任课教师在人事上有很大的变动，除贾植芳教授被捕外，余上沅教授又因潘汉年扬帆案被捕，方令孺教授正忙于出席各种会议，鲍正鹄副教授(他是同档教师中最早被提升为副教授的)，则被派到埃及和苏联去讲学，一时竟无人上课，临时请华东师大许杰、徐中玉二位教授各做两次讲座。这四年的课程，除中国现代文学史无人系统上课，略有欠缺之外，总的说来，师资阵容是相当强大的。但到得1958年，随着拔白旗运动的开展，许多老教授都下岗了，而由青年教师顶上第一线。

  复旦的青年教师要走上讲堂，原先是有很严格的一套程序的：先给老教师做几年辅导工作，再写好讲稿，由主讲教师审阅后试讲一部分，到了一定的火候，才能独立开课；就职称来说，也总要讲师才能讲课，顾名思义，他们是讲课的教师嘛。这套程序，原是为保证教学质量而设置的，但在大跃进年代看来，却是少慢差费的做法，非加以突破不可。所以当时是不给一点准备时间，一下子就把一批青年教师——有许多还是助教——推到讲台上去，美其名曰：边干边学，在战斗中成长。并且还把这种做法，作为一种培养青年教师的经验向外介绍。

  我不知道其他青年教师的感受如何，在我自己是被搞得非常狼狈的。

大概是因为只专不红的缘故——当时还未给我戴上白专道路的帽子,我在乡下锻炼的时间特别长。理科的许多教师,下放劳动只有半年就调上来了,文科的大部分教师也只下放一年,而我则在乡下劳动了将近一年半时间才调回中文系。回来之后,系领导就通知我,说系里新成立了一个文艺理论教研室,已将我的名单划归这个教研室了。我是作为现代文学助教留下来的,对文艺理论并不感兴趣,但那个时候一切都要听从组织安排,不能讲个人兴趣,也没有讨价还价的余地,所以只好服从。而当我的感觉还没有调整过来的时候,系领导就通知我要给外文系学生上"文学概论"课了,我虽然很感困难,但也只好应命。我提出了一点要求:给点备课时间,但却无法得到满足。

说起来,现在的年轻人简直无法想象,我们那时几乎是每天都在开会,或写大字报,早、中、晚三班,一班不缺。开会时,大家轮流发言,一个都不能少。不发言自然是不行的,发言太简短也是态度有问题,于是大家都炼就一副啰哩啰嗦的八股腔,能够不着边际地长篇大论。有位学长听得打起瞌睡来了,小组长突然点他的名,叫他发言,他睁开惺忪睡眼,马上就能滔滔不绝地讲上半个钟头,毫不离题,因为有许多话套到随便哪个会上,都可以用的。这样的会,当然毫无意义,说了等于不说,听了等于不听,但不出席是不行的。即使第二天有课,也不能回家备课,顶多只能获准晚上提早退席,在吃过夜点心后回家备课。这时,已是午夜时分,身体早已疲惫不堪,哪里还能认真备课,也只好拼凑个讲课提纲,敷衍了事。好在那时学生也跃进得非常疲劳,不能认真听课,大家都马虎过去。我就这样先后在外文系、新闻系教了三个班级,现在想起来,真觉得对不起那几班学生。直到1961年回来教本系的"文学概论",才有时间坐下来认真备课,详细地写讲稿,因为此时已经开始执行"调整、巩固、充实、提高"的方针,会议开得少一些了。

这样仓促上阵的,大概还不止我一个人。刚毕业不久的、临时改变学科方向的——如古典文学研究生临时改为现代文学助教,大概都不会比我更从容。所以有些课是几个教师合上,被称为合伙抬轿子。

至于那些被赶下台的老教师,后来虽然大都陆续回到讲台上,但已没有1957年之前那种盛况了,这对教学来说,是一个很大的损失。高薪(相对而言)养着一批教师,却不让他们好好上课,真不知是哪一家的经济学?

但当时的领导,却认为这是夺取资产阶级知识分子所占领的教育阵地,是无产阶级教育路线的伟大胜利。

那个时候,是以1949年为界来划分知识分子群的。1949年以前毕业的,是旧社会培养的知识分子,1949年以后毕业的,则是共产党自己培养的新知识分子。所以我们还被作为新生力量,在一段时期内受到过重视,虽然有许多人不久就被作为走白专道路者来批判。而到"文化革命"开始之后,则1949年至1966年这十七年间所培养的大学生,又都成为修正主义路线的知识分子,而化为异己的力量了。

在"大跃进"时期,这种"占领阵地"和"夺取领导权"的工作,同样表现在科学研究领域。

1958年,郭沫若就在《人民日报》上发表豪言壮语,说是中央提出,我国在钢铁生产等方面要在十五年内超过英国,他在史学研究方面,也要在不太长的时间内,就在资料占有上也要超过陈寅恪,这叫"当仁不让于师"。

郭沫若一向是紧跟形势的人,他的话无疑是一个信号,表明文教界在科学研究方面也将与钢铁生产那样地大跃进了,而且要向"资产阶级学术权威"挑战。

果然,小将们闻风而动。他们在批判了老师的资产阶级学术著作之后,就自己动手来编写无产阶级思想指导的学术著作,用以在学术界占领阵地,真是"当仁不让于师"了。

在全国文科方面领先的是北京大学中文系,他们组织55级学生集体编写了一套红皮本《中国文学史》,出版之后,风靡全国,表现了文教战线的跃进成果,而且大大地鼓舞了青年学子的信心。复旦大学自然不甘落后,紧接着就组织学生编写出黄皮本《中国文学史》,同样产生很大影响。而且,复旦中文系还有后来居上的势头。因为他不满足于单本著作,而是配套成龙,搞起一组系列教材。除《中国文学史》外,还有《中国近代文学史稿》、《中国现代文学史》、《中国现代文艺思想斗争史》等。因为这是大跃进时期的新生事物,而且又显示出革命的力量,所以领导上大力鼓励,出版社也十分支持,在《中国现代文学史》还刚开始编写不久,上海文艺出版社就派出三位编辑进驻复旦,直接介入编写工作。这在编辑史上也是超常规的。

但中国的事情,往往要看形势而定。到得《中国现代文学史》编好,"大跃进"已经落潮,编辑们的热情受到上面的批评,他们的头脑也冷静了下来,结果是这部书只出了上册,还是内部出版,下册是复旦出版科自己印刷的。而更迟一些编成的几部书,如我所参加的《文学概论》和《鲁迅评传》,则根本不能出版了。

《文学概论》编写组的主力是57级同学,在确定大纲之后,各人分头编写,几个星期就写出初稿,再讨论,再修改,大家工作得非常紧张,有一次讨论时,金子信同学突然昏倒在地,把大家吓了一跳,但他很快就苏醒过来,说是连日劳累,睡眠太少之故,并没有什么病。由此可见当时的跃进精神,是何等高涨。但这部书定稿时,统编教材的工作已经启动,此书当然不能出版。系领导让我与57级同学顾希恩一起,将书稿送到作家协会上海分会,交给《文学基本原理》编写组,作为前期工作成果。但后来该书出版时根本不提此事,大概觉得我们的书稿质量太差,根本不值一提吧。

《鲁迅评传》是现代文学组的项目,由鲍正鹄先生指导,承他看重,把我借调过去做辅导教师。参加人员是56级同学。这部书准备工作做得比较充分,鲍先生还派我与王继权、盛钟健二位同学到北京进行调查访问,我们除寻访鲁迅在北京的故居和常去的地方之外,还访问了周作人、周建人、许广平、孙伏园、常惠、钱稻荪、冯雪峰、许钦文、章川岛等十多个亲属和知情人,回来后又在鲍先生指导下研读原著,讨论大纲,然后几易其稿写成。在当时看来,写得还算认真,可惜错过时机,未能出版。

已出版的几部书,其实也并非完全由学生编写,都有一些教师参加,《中国近代文学史稿》则是鲍正鹄先生将他多年的研究成果贡献出来,并调青年教师章培恒参加,指导同学编写而成。因为当时正提倡学生编书、集体编书,所以教师的名字都隐而不提了。

"大跃进"时期的著作,不但内容非常革命,而且在写作方法上也突破常规,创造出自己的特点。

其一,组织学生写书,打破著书的神秘感。

过去是学有专长,多年积累,才能著书,但"大跃进"时期则必须打破一切常规,才能显出革命气氛。而且当时还认为,许多资产阶级知识分子之所以打而不倒,批而不臭,就是因为他们有业务专长之故,这也是他们与共产党对抗,向党讨价还价的资本,必须加以剥夺,才能彻底改造。现在要组织一些初学或未学过该学科的人来写书,就是一种占领阵地的革命行动。

其二,提倡集体著作,组织大兵团作战。

学问应是沉潜研究的结果,著作乃个人劳动之结晶,但当时却认为,个人写作是个人主义名利思想的表现,而集体著书则可以培养集体主义精神,所以总是组织编写组来集体写作,几个人分工负责一个章节,许多人分头进行,这叫做大兵团作战。

一本书同时有许多人在写,当然写得很快。当时以为这是符合多快好省精神,但其实快是快矣,好却未必。时隔不久,这些著作就为人所遗忘了。试问,现在的中文系学生和中青年教师,还有谁记得北大红皮本《中国文学史》和复旦黄皮本《中国文学史》?倒是当时受批判的刘大杰先生的《中国文学发展史》,又出了新的版本,说明它至今还有存在价值——当然,现在重印的是40年代中华书局的初版本,而不是70年代以儒法斗争为纲的修改本。

"大跃进"的年代已经过去很久了,当时的集体著作也已风流云散,但由于我们对这段历史没有好好地加以总结,其中许多想法和做法,还是作为集体无意识遗留了下来,对今天的科学研究工作仍旧产生影响,为害不浅。比如,不肯潜心研究学问,喜欢做表面文章;不讲究质量的上乘,只追求数量之多;不愿个人付出长期的劳动,喜欢拉班子集体速成。这些做法,其实都是大跃进的遗风,目的还是追求轰轰烈烈的效果。只不过现在不再用"大兵团作战"之类的军事术语,而改为"某某工程"等工科用词。盖因当时的领导,以部队转业者为主,而现今的"长"字辈,则多理工科出身之故也。

"大跃进"带来大饥荒

"大跃进"时代要有大跃进的气氛,凡事总要搞得热火朝天,才能像个样子。最容易造成气氛的,是挑灯夜战。那时,整个复旦校园里每夜都是灯火辉煌。听物理系的朋友说,党委副书记王零常常半夜三更跑到实验室里来检查工作,我们文科各系,也天天晚上由系领导督阵。每到十点多钟,还能领到一张就餐券,大家可到食堂免费就餐。

但到得1960年,这免费就餐券就没有了,夜班也逐渐取消。因为物质供应日益紧张起来。开始是某些物品短缺,接着,就闹起饥荒来了。

本来,自从1953年下半年实行粮、棉、油统购统销政策以来,这三样东西就开始定量供应了,但一则当初定量较宽,像我辈男生,粮食定量每月有三十四斤左右,二则其他副食品供应较好,油水充足,所以吃饱饭是不成问题的。而实际上,我在1953至1957年四年上学期间,食堂根本不用饭票来买饭,而是划卡取菜，主食则随意取用；1957年毕业后在教师食堂用餐，开始时也是饭菜票不分的，就是说，将粮油票交给食堂之后，即可随意购买饭菜票，这饭菜票既可买饭，亦可买菜，只要有钱，随你吃多少。我已记不清何年何月开始将饭票和菜票分开来，饭票以两计算，菜票以分、角计算，两者分用，不能混淆。也就是说，你付出多少斤粮票，就买多少斤饭票，不能多买饭了。而感到粮票不够用，则是在1960年初。因为那时大部分农产品都要凭票供应了。除原有的粮票、油票、布票、棉花票之外，又增加了肉票、鱼票、蛋票、豆制品票等，而且供应量很少。肉是每人每月四两，油是每人每月半斤，蛋以户计，大户每月二斤，中户每月一斤半，小户每月一斤。过旧历年时则增加一些分量，并增发家禽券之类。粮食定量也减少了，我从三十四斤减到二十八斤，数年后再加到三十斤，妇女更少一些；布票每人每年十尺，还不时要动员上交。还有其他一些日用品也发票，如线票、烟票、火柴票、肥皂票等，买牙膏则要用旧牙膏管去换。这些票券，是直到"文革"结束之后好几年，才陆续取消。

上海总算得天独厚，发的各种票券，基本上都能保证供应，但品种好坏之间就差得远了。平时卖的都是很差的籼米，粮店里偶尔到了一点好米，大家就奔走相告，排起了一字长蛇阵来；为了买一点稍微像样的鱼、肉、蔬菜和豆制品，也要起早排队，有时天不亮就起来，也买不到好的。

副食品供应一紧张，肚子里油水不足，人们的饭量就大起来。本来，教师的运动量小，粮食定量一般是吃不完的，现在却大大地不够吃。每餐都要算着吃，如果哪一天吃得超额了，就得在第二天省回来。但在当时,多吃几两容易,少吃一两就非常困难了。有时一顿多吃,就得好几天扣紧。为了应付粮食不够吃的局面,复旦食堂想出了一种办法,使得饭的体积增大,当时的说法叫作增加出饭率。即先将米煮得半熟,再放在大蒸笼里蒸一次,使米粒充分膨胀开来。这其实只是骗骗自己的肚子,刚吃下去时感到饱了,不一会,很快就饿了。但在那种时候,能够暂时欺骗一下肚子也是好的,所以这种做法还得到了上级表扬。复旦还自己养猪,以弥补食堂猪肉供应之不足,但是饲料缺乏,无法多养。虽然也曾动员师生去采摘树叶来发酵作饲料,但也不能根本解决问题。不久,还发明了用人粪养猪的办法,于是又到处打开化粪池的盖子淘粪,当时的学生回忆说,在学生宿舍里有时会闻到近处漂来的大粪气味。但以粪养猪,效果也不佳,后来也停止了。

而且,粮票的用量也增加了。本来,到饭店吃饭是不用付粮票的,现在也要付粮票了;本来,到食品店买糕点也是不用粮票的,现在也要付票了。当时,上海市区户口每月还发有若干就餐券和糕点券,复旦是郊区户口,这一切都没有,就相差得很大了。在1959年上半年以前,复旦原属杨浦区,也是市区户口,偏偏到了经济困难时期,却随着五角场地区,划给了宝山县。陈望道校长为此觉得有负于复旦师生,一直到临终前还在为复旦划回市区而向市委市府领导力争。但等到复旦终于划归市区时,这一切差别早已取消了。

那时对高级干部和高级知识分子还是有些照顾的。因为教授另有肉、蛋之类特供,讲师也有些黄豆补助,所以被称做猪肉教授,黄豆讲师。后来见到1960年8月1日中共中央批转国务院秘书长齐燕铭的报告中的材料,才知道其中一些具体数字:知识分子一级人员(按:指一级教授、一级研究员、一级作家、一级演员等),行政七级以上人员,每人每月肉四斤、白糖二斤、甲级烟两条、鸡蛋三斤;知识分子二、三级和行政十一级以上人员,每人每月肉两斤、白糖一斤、甲级烟两条、鸡蛋两斤……至于我辈小助教和广大职工,则不属补助之列,虽然我们早已做着讲师的工作,但到这种时候,还是按级论价的。

不过比起外地饿死人的惨况来,我们总算是幸运的。虽然大家饿得肚子难受,有不少人还生起浮肿病来,但毕竟还是挺过来了。

即使在这样严酷的现实面前,大家还得众口一词地说"形势大好"。领导上教导我们,不能从菜篮子里看形势,不要看现象,要看本质。本质是:我们一天天好起来,敌人一天天烂下去。党委副书记徐常太在登辉堂做大报告时,说了一句广为传颂的名言:"目前形势大好,比任何时候都好。什么叫大好呢?它不是小好,也不是中好,所以是大好!"这真是奇妙的逻辑。

那时,从报纸上、从广播中是得不到灾难的消息的,小道上有一些传播,但也到处在堵塞。我有一位同班同学分配在兰州工作,回沪探亲时约了老同学到我家夜谈,他讲了一些甘肃饿死人的事,第二天就得到警告,叫他不要散布消极情绪;有朋友从安徽探亲回来,说起安徽饿死人的事,却受到了批判,说他是对大跃进的攻击。

不过,毕竟出现了普遍的饥荒,不能不有一个说法。当时官方正式的说法,叫做"三年自然灾害",原因是天灾和苏联逼债。天灾自然是有的,苏联逼还抗美援朝时购买武器的债务,也是事实,但大家心里都很明白,这并不是主要原因,只是鉴于彭德怀事件的教训,谁也不敢直言而已。后来传闻,刘少奇在七千人大会上说了一句话:"三分天灾,七分人祸。"大家觉得这还算是老实话。但后来打倒刘少奇时,这却是一条重大的罪状。

张弛之间

20世纪40年代后期,毛泽东在《对晋绥日报编辑人员的谈话》中,曾引用过《礼记》中所说的一句话:"文武之道,一张一弛",来说明政策的松紧度,说是:"你们的缺点主要是把弓弦拉得太紧了。拉得太紧,弓弦就会断。"到得60年代初,由于当时形势的变化,同时也恰逢收有这篇文章的《毛泽东选集》第四卷的出版,领导上又宣传起张弛之道来了。

这张弛之道,的确是为政者极难掌握之事。从50年代末到60年代中,我们就经历了一个"张——弛——张"的反复过程,政策变化之大,有如瀑布之落差。而且使人感到,这张弛之间,有时体现出的并非是"道",而只是"术"。弛乃是不得已而为之,目的还是为了张。到后来,弓弦愈绷愈紧,直到断裂为止。这样,去张弛之道则远甚矣,倒是应验了鲁迅的一个论断:中国人虽自命为爱"中庸",行"中庸",而其实却不免于过激,好走极端的。

饥饿线上的退却

大跃进所带来的严重问题,其实早在 1958 年底与 1959 年初就已充分显露出来了,而且也引起了高层的注意。记得在 1959 年 5 月间,曾读到过毛泽东写给省、地、县、社、大队和小队六级干部的一封《党内通信》,反对瞎指挥、反对吹牛皮,提倡做老实人、提倡讲真话,并且自称唱的是低调,目的是要把真正的积极性调动起来,达到增产的目的。信写得非常恳切,令人看了觉得很实在。但自庐山会议上批判了彭德怀的"右倾机会主义"之后,浮夸风刮得比以前更厉害。这结果,是 1960 年开始的全面大饥荒。只有到这时,才开始调整政策,放松了革命的节奏,也放松了对知识分子的穷追猛打。到得 1962 年二三月间,国家科委在广州召开科学工作会议,周恩来作了《关于知识分子问题的报告》,重新肯定我国绝大多数知识分子是属于劳动人民的知识分子;3 月初,全国话剧、歌剧创作会议也在广州举行,周恩来、陈毅作了重要讲话,陈毅提出要给知识分子脱帽加冕,即脱资产阶级知识分子之帽,加劳动人民知识分子之冕。这二位的讲话,在当时很使知识分子兴奋了一阵子。但不久,这冕又收回去了,那帽子又重新戴了上去。而且这顶帽子有如孙悟空头上的金箍圈,愈箍愈紧。

不过,我们如果不去计较这种姓无姓资的虚名,则应该承认,那两三年间,对知识分子的政策尺度,还是略有松弛的。不但在物质供应上有所照顾,而且在思想上,也比较顾及文化工作的特点。

在复旦,不再提倡以办党校的精神来办文科了,仍旧回到培养专业人才的路子上来,而且也不再强调边干边学,白手起家的做法,而转为注重打基础。各类基础课程都恢复了,只是由于"厚今薄古"之风未散,所以古代文学的课时相对减少了些,而增加了现代文学的课时,与50年代中期仍然有所不同。但实际上,对于古代文学仍是相当重视的,中文系总支书记徐震就提出了"两典一笔"的口号。所谓"两典"者,即经典与古典是也。经典,指的是马列主义经典著作,强调钻研经典,旨在提高理论水平。不但要求泛览,而且还仿效过去儒生的办法,提倡能"通一经"。我觉得这办法倒也不错,就去选读了哲学系陈圭如教授所开的《费尔巴哈和德国古典哲学的终结》精读一课,她是逐字逐句地讲解恩格斯这本著作的,我听了的确得益匪浅。除了马列主义经典之外,当时还以批判之名,开设了一些西方理论课程,如蒋孔阳先生开的《西方资产阶级美学思想批判》,哲学系和经济系也都有相类似的课程。古典,自然指的是古典文学,这是中文系的主要课程。除了古代文学史和相关的古代汉语等几门基础课之外,还请老教授开出一些专题课,记得朱东润先生开过《〈诗经〉专题研究》,王欣夫先生开过《版本目录学》,都很有特色。所谓"一笔"者,系指写作能力,特别是学术论文的写作能力。为了纠正集体写作中的分工不合理现象——如有些人被分派去专门查找资料,而得不到写作锻炼,就特别强调每一个人都要有一支过硬的笔。而且恢复了学年论文和毕业论文的写作,使得每个人都有练笔的机会。

大兵团作战的集体写作方式不再时行了。虽然在当时,对待"大跃进"的态度是一个原则问题,谁也不敢正面否定学生们编写的教材,但实际上却把它弃置在一边,而另起炉灶。周扬受中共中央总书记邓小平之托,负责组织编写文科教材,高教部还专门成立了文科教材办公室,来抓这项工作。这回不是靠学生来冲锋陷阵了,而是聘请专家为主编,并且实行主编

"大跃进"时期集体编写的教材,得到中宣部副部长周扬的高度赞扬,但是,刚出版不久,就宣布过时,再由周扬主持,组织编写主编负责制的高校统编教材。上图为复旦中文系在"大跃进"时期集体编写的部分教材;下图为复旦教师主编的部分高校统编教材。

负责制。复旦中文系分配到的任务有：朱东润先生主编《中国历代文学作品选》、郭绍虞先生主编《中国历代文论选》、胡裕树先生主编《现代汉语》，还派两名教师参加叶以群主编的《文学基本原理》编写工作；外文系有伍蠡甫先生主编《西方文论选》、历史系则有周予同先生主编《中国历史文论选》，等等。参加编写的人员大都是中青年教师，也有一些老专家，郭绍虞先生还请了几位当时还背着政治包袱的专家参加工作，这也是一种突破。这批教材，的确质量较高，使用的时间也较长。

有的教材在完稿之后，还请国内同行专家开审稿会，盛况空前。当时我们文艺理论教研室主任是由外文系总支书记郝孚逸同志兼任，有一次，他参加《西方文论选》专家审稿会归来，跟我详谈会议情况，特别对钱锺书的发言，感慨良多。他说：钱锺书最近因为夫人杨绛有病，情绪很不好，本不愿来开会的，但周扬、胡乔木一定要请他来，他只好来了，开始时闷坐在一边，一声不响，后来一发言，却语惊四座。我们这次请了研究各国文学的老专家，他们对《西方文论选》提了很多意见，往往是研究哪一国文学的专家，就用哪一国的语言引用原文来提意见，钱锺书一听，说不对，他用德文来纠正德国文学专家的意见，用法文来纠正法国文学专家的意见，用英文来纠正英国文学专家的意见……连朱光潜谈意大利文艺复兴时期一篇很偏僻的剧论，也被钱锺书当场纠正。别人的发言都是事先有准备的，而钱锺书却是针对别人的发言而临时背出原文，记忆力真是惊人。许多老专家都叫他弄得很尴尬，但他说得对，别人也无可奈何。难怪连孙大雨这样狂傲的人，以前在评级评薪时，对谁都瞧不起，只承认钱锺书的英语水平在他之上。

那时，钱锺书并不像现在这样广为人知，我虽读过他的一些文章和译作，但对他的博大精深却并不完全了解，这一席话的震撼力也就可想而知了。郝孚逸虽然从事政治工作，但毕竟是兼搞业务的人，他对于博学之士还是很佩服的。

强调打基础，鼓励多读书，当然是好事，不过由于"大跃进"的遗风未尽，有些做法仍然很不切实际。我们文艺理论教研室曾拟定了一批古今中外文学作品和文艺理论名著的书单，要求大家在两年之内补读完毕。我按每周能用于读书的时间、一般读书进度和书的分量作了一个大致的计算，认为两三个两年也无法读完，只能作长期努力。我自认为这意见是实事求是的，不料却受到严厉的批评，我据理争辩，又说我有意对抗领导，这使我很想不通。后来我才悟到，别人其实也是知道这个读书计划是无法如期完成的，只是不说而已，因为他们根本就没有想去完成计划。盖订计划是一回事，实际执行又是一回事，订计划只是为了配合目前的政策，而政策多变，计划订过之后也就完事了，从来不会检查落实情况的，所以他们并不去认真对待，只有我这个傻瓜，才会去老老实实地执行，因而发现其不切实际的一面，还要提出意见，被批评是必然的。但等我悟到这一点时，却早已给别人留下了喜欢对抗领导的印象了，这真是无可奈何之事。

但这段时期使我特别高兴的是，会议减少了许多。虽然每周还有政治学习两次、党团组织生活一次、教研组业务会议一次、临时加进来的会议一两次,再加上上课、辅导,大约仍占去一半时间,但还有一半时间可以坐下来读书写作,已是非常高兴的了。那时晚上可以不必到校去开那些挨个发言的会议,大家都坐在宿舍里用功。开始时还能在食堂里买些馒头当夜点心,后来粮食紧张了,没有粮票买馒头,就用家里给我寄来的干菜,和着面糊糊充饥,还是继续开夜车。我与高云合作的第一本著作《论鲁迅的小说创作》,就是在 1961 至 1962 两年里写成的,经以群介绍,为上海文艺出版社所接受。但后来由于形势的变化,直到"文革"结束以后才得以出版。

那时,报刊上的文艺创作和学术讨论也活跃起来。《上海文学》发表了一些富有个性色彩的作品,如丰之恺的《阿咪》和邵燕祥的《小闹闹》;《文汇报》更辟有许多专栏,发表各种学术争论文章,用以活跃思想。当时的《文汇报》和《上海文学》都很注意培养新生力量。叶以群和王道乾看到我和高云的习作《鲁迅小说的民族风格》,大加鼓励,该文虽然长达两万多字,也一次性在 1961 年 9 月号《上海文学》上发表,这在当时算是难得的,使我们这两个初出茅庐的青年深受鼓舞,提起了写作兴趣。接着,《文汇报》就派资深记者朱近予登门拜访,说是看到我们在《上海文学》上发表的文章,希望与我们加强联系。但他倒并不急功近利地直接组稿,而是随便谈谈,联络感情。后来又由文艺部主任郑锽出面,请了几位青年作者到文艺会堂开茶话会,交流信息。记得那次请我们吃了几样油果之类的点心,这在当时已经算是美食了。后来这种茶话会经常化起来,只是因为人数渐多,只有清茶，没有点心了，但报社总编陈虞荪先生却常来参加，谈笑风生，多所启发。有了感情基础，不久之后，我们全成为《文汇报》的经常作者了。我与高云在那几年为这家报纸写了不少文章，自己也借此练了笔。我们能够走上文坛，既得益于那几年知识分子政策的放松，也与《上海文学》和《文汇报》的鼓励和支持有关。

然而，福兮祸所伏，这也为日后受批判创造了条件。

阶级斗争年年讲、月月讲

真是好景不长。到得国民经济略有恢复，肚子刚能吃饱时，政治运动又开始了。

1962年9月间，毛泽东在中共八届十中全会上作了"关于阶级、形势、矛盾和党内团结问题"的讲话。他断言在整个社会主义历史时期，资产阶级都将存在，并有资本主义复辟的危险，因而提出，阶级斗争要"年年讲、月月讲"——后来又加上一个"天天讲"，说是这样，可以"使得我们比较有一条清醒的马克思主义路线"。

其实，即使在经济生活十分困难的那几年，阶级斗争也从来没有停止过。只是主要以反对苏联修正主义的形式出现罢了。

当下面的干部们还在根据"一边倒"的思维模式，以"反苏言论"来给人定罪时，实际上，中苏两党的分歧已经愈来愈大了。继1956年《人民日报》编辑部根据中共中央政治局扩大会议的讨论写成的两篇文章：《论无产阶级专政的历史经验》

和《再论无产阶级专政的历史经验》之后,1960年4月22日,中共中央在北京举行列宁诞生九十周年纪念大会,宣传部长陆定一作了题为《在列宁的革命旗帜下团结起来》的报告,同日,《人民日报》发表题为《沿着伟大列宁的道路前进》的文章,《红旗》杂志第八期又发表了《列宁主义万岁》文章。后面这三篇文章,我们就学习了很长一段时期,用以武装思想,扭转对于苏联的认识。这个时候,谁要是再讲苏联的好话,那就是修正主义分子了。

1963年9月至1964年7月,《人民日报》和《红旗》杂志编辑部又连续发表了九篇评论苏共中央公开信的文章,简称"九评"。当时对苏联的修正主义路线,归纳为"三和一少","三和"者,指和平共处、和平竞赛、和平过渡是也,"一少"者,指少支援亚非拉民族的反帝斗争。总支书记教导我们,"九评"不但内容重要,而且就写作而言,也是我们学习的典范,说这些文章是由康生主持的写作班子,一句一句地磨出来的,文章要写到这个份上,才算是好文章。所以我们更是一篇一篇地认真学习。

除了共同的政治学习内容以外,我们中文系还有一项特殊任务,即批判修正主义文艺思想。

批判的矛头首先是针对苏联,同时兼及东欧国家及其他国家。

在文艺理论上,着重批判了人性论、人道主义和写真实论,这种理论观点在苏联理论家的文章中表现得很普遍,在西方理论家身上则表现得更直接。那时内部出版了一种丛刊:《现代文艺理论译丛》和一套专题资料:《人道主义、人性论研究资料》，提供了一些背景材料。但重点人物却是匈牙利的卢卡契，因为他既被认为是老牌修正主义者，又当过纳吉政府的文化部长，理论影响也更大，正好选作代表人物。那时我还得到一套十六开本散页的卢卡契论文资料，供批判用。这套资料，我一直保存到"文革"结束之后，中国社会科学出版社出版了两卷本《卢卡契文学论文集》，才将它丢弃。因为我核对了一下目录，发现两者基本一致，也就是说，这套两卷本论文集，就是根据原来那套批判资料编辑而成的。

文艺作品方面，则有肖洛霍夫的《一个人的遭遇》、拉夫列尼约夫的《第四十一》、爱伦堡的《解冻》和回忆录《人·岁月·生活》、西蒙诺夫的《生者与死者》、索尔仁尼琴的《伊凡·杰尼索维奇的一天》、卡扎凯维奇的《蓝色笔记本》、阿克肖诺夫的《带星星的火车票》、特瓦尔多夫斯基的《山外青山天外天》和《焦尔金游地府》等。前两篇拍有电影，还组织过内部放映。同时放映的还有《雁南飞》、《一个士兵的颂歌》等。

除了大家开会批判之外，学校还抽调了中文系和外文系的几位青年教师，临时组成一个班子，准备写批判文章。当时我也被抽调进去，集中在小桥流水旁边的老工会楼下，那正是一个大冬天，天气很冷，有时还下雪，大家关着门看了许多内部出版的黄皮书、白皮书，真有点雪夜读禁书的味道。除了上述一些作品之外，还读了一些西方的流行小说，如：海明威的《老人与海》、加缪的《局外人》、格林塞的《麦田里的守望者》和凯鲁亚克的《在路上》等等。但后面这几本书，本来就是资本主义国家的新潮作品,并不打着马克思主义的旗号,也就不能算是修正主义,何以要放在一起给我们看,就搞不清楚了。大概以为西方垮掉的一代与东方的修正主义文艺思潮有些关系罢。但在当时相当闭塞的情况下,这些内部书籍,倒也使我们开了眼界。

复旦老工会,小桥流水旁边的小洋房,风景优美。1963年,我们曾经被关在这里写反修文章,可是几个月下来,读了许多内部出版的书籍,却一篇文章也写不出来。

看作品是很有兴趣的,但到得要写批判文章时,却是难字临头了。因为我只顾猎奇,根本搞不清它们"修"在哪里,也就抓不住要点,所以由我起草的那一稿就通不过。领导上很不满意,说我自己的文章倒写得头头是道,而为集体写作就不肯花力气,是个人主义思想的表现。其实这完全是两码子事。自己写文章,是有了想法才下笔的,而这种写作组的集体写作，却是必须根据上面的意图来写的，我领会不了上面的意图，当然也就无法写好。但不能领会上级意图，本身就是一个大问题，真是有口难辩。不过别人接手去写，也没有写好，大概也是对反修的精神领会得不深之故吧，这多少减轻了一些对我的压力。而这个临时写作任务也终于不了了之，大家看了几本内部书，各自回到系里去。

但批修工作仍在进行。不但批判苏联和东欧的修正主义，同时还深入到我们自己国家的文艺学术领域中来。特别是1963年12月和1964年6月，毛泽东对文艺界作了两次批示，说是"各种艺术形式……问题不少，人数很多，社会主义改造在许多部门中，至今收效甚微"。又说：这些协会和他们所掌握的刊物的大多数，十五年来，基本上不执行党的政策，"最近几年，竟然跌到了修正主义的边缘。如不认真改造，势必在将来的某一天，要变成像匈牙利裴多菲俱乐部那样的团体。"这样，问题就显得十分严重了。

这场新的批判运动是从电影入手的。受批判的电影有：《早春二月》、《北国江南》、《林家铺子》、《不夜城》、《舞台姐妹》等。而且批判还不限于文艺界，同时被批判的，在美学界，有周谷城的"时代精神汇合论"、"无差别境界论"，在哲学界，有杨献珍的"合二而一"论，在经济学界有孙冶方的"生产价值论"、"企业利润论"，在历史学界，则有翦伯赞的"历史主义"和"让步政策论"等，一时间批判文章满天飞。

《林家铺子》的电影是根据茅盾的同名小说改编的，虽然并未点茅盾的名，但实际上已经触及了；《早春二月》的电影是根据革命烈士柔石的小说《二月》改编的,鲁迅曾为之作序推荐,现在虽然还时时打着鲁迅的旗帜,但其权威性也受到了明显的挑战。特别是执笔改编《林家铺子》的是夏衍,《北国江南》的编剧是阳翰笙,都是文艺界的领导人,这对于中文系师生说来,当然不能不有所震动。

这场批判运动,规模愈搞愈大,对文科教学的影响也愈来愈深。不但口诛,而且笔伐;不但教师要写批判文章,而且学生也要写。这些,都是作为战斗任务下达的,正常的课堂教学,倒是退居其次了。

既然文艺批评和学术评论已经成为意识形态领域里的战斗武器,那么写作就不是个人行为,而必须服从统一的战斗部署了。个人写作已不能适应当前的需要,由各级党委直接指挥的写作班子也就应运而生。

名气很大的上海市委写作班,就是在那段时期成立的。这个写作班的前身是隶属于华东局宣传部的《未定文稿》编辑部,最初的任务也是反"外修",即批判苏联及其他国家的"修正主义",后来才转而为反"内修",即国内"修正主义"。其早期成员,有很多都是从复旦借调过去的。其中以笔名罗思鼎闻名的历史组,整个就是从复旦搬移过去的;经济组、自然辩证法组,也都有复旦的人;只有文学组没有复旦教师,但该组曾到复旦指名调人,复旦说我们自己要组织写作班子,不肯放人。的确,在复旦园里,当时也有大大小小,固定或不固定的各种写作班子。连学生们写批判文章,也是有组织的进行。这种写作班子的特点是:领导出题目,定调子,然后由笔杆子写成文章,不再需要有个人的思想了。当时的口号是:党指向哪里，就打向哪里。说白了，这种写作班子，做的就是文化打手的工作。而领导上所需要的，也就是这种服从指挥的文化打手，这就是所谓工具论的实质所在。

不但写作组成员绝对听命于意识形态斗争的指挥者，即使不参加写作班子的散兵游勇，也要跟着形势走，从事批判活动。我除了参加过上述那次写不出文章的短期写作班子之外，虽然没有再参加任何写作组，但也跟着写了好几篇批判文章。当时的文化人，你批判我，我批判你的现象很普遍，并不是如后来所说的，有些人一直是受批判的，或一贯有抵制的。其实，他们在受批判之前，往往也是批判者，或者这回你批判我，下回我批判你。特别是青年学子，思想并不成熟，容易为时代的氛围所左右，更是难以跳出这个圈子，偶有个别的人有所疑惑，表示了一点不同的见解，马上就会成为对立面而受到批判。至于当时既很受到重视，后来又标榜自己一贯正确者，那是欺人之谈。

堵死一切个人流通渠道

当时的革命口号，叫做反修防修。一方面要反对已经产生的修正主义思潮，另一方面还要防止产生新的修正主义分子。这样，在批判修正主义主义作品的同时，还要清除产生修正主义的土壤。

既然现代修正主义的大本营在苏联，当然要总结一下苏联的经验教训。其中一条重要的教训，据说是斯大林顶不住知识分子的压力，实行了三名三高政策的结果。三名者，名教授、名作家、名演员之谓也;三高者,高工资、高稿酬、高奖金之谓也。既然要防修,就必须反其道而行之。不培养名教授、名作家、名演员、名记者、名科学家,对已经出名,甚至只是小有名气者,及时进行批判,以防效尤。同时实行三低政策:低工资、低稿酬、低奖金,而发展到后来,索性取消稿酬制度,并提出要学习巴黎公社的分配制度。

反对三名三高的一个重要措施,就是停止提职提薪,甚至降薪。1957年曾降过一次薪,将助教试用期的月工资从六十元降到四十八元五角,转正期的工资从六十五元五角降到六十元,而且将职称的正常提升工作也停了下来,到1963年才开放了一次,接着就一直冻结到"文革"结束之后的1978年才开冻。这当然是全国性的措施,而复旦则比别的学校更加革命。比如,我们1957年毕业参加工作的教师,到1963年已做了六年助教,本来早该升为讲师了,别的高校都趁此机会将这批人提升了,而复旦则凭杨西光一句话,就规定1957年以后毕业的一律不提,这样,我们这批人直到1978年才提升为讲师,一共做了二十一年的助教,还有一位比我高一班的同学,因为只专不红,也被卡了下来,到得1978年与我们一起提讲师,他是做了二十二年助教;而蒋孔阳先生在1951年到复旦任教时,就已经是讲师了,也是直到1978年才提升为副教授,做了二十七年的讲师,与他业务上同一档次,甚至比他差得多的,却早已成为副教授了。这些都可算是高等教育史上的一种奇迹。

在那二十多年的时间里,复旦青年助教的工资大都是四十八元五角、六十元和六十五元五角,而物价则不断上涨,生活当然是愈来愈困难的了,但有些积极分子却还要论证我们教师的生活是如何的好,记得有一位教师在批判会上说:我们现在不愁吃不愁穿,晚上备课时还可以开着台灯,这样的生活,还不知足吗?这个发言实在使人无可反驳。而同时,我们却还背着三名三高的包袱。直到后来工宣队进校时,拿过全系教师的工资单一看,大吃一惊道:都说你们知识分子是拿高工资,修掉了,怎么大部分人的工资并不高哪,还不如我们工人阶级——这倒是句老实话。

尽管职称也卡住了,工资也不加了,但批判还是不能停止。以前都说 1949 年以前成长的知识分子是资产阶级知识分子,要着重改造,1949 年以后成长的知识分子是共产党自己培养的革命知识分子,可以依靠的。现在则认为后一批人中还会出现新生的资产阶级分子,或者是修正主义苗子,必须重点批判。在复旦中文系,就选中了几个多写了几篇文章的青年教师,作为白专道路的典型,号称"三吴一潘"。"三吴"者,吴中杰、吴欢章、胡锡涛是也,一潘者,潘旭澜是也。吴(Wu)胡(Hu)既不同字,又不同音,怎么会放到一块去了呢?盖因在吴语方言里,这两个字一律读 Wu,倒是同音的,而且我们国人一向喜欢玩文字游戏,特别善于将一连串的内容加以数字化,如"三和一少"、"三自一包"等,所以就吴、胡不分,一并概括为"三吴一潘"了。

但这胡锡涛毕竟与众不同,后来忽然发迹起来了。起先是因为周扬看到他写的一篇谈古典戏曲批判与继承问题的文章,颇为欣赏,有所表扬,于是就列入重点培养之列,被调到华东局内部刊物《未定文稿》编辑部工作,在那里,又因同室办公的关系,认识了姚文元,于是在"文革"期间就进了上海市革命委员会写作组,写了许多批判文章。这时,该写作组已从写作单位变成权力机构了,胡锡涛就成为无产阶级革命路线的代表人物,跟工宣队一起进驻高校,参与"修理"知识分子的工作。到得姚文元掌握全国舆论大权时,胡锡涛又被调到北京,掌管《红旗》杂志,那就更加炙手可热了。直到"四人帮"覆灭,这才跟着垮台。

但从胡锡涛的经历中,我们也可以悟到一点,即红专与白专,资产阶级个人主义者还是无产阶级革命斗士,其区别并不在其人,也不关思想,要紧的还是跟着谁走,即林彪一伙所说的"亲不亲,线上分"是也。

我们当时之所以被列为对立面,作为白专道路的典型来批判,大概就因为不肯服从,不肯紧跟的缘故。虽然,独立精神与自由思想是现代知识分子的基本品格,但在当时,却是最为犯忌的,因为那时强调的,是"驯服工具论"。

而且,从批判者的言论与情绪上看,写作所带来的名利,也是容易引起忌恨的。虽然他们批判得义正词严,但在不经意间却流露出在潜意识里对于名利的极端向往。

有一位积极分子批判道:"你们这些人,一边写文章,一边在一个字一个标点地计算稿费,名利思想太严重了。"这大概是他的内心独白吧,写作者如果真是这样的一边写一边算钱,那里还能写得出文章来?他又指着我说:"你今年就拿了×××元的稿费了!"我一向不善理财,稿费的收入,拿来就用光,自己也有点糊里糊涂,听了他的发言之后,回去核算了一下,果然与他所说的数字差不多。可见利之所在,多么引人注意呀！

　　不久下乡搞小四清，系领导叫我负责一个大队的材料工作，我自然是很认真地去做的。但一上来，就被负责全公社材料工作的系党总支委员当众责骂了一顿。先是指责我不照他布置的要求做，最后归结到态度问题，说："你自己在报纸上一篇一篇地发表大块文章，叫你搞材料却是这样不负责任，这是什么思想态度？"我一听，就火了，原来还是看不惯我写文章的事，妒忌心理作祟。我立即拿出笔记本说："你昨天上午布置的几条要求，我一条一条都记下来，昨天晚上与一位同学一起开了夜车，才写好材料，请问：哪一点不合你布置的要求？"他只好说："从昨天上午布置的要求看，你写的材料当然是合格的，但昨天下午我又布置了新的要求，你为什么不按照新的要求做？"我说："昨天下午的会，你没有通知我参加，请问，我怎么知道你的要求改变了？"这一下他无话可说了，但却不肯承认错误。我就拉他到总支书记那里去说理。总支书记不在，副书记听了，哼哼了半天，始终不肯明确表态。他既不能说我错了，也不愿说那位总支委员错了，而我一定要他作出评判，否则就不肯罢休。正在纠缠不清时，总支书记来了，他一听事情的缘由，知道不表态是不行的，就说："在这个问题上，吴中杰是对的。"他毕竟比副书记老练得多了。但这话其实是埋有钉子的，意思是说：你吴中杰在别的事情上，在整个思想表现上，还是有问题的。不过当时也只能就事论事，别的事他没有直接提出，也就暂且不去管他了。

　　我当时始终想不通的是，写文章拿稿费是付出艰苦劳动的，又不是投机倒把或不劳而获，为什么要受批判，而那些光会动嘴皮子,而实际上松松散散的人,倒是积极分子。记得开始受批判的那年暑假,我哪里也没有去玩,辛辛苦苦地在宿舍里用功,为教研室集体备课写了一章导论讲稿,自己又写了两篇长文章,那时宿舍里没有纱门纱窗,开夜车时为了防蚊咬,只好穿起长袖衣裤半高筒鞋子,但又没有电扇——更不要说是空调了,于是写一会,就热得脱下衣裳来用冷水擦汗,真是苦不堪言。暑假过后,文章发表了,批判也开始了。而批判我的人,却是摇着扇子纳凉消夏过来的人。

后来经历得多了,再回过头来看那时之事,也想得开了。当时大家都是低工资收入,除了稿费和讲学费之外,没有其他的额外收入,而讲学的机会极少,或者说基本上没有,文章也不易发表,于是,经常有稿费收入的人就非常触目了,不批判你们又批判谁呢?群众之易于发动者,即此之故也。

但领导上则有更远大的意图,在反修防修的口号下,使大家都成为自己驯服的工具。他们认为,有些人之所以不驯服,是由于你在社会上还有自己发展的路子,所以我们的总支书记在全系教师大会上宣布:要堵死一切自由流通的渠道。这在当时,不是不可能的。因为报刊要发表某人的文章,是必须先获得这个人所在单位领导部门的批准,当然,文章发表得多了,名字经常见报,也就不必每次都去征求作者所在单位的意见了。但如果本单位领导通知报刊编辑部说,此人的文章不宜见报,那就不可能发表的了。这种情况,市场经济下的青年作者,是难以理解的。我之所以要写文章赞扬市场经济下的文化机制者,即因自己有过切肤之痛的缘故。

　　但领导上还没有来得及堵死我们的流通渠道,大四清开始了。到了乡下,也就写不成文章了。接着,就是"文化大革命",更没有发表文章的机会了。一切自由流通的渠道,自然就消失了。

到农村去上阶级斗争主课

"四清"运动是中共八届十中全会之后,贯彻抓阶级斗争理论的一个重要举措。它的正式名称是农村社会主义教育运动,因其包括清政治、清经济、清组织、清思想等四项内容,故称"四清"运动。

1963年2月,中共中央提出在农村搞"四清"运动的同时,还决定要在城市进行"五反"运动——后来又规定,无论农村和城市,通称为"四清运动"。有些工厂、街道已经动起来了,文教系统则在北京大学进行试点,还从复旦抽调了一些干部去参加工作组。上面的意思,本来是准备在北大试点取得经验之后,再在全国各高校全面推开的,复旦唯恐落后,也唯恐将来处于被动,就预先在物理系和生物系搞了两个小试点,审查了一大批教师和干部,排摸情况,以便工作组来时有所应对。后来之所以没有搞下去,是由于还来不及将"四清"运动全面推开,更加激烈的"无产阶级文化大革命"运动就已经发动起来了。

　　至于农村,则从1963年开始,就分期分批地进行"四清"运动。复旦师生,也分期分批地参加"四清"工作队,深入到阶级斗争的第一线。就我们中文系而言,一共参加了三期运动:一期小"四清",1963年底至1964年初,在宝山县顾村、刘行等几个公社,为期五十天;两期大"四清",第一期从1964年11月份至1965年5月份,在奉贤县胡桥、盛桥等几个公社,为期半年多一点,第二期从1965年7月份至1966年6月份"文化革命"开始之后,为期将近一年,在宝山县罗店、罗泾等几个公社。当然,各人参加的期数并不一样,有些人参加一期,有些人参加两期,有些人则接连参加三期。当我参加过一期小"四清"、一期大"四清"之后,中文系一位总支副书记胖大姐在通知我参加第二期大"四清"时,很坦率地对我说:"像你这样的人,就应该多下乡去接受改造。"她的直白话语,捅破了那些美丽言辞组成的包装纸,说出了问题的实质:参加"四清"工作队,本身还带有思想改造的性质,也公开表示出领导上对我的歧视。

　　从1957年"反右"运动之后,大学师生下乡劳动虽然已是家常便饭,但除1957年那次下放劳动的时间较长之外,一般参加三夏、三秋劳动,都是两周左右,最长不超过三周,而且,下放干部限于教职员工,学生是不算在内的,现在三、四、五年级的学生都要长期下乡,思想问题当然也就很多。最主要的是觉得下乡的时间长了,耽误了学业,许多人都有些顾虑。这一点,领导上很明确地回答道:"我们到农村搞'四清',是去上阶级斗争这门主课,这是最重要的学习！书本知识则是次要的。"虽然大家思想上未必真通,但是这样一来,谁也不敢再说三道四了,否则,就要犯政治性的错误。

大概因为有这种思想动态的缘故,所以下乡之后,对读书一事防范得很严。刚到奉贤参加第一期大"四清"时,先是分片集中住宿,因为农村习惯早睡,工作队员必须随俗,我觉得时光可惜,就在大家睡下之后,点起蜡烛来看书,那时不敢带业务书籍,看的当然是马列著作,但不料此举却撞在枪口上,被带队的总支书记作为典型事例,在大会上提了出来,进行严厉的批评,说是有人下乡来搞"四清",还是念念不忘他的业务,秉烛夜读,坚持走白专道路。他的目的是要抓个典型事例,教育群众,而典型创造则常常要进行艺术加工的,所以他不肯如实说出我读的是马列著作,以免削弱批评力量,也可避免别人反抓辫子,这是非常老到的做法。但因为这批评没有点名,我也不好站出来申辩。而不点名批评,也表示他是对事不对人,目的只是教育大家,下了乡,就不要再抱着书本不放了。这批评果然有效,从此大家有空时宁可打扑克、吹牛皮,再也不敢拿起书本来读了,这倒反而成为正常生活——当然,分散住宿之后,偷着读书的人还是有的,但别人不易知晓,而只要不汇报上去,也就相安无事。

访贫问苦,扎根串连

为什么第一期大"四清"时,工作队不直接进村住到农民家里去,而要先分片集中住宿呢?

这与对农村阶级斗争形势的估计有关。

我们下乡之前,先学习了两个中央文件:《关于目前农村工作中若干问题的决定(草案)》和《关于农村社会主义教育运动中一些具体政策的规定(草案)》,前一个文件叫《前十条》,后一个文件叫《后十条》,合称《双十条》,同时还听了王光美《桃园经验》讲话记录稿的宣读。给人总的印象,是农村阶级斗争的形势非常严峻,农村干部有很大一批烂掉了,而且说是有三分之一的基层政权已经不在共产党手中。这样一来,进村之后依靠谁、团结谁、打击谁,就成为一个大问题了,而敌我友的界线,历来被看作是革命的首要问题。按照王光美在河北省桃园大队的做法,则需要进行访贫问苦、扎根串连,重新组织阶级队伍。我们分片集中住宿,就是为了避免住错人家,造成被动。

那时,"四清"工作队有如握有尚方宝剑的钦差大臣,凌驾在地方干部之上,对公社和生产队的干部完全采取对立的态度,一上来就把他们撇在一边,用秘密工作的方法扎根串连,重新组织阶级队伍。其作派,很有点像小说、电影中所写的敌后武工队和土改工作组。我们每天上下午到定点生产队去参加劳动,晚上则到贫下中家中去串连,在劳动和串连中打探情况,然后再回到住处加以分析研究。这样排摸了几个星期,终于确定了依靠对象,组织起贫下中农协会,我们也就搬到生产队中去住——自然是住在依靠对象家中。

但依靠对象似乎也并不纯正。后来才知道,我们生产队中一对贫协积极分子兄弟,他们的父亲原是盐警,因为喜欢赌博,家道早就败落下来,而且也死得早,到土改时,兄弟俩早就没有了家产,所以成为贫农。哥哥显得很无能,不善营生,弟弟则喜欢喝酒,好吹牛,带点流气,在揭发队长时,表现得非常积极,但做起正经事来却有点靠不住。我也不知道当时为什么要将他们选作依靠对象,大概选择余地不大之故罢。其实,社会是不断变动的,古人云:"君子之泽,五世而斩",可见社会各色人等,浮浮沉沉是常态,截取一段时间的生存状态,将它凝固下来,以此为据,不可变易,倒是有点形而上学。后来又提出要三代贫农,才算根正苗红,大概是为了弥补这方面的缺失,然而却更走向极端。而且,要找这样的人,就更加难了。

我说我不知道选择依靠对象的情况,因为我们复旦师生虽然也做了"四清"工作队员,但其实不过是实习生,真正有决定权的是从党政机关中抽调出来的干部。隔壁大队就有原安徽省委书记、现任华东局第三书记曾希圣在蹲点;我们龙王大队的"四清"工作队骨干,大都来自公安局和高级人民法院,掌舵的是上海高级人民法院院长,一位长征干部;与我同在一个生产队的工作队小组长,则是一位公安预审员。不过这些都是后来才知道的。开始时,连工作队员的原来身份也要保密,所以我们师生间也是老吴、小王这样相称,不准再叫老师。我的房东就判断我是初中文化程度的小干事,我问他何以说我是初中生呢?他说:"我是从你'戆'的程度来猜的。我有一个亲戚,是高中生,戆头戆脑,你也有点戆,不过比他戆得好一点,所以大概只有初中程度。"这倒是衡量知识水平的新标准,十分有趣。但农民也在打听我们的情况,后来知道工作队中有很多人是大学生,觉得很新奇。有一次,有一位本系学生来找我,不经意间脱口而出叫我"吴老师",使得我的房东大吃一惊,说:"原来你是大学老师,勿像勿像。"在他看来,大学老师还要戆些才是。

　　工作队进村之初，着重在清经济，首当其冲的是生产队长和会计。但我们这个队在查账之后，却并没有发现什么大问题，只是在队长的误工补贴上有些疑点，还有一笔账目不大清楚，工作组长特地派我到浙江省一个叫金丝娘桥的小镇上去调查，却也查不出什么名堂来。我很犯愁，账目上查不出问题，四清怎么进展？工作组长叫我找生产队长谈话，动员他自己坦白。我用谈心的方式，先说明大道理，后晓之以政策，但生产队长一口咬定自己没有经济问题，谈不出什么结果。谈话结束之后，组长从隔壁房间走了出来，说："你这样文质彬彬，哪里能敲得出东西来！"过了两天，他亲自出马找生产队长训话，那完全是另一番景象。一上来就声色俱厉地将生产队长训了一顿，以十分肯定的口气指出，队长是犯有四不清错误的，而且仿佛已经掌握了确实的材料，就看对方是否肯主动坦白交代了。这样一来二去，果然把他吓得面孔变了色，吞吞吐吐地交代出一些问题。但进一步去查核这些问题，却又落实不下来。我本以为这是因为我们的工作组长做预审员做得久了，习惯于对罪犯以审问的方式对话，所以会得这样凶，后来私下里问其他队的同学，说对待干部都是这样严厉的。那么，问题也许不在于职业习惯，而在于对农村阶级斗争形势的估计。因为在学习文件阶段，已先入为主，认为农村干部大部分已经烂掉了，所以一上来就进行有罪推定，认为他们肯定有四不清的问题，于是千方百计地进行逼供。我也学着演空手道，虚虚实实，故布疑阵。只是学得不像，收效甚微。谈话下来，自己也觉得很滑稽，仿佛在演戏。但有此一番经历，日后在

"文化革命"中,自己成为审查对象,当别人也用这种方法来对付我时,我立刻看出,他们玩的也是空手道,不足惧也。

但靠空手道来逼供,毕竟难以定案。交代问题的高潮过去之后,就处于胶着状态。正在为难之际,工作队突然召集我们学习新的中央文件:《农村社会主义教育运动中目前提出的一些问题》,俗称《二十三条》。这个文件有一新的提法,说是这次运动的重点,是整党内那些走资本主义道路的当权派。当时我们还搞不清楚这个提法的真实含义,直到"文化革命"运动中,才揭开谜底。但文件中认为干部的大多数是好的和比较好的,说是对他们要采取严肃、积极、热情的态度,防止简单粗暴的做法,严禁逼供信,并说对那些犯轻微四不清错误的,或者问题虽多但交代好的,要尽可能早一点解放出来,这些条款,却对四清运动起了纠偏的作用,政策显得宽松得多了。不久,大多数干部都洗手洗澡,下得楼来,重新领导生产。我们工作队员则一面整理结案材料,一面参加农村的日常劳动。

整理材料之类的文字工作,当然要偏劳大学师生。这工作并不象挖掘材料那么难弄,本身并不复杂,但在某些政策界限上,却也很难把握。我们所在的人队,原先办有一家小工厂,颇有效益。做工当然属于体力劳动,这不成问题,但办工厂还得有采购和销售这两头,属于流通领域,难免就有走资本主义道路之嫌了。再加上负责采购和销售的人,是富农家庭出身,这就牵涉到阶级路线的问题了。大队干部的理由是:这个人出身成分虽然不好,搞营销却很有路道,能帮队里赚钱,这种生活不是随便什么人都能做得好的。但在当时是阶级路线高于一切,这理由当然不能成立。好在大队干部还够不上走资本主义道路当权派的档次,只能算是犯阶级路线不清的错误,至于队办企业,也就早早收摊了。此外,将自留地上的产品上市销售,多养家畜家禽变卖等等,是否属于走资本主义道路的问题,都很讨论了一阵子。可见,社办企业,商品经济,在上海郊区早就出现了,只是在历次运动中被硬压下去罢了。

天气渐渐地热了起来,生活上随之遇到新的麻烦。奉贤地处僻野,农村多蛇,我们在冬天平整坟地时,就常常挖出一团一团纠结地一起的白花蛇,当时天冷,蛇类不大能活动,几铁搭下来,都被农民打死了,等到惊蛰之后,这些爬虫就出动了。有些同学在埋头整理材料时,蛇会游到他的身边来,有位女同学放下笔站起身来,一脚踩在蛇身上,吓得大叫。我自己有一次在农民的饭桌上整理材料,抬起头来想对窗远视,调节一下眼神,却看见一条花蛇从窗框上倒挂下来,正昂着头在对视我。我忙闪身躲开,想找把铁搭来打,它却很快游走,转眼间就游到宅边水浜里去了。

家里都有蛇,田野里的蛇就更多了。平时走在路上,走在水渠边,经常有蛇出没其间。有时与农民一起撑船到镇上去,水边的树梢上都会有蛇倒挂下来,很是可怕。好在有农民在一起,他们习惯了,也有办法对付。但晚上单独出来开会或串门时,就有点危险了。我们许多人都买了季德胜蛇药带在身边,以防万一。

蛇,还有药可防,而血吸虫就防不胜防了。

奉贤当时还是血吸虫害地区,而农民的生活习惯却又很不讲卫生。那里地处海边,地下水位很高,打井应是容易之事,但农村里水井却很少,即使有几口井,也不大去用,而一律用水浜里的水。他们每家都搭有一个水埠,洗菜、淘米、洗衣、刷马桶,都在这个埠头里,烧饭、洗碗的水也在这里打,一不留心,就会把水底的脏东西翻上来,其污染情况可想而知。而为了节省柴禾,他们经常食用的咸菜,并不烧熟,只在水浜里洗一下,切出来就生吃,更是令人疑心。但根据下乡三同(同吃,同住,同劳动)的原则,我们只能跟着吃,不能提出改进的意见,更不能另起炉灶,所以一直是硬着头皮坚持下来。开春之后,市里要在这里开展防治血吸虫病的工作,除了调动人力消灭钉螺之外,还动员各村各户打扫卫生,规定在每个自然村都要有水井,要求食用井水,与浜里的洗用水分开。既然是领导要求,我们就可积极贯彻了。但农民们长期形成的习惯,要改也难,总是嫌打井水麻烦。我们在时,还可督促一下,听说我们走后,很快就恢复原状了。

我们的大队离海边很近,我到金丝娘桥外调时,汽车是沿着海边开的,一路风景着实令人陶醉。但平时我们谁也不敢到海边去欣赏美景,生怕被批为小资情调,在当时,那正是需要改造和克服的东西。但临结束的前两天,我们实在经不住诱惑,几个师生还是相约到海边去玩了一次,开始是在海边散步,后来大家索性脱了鞋袜,赤脚走到海水里,放松地玩了半天,觉得颇为尽兴。看来这半年多的农村阶级斗争教育,并没有把我们原来的生活情调改掉,可见思想改造之难。好在马上就要开拔回校,领导上也来不及对我们进行批评帮助。回校之后,略事休事,许多人又奔赴新的地方进行第二期"四清"运动了

不称职的秘书

第二期大四清,我被派到宝山县罗店公社金星大队。因为有了第一期四清的经验,而且《二十三条》下达后,在政策上也有所调整,所以就不搞得那么神秘兮兮的了,与公社和生产队干部也不处于对立地位,我与一位学生还被安排到一个会计家吃饭。

由于林彪的大力提倡,早在"四清"时期,全国就已掀起了学习毛泽东思想的热潮。图为复旦学生在认真学习毛泽东著作。

不过这次我没有下生产队,而是留在大队部做秘书,与一位本系学生一起,负责整理材料、写汇报、写总结。金星大队是复旦党委副书记郑子文蹲点的地方,工作组长又是复旦校长办公室主任,他本人就是秘书出身,所以对材料工作要求特别高,有用的、没用的材料搞了一大堆,说是宁可备而不用,不能等到领导要时来不及准备。

我与那位同学搞了几个星期下来,觉得这些材料实在没有什么意思,并不能说明本大队的实际情况,我们所做的都是无用功,于是就向组长建议,写材料也要精兵简政。但组长很不以为然,仍旧坚持他的烦琐哲学。那时正在提倡学习毛主席著作,我们倒是学得很认真,而且联系实际,觉得他写的那些战争总结和作战方针,很是简洁明了,没有废话套话,非常实在。我们也学着他的方法写,把诸如"在毛主席党中央和上海市委的正确领导下、在《二十三条》精神的指引下"之类的套话,以及从《人民日报》社论上抄下来的那些泛论,一概弃之不用,只写几条实在的东西,倒是颇能说明本大队的实际情况。但组长看了,皱皱眉头,把它给否定掉了,他还是相信那种充满废话套话的程式化的总结报告。我们实在无法忍受,于是就抄摘了《毛选》第四卷《关于建立报告制度》中的一段语录,作为抗争的武器。这段语录说的是:

> 各中央局和分局,由书记负责(自己动手,不要秘书代劳),每两个月,向中央和中央主席作一次综合报告。报告内容包括该区军事、政治、土地改革、整党、经济、宣传和文化等各项活动的动态,活动中发生的问题和倾向,对于这些问题和倾向的解决方法。报告文字每次一千字左右为限,除特殊情况外,至多不要超过两千字。一次不能写完全部问题时,分两次写。或一次着重写几个问题,对其余问题则不着重写,只略带几笔;另一次,则着重写其余问题,而对上次着重写过的只略带几笔。综合报告内容要扼

要，文字要简练，要指出问题或争论之所在……

我极为欣赏这段语录所表达的几层意思：一是写报告要由书记自己动手，不要秘书代劳；二是报告中要写出本地区所存在的问题和倾向，并提出解决问题的方法，不要言不及义；三是写报告必须内容扼要，文字简练，而且还规定了字数，以千字为限，这就可以杜绝许多套话、空话。我们把这段语录放在工作组长办公桌的玻璃板下，希望能引起他的注意，哪怕有一场争论也好。但这个期待却落空了。虽然当时已把学习毛主席著作提到各项工作的首位，但领导人其实并不认真对待，只是把这种号召当作套话来讲，口头上是每会必讲学习毛主席著作，实际上做的是表面文章。他们所看重的还是顶头上司的要求，所遵循的则是官场上习惯性的工作程序。我们的组长修养极好，看了这张语录，只是对我们笑笑，表示知道了，既不接受意见，也不反驳，还是照老样子布置我们做些他认为要做，而其实是无用的文字工作，使你简直无可奈何。

不久，郑子文来抓阶段总结报告了。为此，我查阅了本大队所有下属生产队的材料，而且还到各生产队去实地调查，非常认真地写出一份报告。可是郑子文看后，却全盘加以否定，因为不合上面的精神。我说，我是经过调查研究，根据本大队的实际情况写的；他说，写总结报告要按照上面的精神来写，不能自己看到什么就写什么。于是，他按照他所理解的上级精神，口授了一个提纲，叫我重写。但等到我按照他的提纲，重新写成总结报告之后，却又被他否定掉。不过郑子文总还算是讲道理的，不像搞小四清时那位总支委员那样蛮横，自己不通知我编写材料的要求有所改变,却指责我为什么不按照改变了的要求去编写材料。郑子文则说:"照我上次所提的要求看,你这个总结报告是写得可以的。但现在情况不同了,西光同志(按:这是复旦干部对于杨西光的亲切称呼)在西渡蹲点的总结出来了,我们得按照西光同志总结的几个问题来写。"我说:"杨西光同志蹲点的西渡公社在奉贤,情况与我们罗店并不一样,我们怎么可以拿来套用呢?"郑子文很不耐烦地说:"西光同志是我们全市四清工作队的负责人,不照他的精神办怎么行!"随手将一张上海社教运动简报丢给我,上面登有西渡公社的总结报告。我自然只有照办。依样画葫芦其实是很简单的工作,但这样画出来的总结报告有什么用呢,从中能看到当地的实际情况吗?原来各地的情况汇报和总结报告,都是这样套用领导蹲点地方的经验写的,也就是说,是迎合上意写出来的,上级领导怎么能看到全面的实际的情况呢?

隐约之间,我仿佛觉得即使在新政权里,也有一套与指导理论颇有距离的实际操作法则,这就是过去之所谓"官场学"吧,它不是我辈书呆子所能理解的。

大概我这个秘书实在太不称职,领导上要求的东西写不好,却常常要自作主张,写些不合要求的东西,所以几个月之后,就免去我的秘书职务(正式名称似乎叫作材料员),把我下放到一个边远的生产队去。而我自己,则觉得与这种"官场学"实在有点格格不入,难以适应秘书工作,也乐得一走了之。

我所去的这个生产队叫做艾家宅,但居民大多不姓艾,大概也是经过历史变迁的结果。罗店地区是当初日本兵登陆后进攻之地,烧杀甚多,所以人口变动很大。我先是吃住在贫协主席老朱家,他家吃得倒不坏,只是住房紧张,我的床铺搭在厨房兼客厅里,显得十分拥挤,对我,对主人家都很不方便。不久,老朱对我说:"我看侬夜里喜欢看书,给侬找一个安静的地方住好不好?"我当然很高兴。他说:"倪宅上有个老太婆住到外村儿子家去了,要好几个月才回来,侬可以住到伊的屋里,也好帮伊照看房子。"这老太太住的倒很宽敞,两间房子分前后两进,前间是一个大客厅,但厅里放着一口空棺材,是她本人的寿材,后间是卧室,中央夹着一个小天井,卧室却没有门,冬天很冷,怪不得别人不肯去住,留给我住。我明知这是一口空棺材,心想,如果当初打造时改变一下形状,不就是一只大木箱吗?但每晚开会或家访之后回来,经过这口棺材旁边时,总有点吓丝丝的。那时,刚读过戈果理的小说集《狄康卡近乡夜话》,其中有一篇小说里描写一口棺材会绕着墙壁飞,我也觉得这口空棺材仿佛要在我面前飞起来了,很是怕人。不过进到卧室之后,立刻又感到独居的好处,在这里可以自由地阅读,读到半夜肚子饿了,还可以吃些点心,不怕被人看见,亦是一乐。第二期大四清比第一期的时间拖得还长,真是旷日持久,其实并无多少事情可做,正可以躲在这里读书。但读了几个月之后,又被调到其他地方去了。不知是领导上发现了我在艾家宅大读其书,还真的是工作上的需要,我也只好服从命令听指挥。

在生活上,罗店要比奉贤那边好得多了。下乡后,常听农民们说,上海附近有四大名镇,叫做:金罗店,银南翔,铜江湾,铁大场。罗店居四大名镇之首,商业发达,居民富庶,是金字招牌。我们的生活也方便得多了。这里农村用的是井水,镇上还有自来水,不会有严重的污染,河浜里也没有血吸虫,夏天可以下浜洗澡。我在艾家宅过冬时，贫协主席老朱就每星期到镇上澡堂里去洗一次澡，我也跟着照做，自然不能算是脱离群众，而在奉贤时，因为附近镇上没有澡堂，农民冬天都不洗澡，我们也只好等到每月一次休假时回复旦再洗。

不准买东西吃的规定虽然还有，但已执行得不是那么严格了，很多人都在违规，只要不是大吃大喝，农民也不以为有什么不对，只是学校的有些干部却还要盯着管。刚下来时，有一次我到镇上办事，天热难当，就买了一块一毛二分钱的小冰砖，躲在僻巷中吃，不巧恰好被路过的那位本系总支委员看见了，就在会议上提出批评，我一怒之下，每次上街就要买东西，而且偏要走在大街上吃，但别人看得习惯了，或者觉得此人已不可教，倒也不再批评。那时蒋孔阳先生也在金星大队，不大有人与他交往，很是寂寞，我们就常常在一起抽烟、聊天，有时还一起上街下馆子——当然也不敢叫酒叫菜，只是吃碗菜汤面或肉丝面，但觉得味道特别好。

山雨欲来风满楼

我们还在农村上阶级斗争这门主课时，阶级斗争的主战场却早已转移。

1965年11月10日《文汇报》上发表了姚文元的文章：《评新编历史剧〈海瑞罢官〉》，揭开了"无产阶级文化大革命"的序幕，形势随之大变。

当时我们还不知道这篇文章的背景，但听杨西光在一个座谈会上很得意地说，这篇文章发表时，他是通宵坐镇在《文汇报》编辑部，亲自看大样的，就知道此文的重要。那时，杨西光已是中共上海市委候补书记，主管文教卫生工作，他以一个文教书记之尊，去做报社夜班编辑之事，可见这篇文章来头着实不小。我很佩服杨西光政治敏感性之强，真是圣之时者也。此刻他知道应该为《评新编历史剧〈海瑞罢官〉》的发表通宵坐镇报馆，十多年后，他因上了"四人帮"的末班车，而经过中央党校的洗礼，复出做《光明日报》总编辑时，又能抓住机遇，及时签发《实践是检验真理的唯一标准》这篇文章，走在思想解放运动的前列，都是常人所不易做到的。

不久，上海就组织教授学者们讨论姚文元的文章。这些学者倒是很有正义感，他们死守住学术规范，对姚文元在文章中乱用史料的做法进行指责，特别是对他的影射史学更表示反感。谁知上面组织这场讨论，并非真是为了学术争鸣，而是预设计谋，撒下诱饵，意在引诱这些学者上钩，希图钓出大鱼。什么"在真理面前人人平等"之类的话，其实也只是说得好听而已，它可以用来保护自己想要保护的人，但并不准备普施于众生，因为当时还有另一条理论是：真理是有阶级性的，所以他们从来就没有想要与"资产阶级反动学术权威"们进行平等的讨论。周予同、周谷城、李平心等人不知就里，还真从学术的角度对姚文元文章提出批评，一下子就被钓钩挂住了。这些学者上钩之后，组织者兴高采烈，立即把他们的发言公诸报端，立此存照，以供批判。

其实，即使不是研究历史的人，对姚文元文中将海瑞的"退田"、"平冤狱"之举，与现实中的什么"单干风"、"翻案风"联系起来，也觉得非常牵强。但这类意见，也只有在信得过的朋友间私下里谈谈，而在公开场合，则再也没有人敢讲的了，算是做到了舆论一律。何况,对我们这些人的监视也更严了,所以需要十分小心。那时的心态,颇有点像鲁迅笔下的迫害狂患者,时时保持着高度的警觉——"不然,那赵家的狗,何以看我两眼呢?我怕得有理。"

这时,"四清"运动实际上已经停顿下来了,只是做一些例行公事的工作,我们也全副精力注意着形势的发展,而且学会了从字缝里看文章,从报刊文章的措辞中,猜测上层政治风云的变化。前几年看到北京大学王瑶教授的一位博士生所写的悼念王瑶教授的文章,说到王瑶在"文革"结束之后的七八十年代里,还经常花大量时间分析政治形势,表示对此颇不以为然,那是因为这些年轻人没有经过历次运动的磨难,不能理解从那个时代走过来的人的心态之故。

那时,我们有几个教师还能私下里在一起谈谈,常常议论形势的变化,比如,从点名批判田汉、夏衍的文章里,我们感到周扬快要被揪出来了;从姚文元《评"三家村"》文章的语气和《解放军报》《光明日报》同一日发表的高炬、何明的文章里,我们看到了吴晗和"三家村"背后的人物,看来,彭真要倒台了。虽然这些大人物离我们很远,但政治风云的变幻又与我们息息相关。我们不能不全力注意形势的发展,而形势的发展,又使我们感到茫然。今后学校怎么办?文艺界向何处去?文艺课程又怎么教?都直接牵连着我们的生活,不能不使人忧虑。

也就是在这段时期,有一本新的文学作品隆重推出,这就是金敬迈描写英雄人物的小说《欧阳海之歌》。主管文教的副总理陈毅元帅,还特地为此发表谈话,对此书备加推荐,把它奉为革命文学的新方向。我认真拜读了一遍,实在看不出好在何处,新在何处,问问其他教师的意见,他们也说看不出好处来。在回校的车子上,有一位青年教师还发牢骚说,以后下乡办学,倒也轻松,只要带两套书就好了,一是《毛选》,一是《欧阳海之歌》。金敬迈因写了这本书,一时飞黄腾达,"文革"初期做了中央"文革"小组文艺组的组长,但不久又被打成反革命分子,关入监狱,真是变幻莫测,命运弄人也。

而这时,在办学方向和办学方式上,也正在进行新的试验。复旦一向是得风气之先,走在时代前面的,还在早两年,就在理科树立了一个工人专家蔡祖泉为模范;到得1966年初,文科又在青浦搞了个下乡办学的试点。

蔡祖泉原是一家工厂制造玻璃器皿的技工,因帮周同庆教授制造电真空管,深受周同庆的赏识,周同庆从交大调到复旦时,就把他从工厂里调了过来。作为一个技工,蔡祖泉的确有较高的技术水平,而且也有钻研精神,但毕竟缺乏科学理论上的修养,在电光源的创造上,受到许多限制。把他树为理科教师的榜样,实在无法令人信服。但复旦党委大树特树蔡祖泉,提倡全校师生"向老蔡学习",掀起一个学习老蔡运动,其目的就是为了用他来打压那些"资产阶级知识分子",走出一条工人阶级自己的科研和办学道路。为了达到这个目的,就不得不来一点弄虚作假的东西了。比如,有一种水银汞灯,其材料和制造法都是物理系一位教师帮他从俄文资料里翻译过来的,但却被说成是老蔡的创造。好在那时知识产权的意识不强,而且中苏交恶,不相来往,苏联人也不知道我们的研究情况,否则,打起产权官司来,倒也是件麻烦事。但在我们这里,此类事件是不足为奇的,就像后来种种工人注释小组,实际上都是知识分子在后面操作、把关,却必得由工人挂牌一样。

在"文化革命"期间,我与老蔡有过一定接触,觉得这个人虽然很走红,待人接物倒还平和,他其实也是一个被政治所利用的角色,所以有一段时期搞得很被动。"文革"初期,他被党委推出来做校"文化革命"委员会主任,实际上是以他的工人身份来给党委做挡箭牌;党委靠边之后,又被造反派抬出来挂上一个什么头衔,随着运动的变化而翻来覆去。好在老蔡的人缘较好,别人也不愿为难他,又是工人阶级的模范人物,军宣队和工宣队也不好找他麻烦。而且,他毕竟有技术在身,改革开放之后,还能成立一个蔡氏电光源照明公司,仍旧搞得相当红火。

在阶级斗争年年讲、月月讲、天天讲的日子里,复旦党委提出了"向老蔡学习"的口号,将青年技工蔡祖泉树为全校的标兵,提为物理学教授,在全校掀起了学老蔡运动,意在向知识分子指明阶级方向。

在我们感到山雨欲来风满楼的时候，中文系未参加"四清"运动的一、二年级同学，已开赴青浦县，在农村建立教学基地了。

不久，我与别的几位教师也奉命从罗店提早回校，马上转到青浦去参加这个下乡办学的试点。

山湾办学

我们下乡办学的地方叫做山湾大队，属于朱家角公社。现在的朱家角，已经是旅游胜地。那高耸的石头拱桥，那古旧的青石板街，还有当年开风气之先的中西合璧的花园洋房，都吸引着许多游人，每当节假日，熙熙攘攘，热闹非凡。但在当时，却是一个寂寞的小镇。复旦之所以选在那附近办学，大概就因其偏僻之故。

1966年初的下乡办学，为的是要落实刘少奇关于两种教育制度的指示，打算于传统的常规学制之外，另外开创一条开门办学的路子，突出教学的实践性与应用性，强调教育的政治性与阶级性——这也就是1958年提出来的教育必须为无产阶级政治服务，教育必须与劳动生产相结合方针的落实。

大凡有此类新举措时，北京大学和复旦大学照例是试点单位。北大是历史系在京郊搞了个教学点，复旦则抽调中文系一、二年级学生在沪郊进行办学。后来又增加了南京大学一个农村教学点，也不知是高教部主动增设的，还是南大自己争取的，但学生们似乎并不情愿，到了"文化革命"开始时，学生们为了要求回校，就给匡亚明校长大贴其大字报，那是后话。

复旦中文系一、二年级同学是1966年春节之后下去的,此时,复旦党委派副书记郑子文来兼任中文系总支书记,直接督阵,又从机关总支调来干员孙保太担任中文系总支常务副书记,下乡坐镇,而且还从哲学系、国政系、外文系和本系抽调了好些教师下去,计有李继宗、余源培、陈玉清、郁明亮、章培恒、翁世荣、吴欢章等,具有相当实力。

我从罗店四清工作队中调过去时,已经是5月初了。我在下乡搞四清之前,曾经教过现在这班二年级学生的课——那时他们还是一年级新生,与我关系相当不错,但此次重见,却显得相当隔阂了。略住几天,我就悟到,这并非时间的暌隔使然,乃是形势变化之故。教师之中,仍有处于指导地位的,如政治指导员之类,而另一些,则处于被指导的地位,我自然是其中之一,而且还被列入另册,四周都是警惕的眼光,令人很不舒服。所以当时的心态是力求避祸,岂敢教人。

既然要开创办学新路,原来的教材当然是不适用的了,课程体系也要改变。基础课程大量压缩,教学方法也有所不同。比如写作课,写作的基础知识自然不宜于多讲,写作教师就带着学生到农家采访,准备编写社史、村史、家史,写的文章也要请农民一起来评阅,将农民请到课堂上来;文艺理论课也不讲文学的基础理论和基本常识了,而是根据上面布置下来的"战斗任务",写"战斗文章",如批判"中间人物论"和"现实主义深化论"之类;现代文学课则批判电影《林家铺子》、《不夜城》、《舞台姐妹》、《早春二月》等;连外语教学也不能用原来的教材,而要强调政治性、应用性。

听说在我调去之前，他们还上过一些课，虽然不多；但自我去后，除了政治课之外，就不见他们再上别的课了。一则农忙时节已到，劳动时间加多，同时又开始建造校舍了，也得自己动手；再则，当时正处于批判高潮之中，"战斗任务"也日见其多，劳动之外，大家就忙着按上面布置下来的批判专题，来写一些鼓噪式的小文章，或为上面拟订的批判计划，准备一些资料。有时"战斗任务"还要保密，弄得神秘兮兮的。但因为大家都住在农民家里，农家的习惯，大白天是不作兴关门的，决没有朱永嘉为姚文元准备批判《海瑞罢官》资料的那种保密条件，所以他们在搞些什么，一望便知。记得有一次，看见有几位同学忽然看起朱东润先生的《张居正大传》来了，这自然是为了批判朱老作准备。果然，"文革"初期复旦党委抛出来批判的十大"反动学术权威"中，就有朱东润先生在内，而撰写《张居正大传》，即是他的罪状之一。

这种学习方式，对于提高学生的文化水平来说，自然会造成很大的缺陷，但那时领导上认为，文化知识是次要的，主要是应提高学生的战斗能力，说这样做是培养战士的方法。而且说，培养战士还是培养院士，应提高到两种教育路线斗争的高度来看，这就使人无话可说了。

但即使要培养文化战士，在农村里也极其不便。信息闭塞，尚在其次，因为所有的战斗任务都是上面布置下来的，用不到自己去寻找和发现；而资料的欠缺，却使巧妇难为无米之炊。不过领导上却有自己的说法：资料愈少，束缚也愈少，可以在生产劳动中找立场，应该向贫下中农寻观点。这类政治性很强的话语，还要教师出来附和，实在是很使人为难，虽然学生心里未必信服,却也不敢公然反对。同时,四周的环境不利于学习,也是眼前的事实。当时大家都还住在农民的客厅里,白天农民下地干活,家里虽然比较安静,但学生也不能老是上课看书,总得安排相当的时间来劳动,晚上是休息时间,农民们热情好客,常抱着孩子来串门,如果不理不睬,只顾自己学习,则不但有脱离群众之嫌,而且也很得罪人。但没有相当的时间,是完不成战斗任务的,这很使学生们苦恼。我因为去得迟,住房条件就更差了,被安顿在村边的一间仓库里,隔壁是屠宰房,每天凌晨都要在这里杀一两口猪,那种凄厉的尖叫声实在刺耳,每次都将我从睡梦中惊醒。好在我那时睡眠状况极佳,在被猪的尖叫声吵醒之后不久,当四周复归于宁静时,仍能迅速入睡,还不至于影响白天的工作。大概同学们因这种苦恼而反映得太多了,领导上就安慰他们说,等我们自己的房子造好之后,就可以隔开一些了。可见他们自己也在无形中承认:在生活上与农民太打成一片了,是不利于学习的。

的确,我到山湾时,中文系就已经开始在离村不远处动工造房子了。当时系里没有安排我的教学任务,领导上大概想多用劳动来改造我这个"走白专道路"的知识分子,所以我的大部分时间都在建筑工地上渡过。那时正在提倡工业学大庆,农业学大寨,大庆的房子因陋就简,是干打垒式的,我们领导上说,下乡办学,物质条件不宜太好,要学习大庆精神,所以也准备用干打垒的方式来造房。所谓干打垒者,即造房不用烧砖,全用干土打垒而成。这种方式在北方还可以行得通,因为那边雨水稀少,而且土质坚硬,打得结实一些,自然可以支持很久。但是江南多雨,土质松软,要靠干打垒来造房,怕是支持不了多久。这一点,中文系领导和基建处的工程师自然心里明白,但学不学大庆,是个原则问题,方向问题,这就令人十分为难了。好在孙保太极其聪明,他脑子一动,终于想出了一个折中方案,即用砖头和干打垒相间而成,向上汇报时可以说是学习了大庆经验,用的是干打垒方法,实际上则在紧要处嵌了砖头,又不至于很快倒塌。也真难为他想出这条妙计。记得当年有些地方上的领导人,为了积极响应农业学大寨的号召,在没有现实必要性的地方,硬要到处开荒,到处垒梯田,其智商与保太同志就差得远甚了。

但是,房子还未及封顶,"无产阶级文化大革命"就开始了。6月1日,《人民日报》发表社论:《横扫一切牛鬼蛇神》;2日,又发表了北京大学聂元梓等人的大字报,并配发评论文章:《欢呼一张革命大字报》,气氛一下子就异常紧张起来。开始,孙保太还算沉得住气,一面鼓动学生贴教师的大字报,一面还高姿态地表示,欢迎对系总支和他本人提意见。但当6月20日学生贴出了《向党委开火》的大字报,他就有点慌了手脚。开始还想利用手中的权力,来控制局面,压住学生,后来很快就处于被动状态。

同学们还利用大字报的形式,纷纷要求回校参加"无产阶级文化大革命"运动,并把这种要求说得非常重要。校系领导试图劝说同学留在农村闹革命,当然不能为同学所接受,到得6月下旬,实在顶不住了,只好全部撤回学校参加运动。可见学生们对于这种下乡办学的方式,其实也并不热情,而且心有抵触,只是迫于形势,不敢公然反对罢了。现在是有了更大的政治题目,可以借此来进行反拨,别人这才无话可说,而他们自己也就掌握住了政治上的主动权。这是一种极其巧妙的借助于政治形势来达到自己目的的做法，虽然当事人也未必有非常清晰的谋略意识，但此种做法其实倒是我们生活中的一种常情。明乎此，才不至于看事过于懵懂。

那批尚未完工的房子，起先还留人看守着，准备运动结束之后回来续建。后来运动的发展大大出乎人们的意料之外，愈来愈猛烈，而且愈拖愈长久，复旦和中文系的领导知道不可能再回去办学了，就把这些房子送给当地公社。听说朱家角公社曾在此办过一家社办工厂，后来就不知派何用场了。

我每到朱家角游览时，总想要到山湾去看看这些房子，这里毕竟流过我们的汗水，消磨过我们的岁月，但因为都是集体行动，终于未能如愿。

诸神渴了

这个标题，取自法郎士一部描写法国大革命的小说。

在"文化大革命"初期的混乱日子里，我的一位老师悄悄对我说："你不妨去读读法郎士的小说《诸神渴了》，这本书里所描写的情形跟现在像极了。"我读后似有所悟，曾在大字报里借用这个题目，发过一些议论，很引起一些人的不满。二十多年以后，有一位历史学博士生在他的学位论文中将这两次"大革命"联系在一起进行分析，还是引起不小麻烦。其实，这种比较研究是有益的，它有助于人们从历史的高度来观察现实运动。不过，我不想在这里搞比较史学，也无意于讨论这两次"大革命"的阶级属性问题，只因为当初曾经有过这份感受，所以如今仍借这书名来用作本文的标题。

现在看一些回顾那段时期历史状况的作品，大都是义愤填膺的文字，而且多的是脸谱化、程式化的描写，有些人物成为罪恶的符号，而另一些人物则成为正义的化身。这大概就是欧阳修所谓"人情成是而败非"的观念作怪罢。但历史并不如此单纯,实际情况远较此类描述更为错综复杂。过来人刻意跟着某种调子转,改变历史真实的叙述,是一种奴性的迎合;后来者因无知而随声附和,是一种盲目的跟从。而在这里面又透露出某种玄机。文艺家们常常引用恩格斯"愤怒出诗人"的话语,但却总是删略掉后面的一些文字,其中就有这样的句子:"它所能证明的东西是多么的少"。原来恩格斯在恭维诗人的愤怒时,却带有几分讽刺的意味。

作家固然需要愤怒的感情,但这种愤怒应该建筑在对现实关系的准确认识上,如果对现实关系的认识是歪曲的,那么这种愤怒就会成为掩盖某种邪恶的伪装。

按照历史的真实情况来叙述历史,是撰写纪实文字者的责任,也是一切执笔为文者的责任。

追穷寇与揭党委

我们下乡办学的师生从山湾回到复旦时,"无产阶级文化大革命"的烈火已经在复旦园里燃烧起来了。

参加"四清"运动的、下乡劳动的和外出实习的,各路人马都已先我们而回校,正常的教学秩序无法维持了,每天三节时间都是学习讨论和写大字报。不但教学楼、办公楼和学生宿舍的走廊上都贴满了大字报,而且在几条主干道旁边,还新建了许多大字报栏,晚上灯火通明。

不过略一浏览,就能看出,这些大字报大都是有组织的,目标集中在几个"资产阶级反动学术权威"身上,火力非常集中,有些还以墙报形式出现,编排抄写都相当整齐。当然也有群众自发张贴的,但还处于弱势。

这时,虽然已有把矛头指向复旦党委和各系党总支的人,而且人数与日俱增,但尚未形成一个"派",党委也只称他们为"活跃分子",复旦的运动,还控制在党委的手里。不过明显觉得有两种力量,将运动朝着两个方向推动:党委是要揭批资产阶级知识分子,特别是一些有代表性的"反动学术权威";而那些"活跃分子",却要揭发党委和总支。在相当长的一段时期内,就是这两种力量在交锋,而且是此消彼长的过程。大约到得7月份,各系的"活跃分子"经过串连,才形成一个明显的"派",虽然势力愈来愈大,但还不敢以"造反派"自居。直到8月份毛泽东公开支持红卫兵,"造反有理"的语录传到上海之后,他们才理直气壮地自称为"造反派"。

党委立意要批"资产阶级知识分子",自有其深层原因:

一是出于"反右"经验。当事者积历次运动的经验,深知凡是在学校搞政治运动者,矛头总是针对知识分子的,至于这些知识分子到底是姓资还是姓无,则以其对共产党,特别是对基层党组织的态度而定。1957年的反右运动,更是给人以永远抹不掉的记忆。所以这次运动一开始,他们就搬出"反右"的经验,先是让人鸣放,接着准备秋后算账。何况前党委书记、现在仍控制着复旦的市委候补书记杨西光,原是一位"反右"英雄。他之搬出描写"反右斗争"的话剧《大学风云》进行宣传,并非无因。复旦大放其"反右"电影:《大风浪中的小故事》,意图也十分明显。

二是为了转移目标。因为这次运动毕竟与以前历次运动不大一样,一上来,《人民日报》就支持聂元梓等人揭发北京大学党委的大字报,而且中共中央一再强调:这次运动的重点是整党内那些走资本主义道路的当权派,这使得党委书记们不能不感到很大的威胁。虽然他们常常以"反右"经验来吓唬老百姓,但自己心里,究竟有些恐慌。群众的愤火既已点燃起来,则必有被烧毁者,把目标转移到资产阶级知识分子及其"学术权威"身上,是一种自我保护的办法。

三是有上级的做法可循。平心而论,抛出"反动学术权威"来引开火力,并非复旦党委的创举,上海市委在运动初期,就抛出了十个"反动学术权威"来批判,计有复旦大学二周(周谷城、周予同)、华东师大的李平心、上海音乐学院的贺绿汀、上海京剧院的周信芳、电影局的瞿白音、作家协会的王西彦、中华书局上海编辑所的李俊民等。我不能确说当时是否有统一部署,但至少,有了上级树立的样板,复旦党委依样照办是必然的,于是也跟着抛出了十个"反动学术权威",一律加上"反共"的罪名,发动全校师生进行批判。二周当然是首当其冲,此外还有:中文系的朱东润、经济系的吴斐丹、外文系的戚叔含、化学系的严志弦、生物系的焦启源、谈家桢、物理系的殷鹏程、物理二系的卢鹤绂。

何以各级"反动学术权威"刚好都是十名之数呢?大概还是鲁迅所说的中国人的十景病作怪:"点心有十样锦,菜有十碗,音乐有十番,阎罗有十殿,药有十全大补,猜拳有全福手福手全,连人的劣迹或罪状,宣布起来也大抵是十条,仿佛犯了九条的时候总不肯歇手。"所以"反动学术权威"也要凑足十名之数。

虽然重点人物是这十人,但受批判、遭火烧的却远不止此数。在复旦，许多教师都受到冲击。就中文系而言，几乎所有老教师都被打入牛棚，对他们进行劳动改造。王欣夫先生是老肺病，一个肺叶已经萎缩，胡文淑先生则有高血压和心脏病，也都要参加劳动，他们一面喘着气，一面做清洁工作，没有多久就病倒了，而且都过早地离开人世。胡裕树先生一向紧跟党组织，勤勤恳恳地做着系行政工作，本是个听话的好干部，但不幸他又是一位语法学家，不能忘情于业务，时时因行政工作与学术研究的矛盾而表露出烦恼，所以也要用运动的烈火来烧一烧。胡裕树的罪状主要有两条：一是与华东师大林祥楣、上海师院张斌两位同行专家经常合作写文章，而且拿了稿费还要下馆子，这叫做组织"三家村"——那时，姚文元刚发表过批判吴晗、邓拓、廖沫沙"三家村"的文章，所以"三家村"就成为反革命组织的同义语；二是从他语法讲义中找出几条毫不搭界的例句，拼接出反动的内容来，说他是反党反社会主义——这种锻炼周纳法，实在是前所未闻，可怕之极，其实倒是反映了拼接者自己的阴暗心理，只是当时无人敢于指出罢了。

  等而下之，连我辈青年教师，也有不少人被贴了许多大字报，鄙人自然不能幸免。我的罪名不但有资产阶级名利思想、修正主义文艺观点，而且还有对抗领导、反党立场等等，有一张大字报还断定我脑后有反骨——不知他所据的是哪一家《麻衣相术》，甚至连吃过几次小馆子，也上了大字报，说是拿了稿费带着老婆在五角场大吃大喝，过着腐化生活——其实，当时五角场根本没有高档商店，我们也吃不起高级馆子，有时周末去改善一下伙食，每次所花只不过三块钱左右，而且已是三年困难时期之后的物价了。

这种"横扫一切"的做法,当然不止于中文系,全校各系都有。比如,物理系就抛出了二贾一潘:贾玉润、贾起民和潘笃武,也都是青年教师。因为他们与我同在荇溪乡下放劳动过,我还特地溜进物理楼去看过揭发他们的大字报,真是贴得满天世界,罪名大得吓人。生物系的青年教师苏德明,因为以前在红专辩论中发表过一些强调专业知识重要性的意见,当时就受到过指责,后来已加甄别,这次又搬了出来,重新加以批判,也是大字报满天飞。

　　党委除了布置各系贴这些人的大字报之外,还组织了一个写作班子,由党委代理书记王零的秘书挂帅,出版一种名叫《红缨枪》的墙报,对全校进行舆论导向。《红缨枪》一上阵,就抛出了十篇连续性评论文章,副标题都叫做《论追穷寇》。穷寇者谁?"学者""权威"是也。在《一论追穷寇》的开头,就将这个目标锁定了:"这场文化大革命的性质、意义是什么?方针政策怎样?运用什么武器横扫牛鬼蛇神:打得准、打得狠、批得深、批得透?怎样使我们的笔杆子在党的指挥下打好这一仗?怎样对待急风暴雨式的群众运动?所有这些都是我们追资产阶级'学者''权威'这些穷寇时所亟待回答的问题。"在《二论追穷寇》里,则点出周予同的名:"我校广大革命师生响应毛主席的号召,高举毛泽东思想伟大红旗,把一个长期以来披着'经学大师'外衣,窃取'教授'、'专家'、'副所长'等称号的反共专家周予同揪出来。这是一个重大的胜利。"《三论追穷寇》的正标题是《逮出来》,就是号召"广大革命青年打破对'权威学者'的迷信观点,踏碎'师道尊严'的牌位,奋起战斗",逮出更多的教师来。而《六论追穷寇》则是:《赞革命的小老虎

"文革"初期被抛出来批判的学者专家,各系都有,但被人挥舞着红缨枪穷追猛打的,则是此四人:周予同(左上,历史系教授)、周谷城(右上,历史系教授)、朱东润(左下,中文系教授)、吴斐丹(右下,经济系教授)。此四人,可称为20世纪60年代复旦的"四大寇"。

精神》,那是赞扬贴朱东润、吴斐丹大字报的学生和青年教师的。如此等等,导向十分明显。

但正因为导向太明显了,《红缨枪》本身却被那些"活跃分子"逮住不放,成为他们揭发党委的一个突破口。6月20日,经济系六名学生在大字报中提出:"《红缨枪》把我们引向歧途",数学系一位学生的大字报标题是:《"十论追穷寇"用意何在》;6月25日,中文系四年级十位同学在揭发党委宣传部长徐震的大字报中,也谴责了《红缨枪》的宣传导向问题;7月6日,新闻系一年级一个战斗小组贴出长篇大字报:《评〈红缨枪〉的十论"追穷寇"》,每一节都有非常尖锐的小标题:"《红缨枪》握在徐震手里"、"《红缨枪》竭力回避主要矛盾"、"《红缨枪》要把我校文化革命引向邪路"、"'揭'字当头,还是'批'字当头?"、"《红缨枪》制造了种种清规戒律"、"《红缨枪》为谁效劳?"。当然也有为《红缨枪》叫好的,如电光源实验室蔡祖泉等人就写了一张大字报:《〈红缨枪〉好得很! 追穷寇好得很!》这显然是别人要借重蔡祖泉的大名来保《红缨枪》,但那些"活跃分子"并不买他的账,于是围绕《红缨枪》问题,展开了一轮又一轮的争论。

复旦那些"活跃分子",对于批权威学者似乎并无多大的兴趣,他们死咬住总支、党委不放。这也是有原因的。一则,他们认准这次运动的重点是整党内那些走资本主义道路的当权派,所以认为大批权威学者是转移斗争的大方向;二则,开始把矛头对准党委、总支的,大都是一些年轻人,他们没有经历过"反右"运动,不知道秋后算账的厉害,或者虽然经历过"反右"运动,却实在被压得忍无可忍了,也就站出来揭发问题。

但"反右"的阴影,却始终笼罩着知识分子。在中国这个特殊的环境里,他们也不可能毫无顾忌。当形势最严峻时,最早提出"把矛头转过来,指向党内的牛鬼蛇神"的一名学生,在复旦南京路上贴出了认罪书;哲学系揭发党总支书记的教师也写大字报表示"低头认罪"。这也可见当时压力之大,形势之反复。而王零则以胜利者的口吻,对这位认罪的学生说:"写错一张大字报也没有关系",又对另一位学生说:"青年人犯点错误也没有关系。"这当然只是一种姿态,他们在内部讲的话就不同了。杨西光指示道:"对学生中的问题,要记一笔账。"党委副书记葛林槐对保卫科干部说:"这次运动是你们的黄金时代。"王零自己也到处宣扬:"这次右派可能比1957年还要多。"这才是他们的心里话。而对于"低头认罪"的教师,则即使是未可当真的宽慰话,也是不肯说一句的,此谓之区别对待也。

但复旦毕竟不是独立王国,潮涨潮落必然为全国局势所左右。由于整个运动的发展趋向,复旦的形势也渐渐在起变化。揭发总支和党委的人愈来愈多了,总支和党委也愈来愈趋于被动。"追穷寇"的做法受到了质疑,拿"反动学术权威"和非权威的知识分子来做挡箭牌,已挡不住造反派的凌厉攻势,于是复旦党委开始了丢车保帅行动。

首先被抛出来的党内领导人物,是前党委副书记兼副校长陈传纲。陈传纲是外来户,与杨西光王零系统没有关系,而且早两年就被排挤出复旦,抛他出来不至于牵连他人,坏了全局;而他原来在复旦党委中的排名,仅居杨西光之下,却在王零之上,够得上算作党内的当权派。陈传纲是个才子气十足的人,当年做起报告来,旁征博引,谈笑风生,虽然很受同学欢迎,但也容易被抓住辫子;而且,他在延安时期就曾经挨过整,案子很大,一直没有平反,因此也就有了历史问题。这样,他就成为被抛出来的最佳人选。

关于陈传纲在延安挨整的情况,当年做过毛泽东俄语翻译的师哲,在他的回忆录《我的一生》中有所记述:

> 类似王实味这种认识的还有别人。就在毛泽东整顿三风的报告之后,中央政治研究室的成全给毛泽东写了一封信,成全(原名陈传纲)是研究经济问题的。他在信中提出了除整顿三风之外,还应该整顿"人风"。他所谓"人风",无非也是"衣分三色,食分五等","有人骑马,有人走路"等等"不平等制度"。此外还对陈伯达提了一大堆批评意见。此信我看过。
>
> 成全和王里(原名王汝琪,在中央妇委从事妇女运动的研究)是夫妇,过去认识王实味,到延安后仍有接触。另有潘芳、宗铮夫妇二人同王实味是邻居,来往较多,康生把他们五人定为"托派"关系。
>
> 康生又在枣园组织批斗于炳然,再把于炳然同成全、王里、潘芳、宗铮连在一起,当然也就同王实味连在一起了。从1942年的8月到10月,开了七十二天的批斗大会,把他们打成"反党集团"。康生的雪球就是这样滚起来的。

据说,后来毛泽东曾在陈传纲的申诉信上批示:"'五人反党集团'并无具体证据,似应予以平反。"但这类平反的指示,落实起来照例是非常困难的,即使是毛泽东所批。陈传纲的案子,在他生前一直没有翻过来。有着这样一个政治包袱的人,要整起他来,当然是很便当的。于是在统一部署之下,大小干部一齐出动贴大字报,两天之内就将他打成了反革命修正主义分子。

那时,陈传纲已经调到市高教局去做局长了。复旦方面通知他来看大字报,他不知是计,贸然前来,一下车就被围斗,吃了个下马威,从此被拉下马来。陈传纲自然心里明白,知道是谁在后面搞的鬼,但杨西光目前不但控制着上海整个文教界,而且还担任上海市"文化革命"小组副组长,组长张春桥进了中央"文化革命"小组,常驻北京,他就代行组长之责,正是权势熏天的时候。而且"文化革命"来势汹汹,不知何处是尽头。陈传纲虽然经过延安整风运动的锤炼,但在"史无前例"的日子里,终于绝望了,没有等到杨西光落马,便服药自杀。到得"文化革命"结束之后,陈传纲的冤案平反昭雪,补开了追悼会,其时杨西光已经复出,为了礼仪上的缘故,也为了文饰的需要,派人送去一只花圈,却被陈传纲夫人王汝琪当场扔了出来。王汝琪本人也有相当的阅历,看事分明,她不受某种舆论导向的影响,不想把"文化革命"中的种种罪恶一概归入某种特定的符号,也不怕得罪权贵,实话实说,实事实干,很使有些人下不来台。

陈传纲被抛出来之后,复旦党委就忙着做封口工作。党委副书记郑子文宣称,杨西光、王零与陈传纲一直有斗争的,而且将1963年思想工作会议上对陈传纲的整肃,也透露出来。但这样一来,更让局外人看清陈传纲与杨西光王零系统的矛盾。当揭发陈传纲的大字报出现时,就有学生提出质问,指责党委抛出陈传纲是为了转移目标。他们最感兴趣的是实际掌权的人物,所以还继续在寻找突破口。

这个突破口被中文系四年级的学生找到了,就是原中文系总支书记、现任复旦党委宣传部部长徐震。

徐震是学生地下党员出身,很有些才气。不但写得一手好杂文,而且口才出众。我们入学时,他是复旦团委书记,做报告很受欢迎。到得 1956 年,调任新闻系总支书记,适值系主任王中锐意进行新闻学改革,要建立新的新闻理论体系,王中在党内的地位比徐震高,徐震就在总支工作计划中订出,要保证王中新闻学改革的顺利进行,到得王中被点名批判时,他赶紧起来揭发,而且在整个"反右"运动中,都表现得非常积极,但终于还是留下一条辫子。1957 年底下放干部时,徐震是复旦的领队,既可以说是上面对他的信任,但也含有要他下乡锻炼之意。

徐震本身是知识分子,又在党内做着领导工作,所以也时时处于矛盾之中。当领导上重视基础教育时,他曾经提出过"两典一笔"的切实要求,当形势转向反修防修之时,他又声称要把一切个人写作的渠道堵死。他并非不重视写作之才,但总想把他们都纳入自己设定的轨道。这样的人,其实是两头不讨好:教师觉得他是领导,是来管我们的,需要防范;而领导却认为他还有许多知识分子的习性,需要不断敲打、改造。听老学长们说,上世纪五六十年代复旦党内有几根"笔杆子",他们虽然都已经独当一面,但仍要兼做党委的秘书工作,为党委起草总结、报告、计划、方案之类,有一位最能领会领导意图,党委书记还没有说出来的话，他都能体察到，写出来的东西，深得领导赞赏，而徐震却常常要表现出自己的见解，因而所写的东西就很难通过。这种"自己的见解"，原是知识分子最可宝贵的东西，但在那个年代里，却正是毛病之所在。

徐震是"反右"运动的过来人，自然知道紧跟党委的重要。所以在"文化革命"运动初期，为贯彻党委的意图而冲到第一线去，一面领导《红缨枪》去"追穷寇"，一面到处扑灭烧向党委的火苗。然而这样一来，却又把自己暴露在火力点上。"活跃分子"们觉得他是揭党委的一个障碍，非搬开不可，而且又有辫子可抓，就把他作为揭党委的突破口。党委开始也曾保过一下，但觉得他这个人漏洞多，暴露得也多，现在既已成为"活跃分子"的攻击目标，要保也难，于是当中四十二人小组写到第八篇揭徐震的大字报时，党委就决定不保了。反正他又不是党委的核心人物，抛出来也无关大局，或者还能缓解一下对党委的攻势，于是徐震的悲剧命运就此注定。那时，兼任中文系总支书记的党委副书记郑子文，就对中四十二人小组成员表示，支持他们揭徐震——这是该小组成员当时就曾对我说过的，而到得7月7日的党委扩大会议上，王零就公开宣布："徐震当面是人，背后是鬼！"当然他不忘声明一句：党委对徐震问题是"早有觉察"的，只是决心下得晚了。于是，9、10两日，揭发徐震的大字报猛增，单是10号这一天，就多达一百零四张，许多死保徐震的中下层政工干部，也纷纷站出来起劲地揭发，徐震一下子从党委宣传部部长就变成了牛鬼蛇神。

徐震也早知道自己的处境不妙，所以当形势危急时，他不无忧虑地说："任何一个人的材料，都是经不起集中的。"他最担心的是他的那些杂文,怕被别人抓住辫子,所以他还特地请一位信得过的朋友看看,有没有什么问题。的确,杂文因为专司社会批评和文化批评之责,往往容易惹事,1957年的"右派"分子,很多人的罪状就是从杂文中抓出来的,所以徐震的担心不是没有道理的。但最初揭发徐震的大字报,却根本没提杂文之事,而是指责他在运动中到处灭火,指挥《红缨枪》转移斗争大方向,还有他在中文系与"资产阶级学者权威"的关系。至于从杂文中罗织出罪状,甚至把他从古诗中"公无度河,公竟度河"的句子中衍化出来的笔名"公今度",说成是"攻击今天社会主义制度",则是在党委抛出来之后,墙倒众人推的时候了。大凡到了这种时候,有些人为了表示积极,有些人为了自救,总是要在鸡蛋里挑出一些骨头来的。即使徐震不写杂文,也仍旧要被打倒。

我曾经问过最早站出来揭发徐震的中文系四年级十二人小组成员:"你们怎么会想到要揭发徐震?"她告诉我:最初动议揭徐震的,恰恰是当初徐震在中文系重点培养的同学,运动开始时,徐震来动员大家揭发朱东润,历数朱东润的"反动言论",那位同学说,这些话徐震自己当初都曾经讲过,既然在朱东润是反动言论,那么,徐震讲过的也应该揭出来。当然,下决心揭,还是因为徐震保党委保得太厉害之故。这个十二人小组,后来取名为"过河卒",成为造反派中有名的战斗组。

当然,当时被揭的还不止徐震一人,各系学生都有人在向总支开火,并且把矛头指向党委;党委也陆续抛出替罪羊。与徐震差不多时候被抛出来的,还有副校长苏步青、哲学系系主任胡曲园和总支书记刘振丰。

"斗鬼风"席卷复旦园

但丢车保帅的措施并不奏效,因为造反派真正的攻击目标并不在车,而在乎帅。徐震只不过是宣传部长,不是党委的主要角色,他之所以首先被攻,是由于他挥舞着一枝红缨枪,挡住了造反派进攻党委的道路;苏步青是党委委员、副校长,虽说也可以算作校一级的领导人物,但是大家心里都明白,他只不过是"党内民主人士",在党委里更没有什么地位,当时实行的并非校长负责制,而是党委领导一切,也就是一切都由党委书记说了算,所以造反派的进攻目标,是前党委书记杨西光和现党委代理书记王零。

党委抛出徐震等人,不但没有止住造反派的攻势,反而让他们尝到了胜利的喜悦,激起了更大的战斗欲望。造反派的队伍,也迅速扩大了。

缺口既已打开,必然要向纵深发展。

7月12日,新的一轮《红缨枪》辩论开始了。而且把《红缨枪》与徐震问题联系在一起,提出:"徐震问题必须挖根!""《红缨枪》讨论必须挖根!"并提出质问:"谁为徐震保驾?"矛头直指王零。参加讨论的人数也愈来愈多,有些教工也参加进来了。

7月16日,新闻系二年级十一位同学贴出的长篇大字报:《四十个为什么——关于我校文化大革命的一些疑问》,矛头直指党委,而且点了王零的名,揭出他捂盖子的一些事实。这些同学,后来成为另一个有名的造反派组织:"杀阎王"小组。

7月24日,外文系三年级六人小组贴出《就外文系存在的严重问题一问党委》。

7月31日,"孙悟空"小组贴出《我校文化大革命处在十字路口》的大字报,指出某些校系领导批周予同、批陈传纲、批高教六十条,而不联系本校实际,是一个大阴谋,是错误的方向。

8月1日,外文系三年级六人小组提出"一切权力归文化革命委员会"的口号。这显然是模仿列宁"一切权力归苏维埃"的口号,但夺权的意图是十分明显的。

8月5日,"孙悟空"小组贴出《复旦党委在运动中犯了严重右倾错误,王零同志犯了严重右倾错误》的大字报,认为复旦党委是"文化革命"运动的阻力,必须坚决搬掉这块绊脚石。

这段时期,《红缨枪》出了一期《毛主席语录》,用"片面性是思想上的绝对化"、"不要否定一切"和要认清"主流和非主流"等语录来影射《四十个为什么》等作者违背了毛主席的教导,但已显得只有招架之功而无还手之力了。而此时,内部又下达了"不整学生"的指示,使得原来准备对这些"活跃分子"进行秋后算账的计划,也落空了,因而党委显得相当被动。

当然,复旦党委并不甘心处于这种被动状态,必须设法扭转局面。

于是,复旦园里突然括起了"斗鬼风"。

"斗鬼风"是从8月5日傍晚批斗经济系老教授萧纯锦开始的。接着,在8月6日、7日两天之内,接连批斗了三十多名被抛出来的"牛鬼蛇神",红色恐怖席卷整个校园。

这个行动显然是有计划、有准备的。事先,在生物楼与学生宿舍之间的体育场上搭起高高的批斗台,然后各系拉出本系的"牛鬼"上台批斗。

中文系的批斗对象是朱东润和徐震。

不知是台上的节目太满，安排不过来，还是别的什么原因，朱东润倒没有拉到台上去，就在离批斗台不远处，在学生宿舍前面的大路上批斗了起来。朱东润一向认为，一个人不能有傲气，但必须有傲骨，他是说到做到，在红色恐怖面前，果然铁骨铮铮，不肯屈服。他根本不承认自己是"反共老手"，昂首挺胸，死不肯低头。有人把他的头压下去，他又昂起来，有人要他下跪，他就是不跪，表现出临难不惧的士人气节。当时在场的中文系办公室主任想缓解一下，提出要注意政策，不要武斗，结果被一群学生指摘为保护"反动学术权威"，将他轰走。

徐震则奉行"识时务者为俊杰"的古训，低头认罪，逆来顺受，只是绝口不提党委的问题，因为他知道，自己的命运还掌握在他们手里。但是，批斗者既是存心要制造恐怖气氛，要表现自己的革命积极性，即使徐震低头认罪，还是吃了很多苦头。戴高帽子、坐喷气式飞机之外，他的白汗衫上还被涂满红黑两种墨水，涂之不足，有人手提墨水桶，兜头浇了下来，弄得他满脸满身都是，惨不忍睹。使我大为惊讶的是，主持批斗徐震，用红黑墨水浇得他满身满脸的，竟是徐震当年做中文系总支书记时一手培养的班干部，现在她们却对过去的顶头上司下此辣手。倒是揭徐震小组的同学，明确提出反对这种做法，这个小组中有一位平时很腼腆的女生，这时却勇敢地跳上台去，试图制止这种野蛮行为，指责他们这样做违反政策，而且是转移斗争大方向。当然，这种制止是无效的，主持者害怕造反派来冲击会场，也怕他们乘机追问《红缨枪》之事，就在盛暑的烈日下,拖着徐震去游街了。

但中文系还不算是最残酷的。数学系的苏步青在被批斗之后,还带着纸做的牛头帽子游街,当然也是满身红黑墨水;生物系在批斗谈家桢之后,用绳子捆着他在地上拖了很长的一段路,拖得他死去活来;而七十多岁的化学系教授赵丹若,头天晚上被罚在天平室读了一个晚上的《毛选》,本来就疲惫不堪,第二天又被拉出去批斗,斗完之后,还要游街,残酷的学生用草绳捆住他从台上直接往下拉,不幸当场就跌死了。

在一张"乘风破浪"小组为复旦党委评功摆好的大字报上,还以肯定的口气描绘过"斗鬼风"场面的一角:"8月6日(吴

1966年8月5日开始,复旦园里突然刮起了一阵有预谋、有部署的"斗鬼风",受害者很多,遍布各系,老中青都有,难以一一罗列,这里只列举两位当时的副校长:苏步青(右)与谈家桢(左)。可惜没有留下现场照片,不能反映暴虐的场面。

按：应为5日）下午，经济系斗争牛鬼蛇神萧纯锦。这个反共老手在革命师生面前，不仅百般狡赖，而且狂妄叫嚣'头可断，膝不可屈'。激起了群众的无比愤怒，'文斗'发展成'武斗'。接着化学系、数学系、物理系、外文系都展开了斗争，我们历史系的研究生也在当晚发起，决定第二天斗争胡绳武和苏乾英。"

不但老的被斗，青年教师也有被斗的。化学系的女教师徐燕，批斗时被剃成了阴阳头；新闻系的林帆，被戴上高帽子押着游街；生物系的苏德明，批斗后被拖着走，鞋子都拖掉了，只好赤着脚跟着跑了很多路……

在"斗鬼风"的高潮中，大字报栏上还贴出一张漫画：《牛鬼蛇神群丑图》，把周予同、周谷城、苏步青、谈家桢等人都丑化了一通。这张漫画在当天晚上就被"孙悟空"揭下，他们反对这样做。

在这场"斗鬼风"之后，又刮起了"劳改风"。各系劳改队的队伍，迅速扩大了，许多教师、干部都被打入了劳改队。据大字报揭露，单是物理二系的劳改队就多达十七人，分成五类：牛鬼蛇神、大坏蛋、坏蛋、王八蛋、混蛋。靠边、半靠边的达八十五人之多。对劳改者的惩罚也升级了。不但用各种体力劳动来惩罚，而且在劳动时，胸前还要挂上各种牌子："牛鬼蛇神"、"反共老手"、"反革命修正主义分子"、"三反分子"、"大特务"、"叛徒"、"坏分子"等等，甚至有人被挂上"王八蛋"的牌子示众，对于知识分子人格的污辱，真是到了极点。

这时，把人性中邪恶的东西都释放出来了，有些学生，简直成了虐待狂。有机化学教授赵汉威，是中国第一个德国化学博士，在专业上有很高的威望，到了这时，却被自称为"红色

"警卫连"的学生,挂上"牛鬼蛇神"的大牌,罚跪在物理楼前,背上还压了一块大水泥板。后来有位青年教师实在看不过去,提出应让他回去学习《毛选》,以利于思想改造,这才得到赦免。但是老年人跪得久了,两个人去拉他都直不起身来。这种对人体的折磨,也是达到了极点。

红色恐怖虽然吊起了一些人的嗜血的胃口,但是也遭到许多学生的反对。因为这些学生认为,这股红色风暴干扰了他们揭发党委的大方向,所以断定这是党委搞的阴谋,从而提出了谴责。于是党委有人放风说:"斗鬼是群众自发的要求"。这当然无法令人信服。这样一场有组织有部署的统一行动,岂是"自发要求"所能搞得起来的?于是王零又在全校大会上提出了对牛鬼蛇神应如何斗争更为有利的问题,又被一些学生指责为推卸责任,转移目标。

但是到了"文化革命"结束之后,有些当年自己被打入牛棚,吃到许多苦头的人,却在各种场合慷慨发言,把这场恐怖风暴的责任,加到不该为它负责的人群身上。因为此时,原党委的领导人都已复出,重新掌权矣。这真是文人的悲哀,悲哀的文人呀!

不过,也有能够保持清醒头脑的知识分子。"文化革命"刚结束之后不久,王零重新出山,做复旦党委副书记,这时当然又需要请一些高级统战对象出来配合,谈家桢教授就对我说:"'文革'以前,需要我们合作,就拉我们,'文化革命'一来,一下子就变了脸,马上把我们抛了出来,斗得死去活来,现在又要我们出来合作,没有那么便当,我才不干呢!"听说那时上面派了一个调查组来调查"文革"中事,请这些老教授们诉苦,他们诉的主要就是运动初期被抛出来受冲击,以及在"斗鬼风"中被斗之苦。就像四清工作组在乡下搞忆苦思甜活动,老农们却大忆其三年困难时期之苦一样,令人有些尴尬。当然,上面还是采取了一些措施,以平民愤,后来谈家桢教授也还是出山了,而且担任了很重要的工作。但是王零也调离复旦,到别的高校去任职。这一调动,是否与此事有关,则我辈局外人也就很难评说了。

无可奈何花落去

"斗鬼风"虽然在复旦园造成了一种恐怖气氛,但是并没有抑制住造反派对于党委的攻势。而在"斗鬼风"刚刮起来的第三天,即8月8日晚上8点钟,中央人民广播电台在新闻联播节目里,播送了当天刚刚通过的《中国共产党中央委员会关于无产阶级文化大革命的决定》(简称《十六条》)。这个文件以高度的热情,赞扬"一大批本来不出名的革命青少年成了勇敢的闯将",说"他们有魄力、有智慧。他们用大字报、大辩论的形式,大鸣大放,大揭露,大批判,坚决地向那些公开的、隐蔽的资产阶级代表人物举行了进攻"。而对于他们的缺点错误,则采取包容态度,说:"在这样大的革命运动中,他们难免有这样那样的缺点,但是,他们的革命大方向始终是正确的。这是无产阶级文化大革命的主流。"同时又要求各级党的领导,要"'敢'字当头,放手发动群众","让群众在运动中自己教育自己",并说:"无产阶级文化大革命,只能是群众自己解放自己,不能采用任何包办代替的办法。"而且重申:"这次运动的重点,是整党内那些走资本主义道路的当权派。"

这个文件,显然是有利于造反派,而不利于党委领导的。所以文件广播之后,立即获得造反派的欢呼,并且指责复旦党委对这个"伟大决定"不热情,说是只在第三天才召开了半小时的庆祝会敷衍了事。

在《十六条》的鼓舞下,复旦造反派精神大振,造反组织像雨后春笋般建立起来。"过河卒"、"杀阎王"小组的正式命名,也就在这个时候。而且出现了新一轮揭发党委和总支的大字报高潮。较为重要的有:

《踢开绊脚石——中文系总支》
《历史系总支必须靠边站》
《火烧物理系》
《火烧生物系》
《化学系为什么冷冷清清》
……

而最有爆炸性影响的,则是谭启泰、欧阳靖在8月11日贴出的两万多字长篇大字报:《坚决罢掉复旦党委的官》,篇末还署上"'杀阎王'协同作战",以壮军威。

谭启泰、欧阳靖是王零精心培养的尖子学生,原是《红缨枪》"十三太保"中的成员,在运动中被当作笔杆子使用的,现在反戈一击,把许多内部材料都抖了出来,自然震动很大。他们指责复旦党委"层层设防,步步为营","站在群众的对面","压制文化大革命";指责他们"当面是人,背后是鬼";揭露他们"用

'斗牛鬼蛇神'的借口来压制群众揭露未揭露的牛鬼蛇神",刮起一股"有统一组织,有统一领导"的"斗鬼风";说他们包庇"党内那些走资本主义道路的当权派";最后表示:"舍得一身剐,敢把皇帝拉下马"。

谭启泰,复旦新闻系64级学生,笔杆子一枝,入学后即受党委重点培养,"文革"初期进入"红缨枪"写作班子,后来反戈一击,与欧阳靖联名写出长篇大字报《坚决罢掉复旦党委的官》,震动校园,影响上海,成为复旦"文革"风云人物。毕业留校,先做资料员,后来教书。1985年后任广州《南风窗》杂志编辑部主任、副主编。写有大量新闻报道、时事评论和专题采访,著有《谋事在人》、《商海弄潮录》等书。1990年代末,因病英年早逝。

一时间,这张大字报成为复旦师生关注的中心。于是,围绕着这张大字报,又展开了一场大辩论。造反派贴出了许多声援大字报,而保皇派(当时对于保党委这一派的称呼)则进行反击。

最早出现的是十位工人写的大字报:《我们工人坚决反对

罢复旦党委的官!》,他们"从后勤工作来看党委是站在运动前面的",从王零的艰苦朴素作风来说明"复旦党委是革命化的党委",并且提出要"警惕牛鬼蛇神"的问题,那自然是隐射谭启泰、欧阳靖之辈的。

让工人出面回击,这一招显然是模仿1957年"反右"运动开始时"我们工人说话了"的套数,但此时召唤出来的尊神,却镇不住造反的小鬼,老办法显得有些不灵验。而且他们未能直接反驳谭启泰、欧阳靖所提出的问题,这张反击大字报中所说的各种理由,有点文不对题,说服不了知识分子,许多读者客气地说一声:"这是工人阶级朴素的阶级感情",遂一笑了之。

其实,一切法宝,都不是绝对灵验的,要看何人使用,何时使用。1957年,最高领导需要用工人的声音来威慑知识分子,所以工人的话声威力无穷,而此时此刻,最高领导正需要发动青年学生起来造反,你们基层干部请出工人来为党委保驾,当然无济于事了。而到得应旨造反的学生自以为神通广大,无所不能,闹得局面无法收拾时,最高领导再说一声"工人阶级必须领导一切",派出来的"工宣队"又是威力无比了。可见工人之有无威力,并不全靠自己的招牌,而要看手中有无尚方宝剑。这叫做此一时也,彼一时也。

真正出场辩论的,是历史系的"乘风破浪"战斗组。他们一连写了三份副题均为《评谭启泰欧阳靖〈坚决罢掉复旦党委的官〉》的大字报,称为《一评》、《二评》、《三评》,以鲜明的语言宣布:"王零同志为首的复旦党委是无产阶级革命派",而对谭启泰欧阳靖的指责进行全面的反驳:否认他们关于"斗鬼风"

是党委"统一组织、统一领导"、"起了转移目标的作用"的说法，并用党委主动揭陈传纲的事实，来否认对于党委不肯揭党内走资本主义道路的当权派的指责，等等。但是，他们在为党委辩护时，一不留神间却透露出自身对于"斗鬼风"血腥场面的赞赏："可见，这场斗争是群众自发的革命行动，是群众中长期蓄积的革命义愤的大爆发，凡是投入这场运动的人，无不拍手称快，它灭了牛鬼蛇神威风，长了革命人民志气"；而且也泄露了党委抛出陈传纲的机密："例如混在复旦党委的走资本主义道路的最大当权派就是在6月17日由党委常委扩大会议首先揭发，而后在18日，由蔡祖泉同志贴出大字报，才带动全校革命师生员工，把陈传纲的反动面目彻底暴露在光天化日之下的。"对于开始走出盲从误区，正在认真思考问题的复旦师生说来，这些话恰恰增加了他们的怀疑，其实对复旦党委是不利的。

接着，谭启泰和欧阳靖又写出了第二份大字报：《评〈红缨枪〉——再论坚决罢掉复旦党委的官》，用许多内部材料证实了当初围绕着《红缨枪》几次辩论中，造反的学生们所提出来的怀疑：《红缨枪》是党委的机关报，是王零手中的指挥棒、消防队和情报组，以及徐震在《红缨枪》中的作用，等等。

正当复旦园里围绕着谭启泰、欧阳靖的大字报争论不休时，全国形势又发生了巨大的变化。在北京召开的中央工作会议上，"批判资产阶级反动路线"的斗争开始了。8月18日，毛泽东在天安门城楼上第一次接见全国各地到京大串连的群众和红卫兵，并带上红卫兵所献的红袖章。于是，红卫兵运动马上推广开来，而且很快就形成全国性的"批判资产阶级反动路线"的高潮。

"红卫兵"组织最早是清华大学附属中学的一部分学生搞起来的,时在5月29日,还在聂元梓等人的大字报广播、见报之前几天。接着,北京不少中学都出现了相同的组织。这些组织以干部子弟、特别是高干子弟为骨干,能量极大,乘"文化革命"初期混乱的局面,大搞打砸抢,干出了许多令人瞠目、发指之事。清华附中的红卫兵在六七月间,连续贴出三篇一论、二论、三论《无产阶级的革命造反精神万岁》的大字报,强调一个观点:"革命就是造反,毛泽东思想的灵魂就是造反。"文中还引用了毛泽东于1939年12月21日在延安各界庆祝斯大林六十寿辰大会上的讲话:"马克思主义的道理千头万绪,归根到底,就是一句话:'造反有理'……根据这个道理,于是就反抗,就斗争,就干社会主义。"这个讲话没有收入《毛泽东选集》,不是延安过来的人,是不会知道的,这也可见这些红卫兵的背景。

当时,毛泽东正需要青少年起来造反,所以在8月1日就给清华附中的红卫兵写了一封回信,肯定他们的造反精神,并向他们表示热烈支持。只是这封回信没有公开发表,毕竟流传不广,而8月18日的举动,则是向全国传递出了此种信息。这信息自然马上为各地学生们所接受。

在复旦,也有得风气之先者。还在8月18日之前,外文系三年级孙月珠、劳元一等人就将他们的战斗小组命名为"红卫兵",但这名字,并没有引起别人太大的兴趣。到得8月18日之后,情况就不同了。8月20日,校园里就出现了《复旦红卫兵筹备组织通知》,参加这个筹备组的有:外文系"红卫兵"、新闻系"杀阎王"、中文系"过河卒"、物理系"革命派"、化学系"鲁迅"、物理二系"大造反"、生物系"红心"、数学系"雄鹰"、历史系"打虎兵"。这些都是造反派战斗组,这就是说,造反派要组织红卫兵队伍了。只是由于派性作怪,他们未能形成一个统一的组织,而是分裂成几支队伍。

8月18日,毛泽东在天安门上首次接见红卫兵之后,斗争双方都在争夺"红卫兵"这块牌子。复旦造反派于8月下旬成立了"八·一八"红卫兵组织,已经后于"保皇派",即保党委那一派的大队部红卫兵组织了。但从此两军相持,壁垒更加分明。图为"八·一八"红卫兵成立大会。

但红卫兵其实只不过是一个组织名称,一种组织形式,你可以利用,他也可以利用。两天之后,即8月22日,复旦另一支红卫兵队伍,倒抢先成立了,这就是"红卫兵大队",后来人们称呼这个大队里的红卫兵为"大队部红卫兵"。这个红卫兵机构是一个全市性的组织,由上海市委书记处书记、上海市市长曹荻秋在全市大会上宣布成立,当然是属于市委领导的,履行的是保卫市委和各校党委的任务。

虽然大家都叫红卫兵,但仍然是对立的两派,原来的斗争仍在继续。

而随着红卫兵组织形式的推广,北京红卫兵所倡导的血统论,也在上海传播开来。

血统论的流行,是成分论政策的恶性发展,也与早期红卫兵的家庭出身有关。北京的早期红卫兵,以高干子弟为骨干,而那时许多高干尚未被打倒,因此这些子弟们很以自己的高贵血统而自豪,并且要以此来压制别人。当时流行着这样一副对联:"老子英雄儿好汉,老子反动儿混蛋",横批是:"基本如此",后来又将横批改为"鬼见愁",而且还以这个内容编了一首《鬼见愁》的歌,到处流传。直到许多高干被打倒,这些子弟们自己也应了下联的话,变成"黑帮子女",这才不再唱《鬼见愁》了。但血统论的内容,在相当长的一段时期内,仍潜伏在成分论的形式之下起着作用。

复旦的高干子弟并不很多,血统论之所以流行,却有着另一种原因,它在实际上起着压制造反派的作用。因为当初被党委看中,培养为干部和积极分子的,大都是"根正苗红"的学生,他们出于往日的感情,也考虑到今后的出路,大抵采取"保"的态度,而那些成分不好,或者不大听话的学生,长期处于受压状态,容易看出当权者虚伪和不合理的一面,有此机会,难免就要反它一反。所以当时保守派中出身成分好的多,而造反派中则很有些成分不大好的人,这也就是运动初期,造反派常被抓辫子的原因。记得当时保党委的学生就曾公开地说:"你们只要查查这些人的出身成分,就知道他们是些什么东西了。"而且他们也的确在查别人的出身成分。

当时在出身成分上，有所谓"红五类"和"黑五类"之分。"红五类"者，是指工人、贫下中农、革命军人、革命干部和革命烈士；"黑五类"者，则是指地主、富农、反革命分子、坏分子和右派分子。但经过多年阶级路线的限制，到这时，已很少有黑五类子女能进大学读书的了——在浙江省某些地方，甚至明确规定，黑五类子女不能考中学。所以，"文革"初期所谓出身成分不好的"活跃分子"，大抵是知识分子家庭出身。邱励欧就是一个典型例子。邱励欧在"文革"初期是物理系毕业班学生，是早期起来造反的人，她父亲是一名技术人员，本来不属黑五类，但运动开始后，却被打成"资产阶级技术权威"，家里被抄了三次，于是她的家庭成分就成了问题。大队部红卫兵知道此事之后，自然不肯放过她，在大庭广众之前对她进行围攻，揭出她家被抄之事，斥她为"黑小女翻天"。虽然邱励欧勇敢地与之辩论，但总觉得有很大的压力，据她自己说，她曾经想退出造反派红卫兵队伍，以免影响这个组织的战斗力，而为"过河卒"、"杀阎王"所劝阻。批判"资产阶级反动路线"之后，她的父亲得到平反，她这才解除了成分上的压力。

与邱励欧情况相似的，还有中文系"过河卒"小组的李元，她的父母都是大学教师，虽然算不上是红五类，在成分上原也不成什么问题，但一受冲击，却就变得黑了起来，于是李元也成了"黑小女"，受到很大的压力。这类情况还有不少，甚至出身成分好的学生，也会被人找出家庭问题来。"过河卒"小组的马学鸿，祖上是三代工人，父亲参加过1927年上海三次工人起义，有着革命的历史，在起义失败之后，仍旧回到工厂做工,也还是工人,但现在就有人提出怀疑,说要查一查,是否有历史问题?安文江的父亲是海员,当然也属于工人阶级,本该是响当当的红五类,但也有人说他父亲有过什么历史问题,也不能算红,要封他的嘴。而安文江则根本不睬这一套,照样冲冲杀杀,照样到处发表演说,别人也拿他没有办法。

血统论既成为一种斗争武器,造反派当然也不会弃之不用。他们虽然不容易抓到大队部红卫兵在出身成分上的问题,但在复旦中层干部身上,还是有文章可做的。外文系一个战斗小组就排列出该系领导干部的出身成分表,来质问党委:你们都重用一些什么人?执行的是什么阶级路线?其实这也是历史原因造成的。因为在50年代之初,共产党还来不及培养许多工农兵出身的大学生,所以留校做干部、做教师的,大都是地主、资本家家庭出身的人,这是一种不得已而为之的过渡时期的做法,到得50年代后期,学生入学、学校用人,就非常讲究出身成分了。不过这一点,当时似乎没有人出来为党委辩解;而真正有些本人历史上有问题的人被重用了,却又没有人指出。其实,这后一种情况,倒是中国统治术的奥妙所在。领导者喜欢用一些有辫子可抓的人,或者在一些人头上抓出辫子来然后任用之,盖便于控制也,而被控制者,也更加死心塌地做打手。大概造反派当时还留心不到这一层,待悟到这一点,则已不造反了。

造反派壮大了队伍之后,必然会有更大的动作。

8月24日下午,外文系三年级造反派红卫兵举行报告会,欢迎本组同学孙月珠从毛主席身边归来。孙月珠在北京参加了八一八检阅大会,并有幸在天安门城楼上与毛主席握手,感到无比幸福,就向同学介绍检阅大会的情况和她见到毛主席的情景，以及激动的心情。会议开得很热烈，很隆重，市委负责人曹荻秋、马天水、梁国斌、王一平等都出席了。

这个报告会一直开到晚上。这时，新闻系学生接到北京来电，获悉毛主席《炮打司令部》大字报的内容，马上在大会上宣读。于是，在暴风雨般的热烈掌声中，响起了惊天动地的"炮打司令部"的口号声。再加上北京来的一位中学生对北京情况的介绍，复旦名嘴劳元一、安文江的煽动性的演说，大会的情绪高涨到极点。这时，上海戏剧学院一位学生起来控诉他们学校党委对造反派的压迫，于是大家把戏剧学院看作是顽固派的堡垒。深夜12时，复旦造反派一千四百多人的队伍，抬着毛主席《炮打司令部》的金字喜报，喊着"炮打司令部"和"革命无罪，造反有理"的口号，向上海戏剧学院进发，进行"革命大串连"。他们要借毛主席的大字报去冲击这个顽固堡垒了。这样，就发生了8月25日戏剧学院事件，这事件震动了全市。

在八二五大串连的过程中，造反派有两件事被抓住了把柄：一是在戏剧学院操场上辩论时，有三十七名藏族学员当场昏厥，被指责为造反派的暴行造成的；二是串连队伍在凌晨走回到复旦校门附近时，有一位生物系教辅在困倦中喊错了口号，将"炮打司令部"喊成了"炮打毛主席"，马上被监视人员抓住，说她是现行反革命。

但造反派有他们自己的说法。他们认为：藏族学员不明真相，是被戏剧学院党委书记煽动来的，并且拿出医疗记录，证明实际上并没有昏厥；而那位教辅也并非故意喊反动口号，而是在困倦中喊错了口号。于是次日晚上，就有规模很大的八二六辩论会，曹荻秋市长也来参加。这会议虽称为辩论会，实际上则造成了对造反派的围剿之势,那位教辅也被打入了劳改队。党委称声,造反派中有一小撮坏人,有政治扒手,要抓"一小撮"。安文江是这次八二五串连的领队人物,因此获得一个雅号:"安小撮",昵称"小撮",他也很乐意于答应,一直到他离开复旦之后,同学们还以"小撮"称呼他。抓"一小撮"抓到这个分上,实在是一种讽刺。

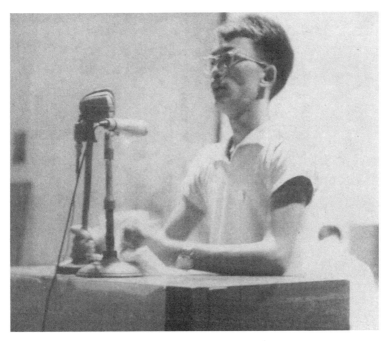

安文江,复旦中文系62级学生,喜欢写诗,同学们称他为"安诗人"。"文革"中却迸发出演说的才能,到处发表讲话,极富煽动性,做了上海市红卫兵第三司令部司令。因参与组织八·二五大串连,被作为"一小撮坏人"来抓,同学们就送他一个雅号:"安小撮",昵称"小撮",他很高兴地接受了这个雅号。现为佛山大学教授、作家,仍旧到处发表演说。他太太调侃说,在佛山地区,除了托儿所和火葬场,没有安文江没演讲过的地方。图为1966年8月,安文江在发表演说。

复旦党委此举其实是很不明智的。虽说目的是为了保护自己,但却未能审时度势。毛泽东的大字报是一个信号,矛头所指应该是清楚的。在这种形势下,还要采取高压政策,不但压不垮造反派,反而会激起他们更大的反抗。

果然,到得9月初,就出现了许多指名道姓,直逼复旦党委书记们的大字报:

《炮打罪魁祸首杨西光》

《杨西光、王零、徐常太……滚他妈的蛋》

《复旦党委不是好东西》

《坚决罢掉党委副书记刘洁的官》

《坚决把复旦党委拉下马——揭开首批周予同的内幕》

《为有牺牲多壮志,敢叫日月换新天》

……

当然也有保驾的大字报:

中文系教师"红旗飘飘"战斗组连夜赶写了《诋毁、攻击毛泽东思想的罪名加不到杨西光同志的头上——评〈炮打罪魁祸首杨西光〉》,接着又写出了《二评》;

历史系"乘风破浪"战斗组写出了《请看杨西光同志是怎样对待毛泽东思想的——坚决反对〈炮打罪魁祸首杨西光〉》;

复旦话剧团也写出了《不准往杨西光脸上抹黑》,称赞杨西光是"高举毛泽东思想伟大红旗"的好干部。

……

而这时,"批判资产阶级反动路线"的部署,已经贯彻到上海,而且还传过来副统帅林彪的一个讲话,他要求各级领导交出整群众的材料。于是,各校都有索要"黑材料"之事。复旦造反派学生也要党委和团委交出"黑材料",没有结果,先是在团委门前静坐,接着则有潘定惠、黄其辰同学进行绝食斗争,声援者很多,除本校造反派开声援大会之外,还有外校学生来声援的。很快,绝食人数增至二十八名,绝食时间最长的达六七十个小时,一时间搞得形势非常紧张。11月2日凌晨一时,造反派代表马学鸿接通了周恩来总理办公室的电话,总理办公室主任传达了周总理的三点指示:一是要求各级党组织把学生群众中的排队材料、整同学的材料交出来,由单位和同学先加封存,再协商解决;二是说复旦同学提出为了要调查学校的阶级路线,希望了解干部的出身成分,不是翻阅人事档案的,同学可以向干部提问,干部可以回答,如果有人实在不愿意回答,也不要硬要人家回答,也不要普遍地叫别人填表;三是希望大家不要再用绝食的方法。在这种情况下,上海市委同意了复旦造反派的要求,由市委副秘书长代表市委与复旦造反派达成协议。

但复旦党委并没有执行这个协议,于是造反派采取了更为激烈的行动。他们在11月8日组织人力,冲击机要室,被守卫在那里的工人赤卫队扔了出来,于是又从屋顶上砸开洞口,用竹竿滑了进去,并且与里面的工人和职员搏斗起来,双方都有受伤者。后来还是由党员造反派查阅了一部分。因为非党员群众是不能看档案的,造反派还遵守这一条。

档案制度是共产党的重要人事管理方法,机要室历来是一个禁区,现在竟被造反派学生在光天化日之下砸开屋顶冲了进去,这实在是一件惊天动地的大事,为此,又有铺天盖地的大字报,有谴责的,有辩解的,热闹非凡。

但复旦的事,从来就不是孤立的,它总是与整个社会形势相联系。这时,毛泽东正致力于打倒刘少奇,"批判资产阶级反动路线"是其重要的战略步骤,冲击机要室既然是为了抢黑材料,当然也就符合这个斗争大方向,不可能受到查处。于是,一切反对的声音都无济于事,复旦造反派依旧雄赳赳地向党委进攻,同时还进一步要揭批上海市委。

当烈火烧到上海市委时,杨西光终于被责令回到复旦进行检查,并接受批判,时在11月底。杨西光在复旦是主帅,但在上海市委却只是车马,他自己曾采用过丢车保帅的手段来保自己,现在却被别人当作一只"车"抛了出来,哀哉!

杨西光一检查,一接受批判,复旦党委就整个垮下来了。复旦形势大变。先是从红卫兵大队部分裂出来一批人,成立大队部造反队,继而整个大队部垮台;工人赤卫队也宣告解散,工人中成立了"工人革命造反兵团"、"菜刀造反兵团"等组织;蔡祖泉在12月10日的"炮轰上海市委,打倒杨西光,砸烂杨家店大会"上发发言:《我一定要起来造反》;原来坚决保党委的"乘风破浪"、"红旗飘飘"等战斗组成员,也匆匆忙忙竖起造反的旗帜,而且到处抢夺可批之人,要批判党委、总支,甚至把批斗对象藏到几十里外的罗店去,逼取材料。形势的变化迫使党委副书记们、各系的总支书记们,都纷纷出来揭发杨西光的问题。当然,他们富于政治经验,考虑到事情或者会有反复,在揭发时难免有所保留,所以被造反派称之为假揭发,真包庇。但不管假揭发也好，真揭发也好，复旦党委在无形中瘫痪了。而复旦的造反派也就以胜利者的姿态走出校门，杀向社会。

这时，复旦被称为"解放区"，复旦造反派很趾高气扬，他们自以为是坚定地站在毛主席的革命路线上，经过几个月的艰苦斗争，终于打倒了杨西光，砸烂了"杨家店"。但其实他们只不过是适应了上面某种政治力量的需要，被驱赶着进行了一场厮杀而已。这胜利，其实并不是他们的胜利，当他们不再为这种政治力量所需要时，于是，小将们犯错误的时候就到了。

复旦党委在这种大背景下，无论怎样防卫、怎样挣扎，还是非被罢官不可的，这叫做"无可奈何花落去"。但是，当形势发生逆转，在另一种政治背景下，则这些被罢官者，自然又会复职，那就应了这句诗的下半联："似曾相识燕归来"！

复旦园里炮声隆

既然明白了揭批"党内走资本主义道路的当权派"是最高领导的意图,而且在揭批复旦党委的行动中已经尝到了甜头,造反派当然不会就此罢手。在杨西光和复旦党委还没有倒台之前,向上海市委的进攻便开始了。市委相继抛出了挡在第一线的教育卫生部部长常溪萍、文教书记杨西光和市长曹荻秋,但是仍没有阻挡住造反派的攻势,最后,以市委第一书记陈丕显的被打倒而告终。

当然,打倒上海市委并非复旦造反派一家所为,各学校各系统的造反派都出力参与,特别是"上海市委机关革命造反联络站"和"上海工人革命造反总司令部",从中起着重要作用。但在当时,高校红卫兵运动锋芒正盛,冲冲杀杀,还是走在前面,而在上海高校中,复旦始终处于主导地位。

上海市委一倒台,就出现了权力真空,造反派自以为是有功之臣,按照"打天下者坐天下"的古训,他们就开始夺权。这个全市性的夺权行动,发生在1967年1月份,由《文汇报》开的头,马上席卷全市,号称"一月革命"。"一月革命"很快就得到了毛泽东的肯定,《人民日报》还在1月22日发表了一篇社论:《无产阶级革命派大联合,夺走资本主义道路当权派的权!》,于是,由上海括起来的夺权之风,马上就席卷全国,接着就有"西南的春雷","东北的曙光"……

"文化大革命"中的夺权,是从上海开始的,号称"一月革命"。这个新的权力机构,最初是模仿巴黎公社的组织形式,号称"上海人民公社"(后改称"上海市革命委员会")。

《人民日报》这篇社论,何以要用这么长的标题呢?因为它想同时说明两个问题:一方面肯定造反派的夺权行动,另一方面又要强调造反派的大联合。这种强调并不是无因的。实际上,当时的局势,已经燃起了一些造反派头头的权力欲望,"抢权"之风很盛。有些组织,有些山头,争相去占领办公室或者去夺取公章,于是,"夺权"又变成了"夺印",仿佛只要占领了办公室、夺得公章,就算夺取到了权力。红革会就曾抢先把中共中央华东局、上海市委、市政府,以及十个区委、区政府的公章全都夺来,装在一个书包内,背在一个头头身上,算是夺得了上海党政大权。

这种夺权闹剧,同样在复旦园里上演。"过河卒"小组在《在转折点上》这张大字报中批评道:"有的同志在促进大联合夺权:他们找了一些造反派代表把系办公室的钥匙、电话机、印章从过去曾经是'老保'的同志手里拿过来,认为这是夺了一个系的权。有的同志把班级里曾经是'老保'的学生干部'罢'了'官',选了新班委、支委,认为这就夺了一个班的权。还有的同志正在联络各个造反派组织,要各组织派代表协商,一起去接管党委办公室,把党委的大印拿来,认为这就夺了复旦大学的权。""还有少数打着'造反'旗号的人,'接管'了××大楼,就拿那里的沙发、摩托车供自己享用,拿国家的钱挥霍浪费,这种为小团体私利的夺权是无政府主义的夺权,是'败家子'的夺权,结果败坏了无产阶级的国家,败坏了社会主义制度。"

这情景,难免使人想起了阿Q的革命。当然,两者还是有些不同:阿Q要的是元宝、洋钱、洋纱衫、女人,还有秀才娘子的一张宁式床,同时要处死他所不满意的人;造反派要的是办公室、大印,但同样要排斥和打击别的造反组织的人。而且,阿Q只不过是在幻想中革命,造反派则在实际行动中,已接触到权力的边缘。然而,阿Q式的革命,实际上正是中国历次农民革命的缩影。

毛泽东是与鲁迅同样深谙中国国情的人,他要利用学生来造反,却未必能放心他们来掌权。所以当上海市委倒台之后,立即派了中央"文革"小组的张春桥和姚文元来组建上海新政权。这个政权先是定名为"上海人民公社",为的是要继承工人阶级第一个政权巴黎公社的传统,但因与中华人民共和国现行的政治体制不相适应,毛泽东亲自将它改名为"上海市革命委员会"。

"一月革命"的最大受益者是张春桥,他夺得中共上海市委第一书记和上海市革命委员会主任之权,使上海成为他的政治基地。他自称为无产阶级革命家,但上海的造反派把他看作政治野心家,于是发动了两次炮打张春桥事件。

但正当这个新的权力机构在积极筹备,张春桥马上要夺得上海市第一把交椅之时,却发生了炮打张春桥事件,炮打的基地就在复旦园里。炮打失败之后,就开始了"反逆流"斗争,新的政权将"炮打张春桥"事件说成是"反革命逆流",对反张的造反派头头,进行长时期的批判、斗争。然而这样一来,又激起了一批人站出来进行反"反逆流"的斗争,一直发展到第二次炮打张春桥事件。然后又是镇压、斗争,一直到"四人帮"

垮台。在十年"文化革命"中,复旦的运动可以说有九年半时间是在与张春桥的纠葛中度过的。

第一次炮打张春桥

第一次炮打张春桥事件,是复旦"孙悟空"战斗组发动的。

1967年1月23至24日,"孙悟空"小组在复旦校园里,并且在南京路、西藏路和淮海路等闹市区,刷出了醒目的大标语:"警惕反革命两面派"、"张春桥不等于中央文革"、"坚决反对目前成立以张春桥、姚文元为首的新市委";接着,又贴出了大字报:《一问张春桥》、《为什么?——二十问张春桥》。他们质问:张春桥对于群众组织为什么耍两面派手法?为什么上海市委都烂掉了,而独你张春桥是左派?

醒目的大标语很引起行人的注意,而大字报中提出的一些问题,则启发了人们的思考。对张春桥的怀疑空气,迅速弥漫开来。

我曾问过"孙悟空"小组的负责人胡守钧:"你们是怎样怀疑起张春桥来的?"

胡守钧说:"是从上三司赵全国问题上开始怀疑的。"

赵全国是上海戏剧学院学生,是"上海市红卫兵革命造反第三司令部"的头头。在"一月革命"初期,他提出了迎合张春桥需要的口号:"成立以张春桥、姚文元为首的新市委!"并且向中共中央发电报,提名由张春桥担任上海市委第一书记兼市长,姚文元担任上海市委第二书记兼副市长。这当然很受张春桥一帮人的欢迎,对他礼遇有加。后来在位置的安排上产生了矛盾,赵全国对张春桥的态度有了改变,于是受到张春桥的歧视,由工总司出面将他拘捕。而徐景贤、王洪文则因为紧跟张春桥,就被委以重任。这种以"我"划线,两面三刀的作风,很使造反派反感。胡守钧正是从这一点开始怀疑张春桥的。当时他的想法很单纯,他认为无产阶级革命派是决不会有这种政客作风的,而张春桥却大耍其两面派手腕,那么,他到底是什么样的人呢?

怀疑一旦开始,就觉得问题愈来愈多。除了现实的表现之外,别人还提供了张春桥的一些历史材料:陕西省委书记霍士廉说,他以党籍担保,张春桥在苏州反省院里曾经叛变,是可耻的叛徒;还有人从30年代资料中查出,张春桥就是当年被鲁迅批判过的狄克。……这样一来,张春桥因担任中央"文革"小组副组长而造成的"无产阶级革命派"的光环消失了,代之以愈来愈浓重的怀疑。——但不知何故,这些历史资料在第一次炮打中都未曾运用。

1月22日,张春桥召集一些造反派头头开秘密会议,商讨成立新的权力机构问题。张春桥、姚文元自己提出,要成立以他们二人为首的新市委,徐景贤带头鼓掌,大家随声附和,就算是各群众组织通过了。会场上只有胡守钧和他的伙伴肖昌雄袖着手,不肯鼓掌,这场面当然引起了张春桥的注意,双方的矛盾就加深了。等他们走出会场时,"迅速成立以张春桥、姚文元为首的新市委"之类的大标语已经贴满街头,这当然更引起了胡守钧们的不满。形势紧迫,必须立即行动。所以第二天,他们就开始刷大标语,贴大字报。

张春桥后来在镇压参加"炮打"的学生时,几次发出指示,要抓后台。他认为,学生们的"炮打"行动,一定是长胡子的走资派在幕后指使的。其实不然,正是他自己的行为,引起了造反派的怀疑,才发展成炮打事件的。后来,张春桥们又批判"怀疑一切"的思潮。其实,"怀疑一切"的思潮,正是他们中央"文革"小组自己鼓动起来的。他们鼓动起"怀疑一切"思潮的目的,是要学生们去怀疑位高权重的老干部,从而打倒他们,却不料这东西是一把双刃剑,它可以砍倒别人,也可以伤及他们自己。

"怀疑一切"的信条来自马克思。他在回答家人提问"你最信仰的格言是什么"时,说道:"怀疑一切"。拉法格把它写入回忆文章,其译文就收在人民出版社出版的《回忆马克思》一书中。这篇文章本来并不广为人知,在"文革"初期却被造反的学生们抄在大字报上,大加宣传。

"怀疑一切"的信条其实并不错,它是欧洲启蒙运动中理性主义的表现,意在打破迷信思想,将一切事物都放在理性的审判台上,重新衡量其存在意义和社会价值。马克思正是在这个意义上来赞赏这一格言的。"怀疑一切"的信条,同样影响着五四时期中国新文化运动的先驱们。胡适说过:他从赫胥黎那里学会了怀疑,学会了"不信任一切没有充分证据的东西",所以他提出"疑而后信,考而后信,有充分证据而后信的方法"。鲁迅则借着狂人之口质问道:"从来如此,便对么?"并且说:"凡事须得研究,才会明白。"正是在这种怀疑主义的思想基础上,他们才对传统思想作出了理性的批判。

但"文革"时期的"怀疑一切"思潮,却与前面所说的情况有些不同。它虽然也打破了一些对于高官和教条的迷信,但却又被笼罩在一个更大的个人迷信思潮之下,缺乏独立的思想判断,所以怀疑常常为某种权力意志所左右。而且因为缺乏民主与法制的保证,怀疑不待求证,即可成为打倒的根据,这就易于为阴谋家所利用。

既然张春桥们可以利用"怀疑一切"的思潮来打倒许多位高权重的老干部,那么,为什么别人就不能因怀疑而向你开炮呢?当初猴子们凭着几条未经核实的怀疑材料,就贸然发动打张战役,实非无因,乃是当时特定环境下的产物。

但矛盾的激化,还与张春桥急于抢权的心态和睚眦必报的作风有关。

在"孙悟空"刷出大标语的次日凌晨,胡守钧等人就被叫到市里开会。主持会议的徐景贤宣称这是反革命事件,勒令胡守钧收回大标语,这当然不能为胡守钧所接受,他当即顶了一句:"炮打张春桥不是炮打毛主席,根本谈不上反革命!"徐景贤冷笑道:"这样下去,你们不会有好结果的!"但当时红卫兵们风头正健,哪里会在乎这种威胁,这种话反而激起他们更大的愤怒。

这怀疑,这愤怒,又感染了其他造反组织。

"孙悟空"这一派,虽然敏感性很强,能量很大,但人数却不多。在复旦,在上海,最大的学生造反派组织是"红卫兵上海市大专院校革命委员会",简称"红革会"。他们受到感染之后,也马上动了起来。

红革会的"将革命进行到底"战斗组在1月26日贴出《上海必须第二次大乱》的大字报,提出了十个"为什么"的问题,矛头直指张春桥及其亲信。如第八条说:"为什么黑市委的一些保皇机构在大势已去之时宣布'集体造反'？但是'造反'一个月来却未交代揭发出什么像样的东西？为什么这些原封不动的保皇机构竟成了左右运动的决策部门？"这是针对以徐景贤为首的"市委机关革命造反联络站"而发的。徐景贤原是上海市委宣传部干部，后来担任上海市委写作班的支部书记和文学组组长，"文化革命"初期，还是上海市"文化革命"小组的成员，列席市委常委会议，他当时的立场当然是站在市委这一边的。后来，由于形势的变化，徐景贤在1966年12月18日在文化广场召开的批判资产阶级反动路线大会上，宣布造反，并以写作班为核心，组织了"上海市委机关革命造反联络站"。由于徐景贤是张春桥的老部下，是姚文元的老同事，又是在他们的支持之下造反的，所以这个联络站就成为张春桥、姚文元当时在上海的办事机构，其地位和作用，在相当一段时期内，都在王洪文领导的工总司之上，徐景贤成为仅次于张春桥和姚文元的第三号人物，学生们给他取了个绰号，叫做"徐老三"。这里对他们的"集体造反"提出了怀疑。又如第九条和第十条说："为什么在毛主席和党中央号召革命造反派大联合的时候，上海各造反派内部组织之间却发生了前所未有的大摩擦、大分裂，甚至武斗？这样以新形式出现的群众斗群众现象是谁挑起的？根子在什么地方？""为什么1月23日《文汇报》还报导上海三司作为革命造反组织之一参加了'上海革命造反派联络站'，而一夜之间竟成了非法组织，而被强行解散？"这是直接指向张春桥，认为他是挑起上海造反派内战的黑手，是反复无常的政客，其突出的事例就是上三司事件。可见上三司事件不但引起了胡守钧的怀疑，同样也使得红革会反感。

在用大字报制造舆论的同时，红革会还直接付诸行动。他们在1月27日深夜至28日凌晨，到市委机关革命造反联络站去把徐景贤抓到复旦。在抓捕时，徐景贤和联络站的人提出抗议，当然无效，写作班的王知常一把抱住徐景贤的腰，想把他拖住，但是红革会人多势众，连王知常也一起拖上汽车，拉到复旦之后，再把王知常赶走，将徐景贤单独关押了起来。这就是当时有名的"绑架徐景贤"事件。第二天，市委机关革命造反联络站的另一个头头郭仁杰赶到复旦，自愿陪同徐景贤一起囚禁。因为正是他，把红革会的人引到徐景贤房间的，他的到来，是为了表示一种歉意，也希望能助徐景贤一臂之力。所以1月30日贴出的《七问》大字报，是徐、郭二人共同署名的。郭仁杰原先在复旦哲学系担任过总支副书记，后虽调离复旦，但在"文化革命"运动初期，又曾回到复旦造反，与红革会中哲学系出来的头头马立新有着密切的关系，他希望通过这层关系，能说服红革会头头们改变态度。

但是，在政治斗争面前，没有私谊可言，何况，这时打张战役已经发动起来，不是谁能够停得下来的。

红革会的头头认为，徐景贤是张春桥的材料袋，抓住徐景贤，张春桥必然感到威胁，非跳出来不可。果然，在得知徐景贤被扣的消息之后，张春桥马上采取措施。先是由姚文元出面，多次打电话给红革会头头，要求放人，结果无效；于是又派上海警备师政委徐海涛带兵到复旦要人，这更激起红革会的愤怒。他们指责张春桥派兵冲击学校，镇压学生运动。张春桥被迫亲自出场，他和姚文元一起来到上海展览馆红革会总部，试图说服红革会头头。但是这些头头们根本不买他的账，他们跳上台去，高喊口号："张春桥是口头革命派，我们不相信你！""张春桥是两面派！"并且直斥道："你张春桥算老几？""你张春桥不能代表中央文革！"……对于姚文元，则想采取分化政策，叫他"不要奴隶主义"。这实在有些天真，当然不能取得什么效果。红革会的人提出要给中央打电话，而且指名要周恩来、陈伯达、江青三人中的一位听电话，张春桥不同意指名要他们接电话，说要打电话只能打给王力，由他转达。这更引起了红革会的怀疑，质问道："你同王力是什么关系？"双方互不让步，相持了六个小时，毫无结果。这时已是29日凌晨一点多钟了。

当晚，红革会召回走向工厂、走向社会的战士，在本校登辉堂召开"高举毛泽东思想伟大红旗，炮打张春桥誓师大会"。另几派造反组织："红卫兵第三司令部"（简称"红三司"）和以"孙悟空"为核心的"东方红公社"，还有"大队部造反派"，也都一起参加。本来，在"打杨战役"之后，造反派几派组织矛盾日大，逐渐发展为内战，不但大字报上你来我去，互相指责，而且还在登辉堂里进行通宵辩论，闹得不可开交。现在，在炮打张春桥的问题上，却又自动地联合起来了。胡守钧（东方红公社）、安文江（红三司）、劳元一（红革会）等几个头头争相发言，提出各种疑问，表示战斗的决心，于是会场的气氛愈来愈浓烈，战斗的热情愈来愈高涨，大家决定立即成立联合指挥部，明天在人民广场召开十万人大会，批斗张春桥。他们想造成既成事实，迫使中央承认。因为在"文革"中是不乏此种先例的。

但红卫兵毕竟缺乏政治斗争经验,不知道在战斗打响之前保密的重要。正在他们摩拳擦掌,争表决心之时,台下有一个人悄悄溜出门去,登上自行车,直奔市委机关革命造反联络站而去。此人名叫邹道喜,原是复旦一名工人,"文革"前被排挤出复旦,调到一家工厂里去做工,"文革"初期复旦又派人到那家工厂去把他打成反动分子。批判"资产阶级反动路线"之后,他杀回复旦,在郭仁杰的支持下得到平反。于是他对郭仁杰感恩戴德,忠心耿耿,为之效劳。这时,郭仁杰虽然还与徐景贤一起被关在复旦,但他已认识写作班的人,所以马上跑去报信。

同时,徐景贤、郭仁杰也在拉线广播里听到登辉堂的会议实况了。他们急如热锅上的蚂蚁,也在设法向张春桥通风报信。恰巧,这天晚上看守隔离室的红卫兵正好是哲学系的学生,郭仁杰凭他担任过哲学系总支副书记的关系,说服这位学生,让徐景贤出去打电话,哲学系学生相信这位前领导,给了他们一个方便。徐景贤借助一部公共电话,拨通了兴国路招待所,直接向张春桥本人作了报告。

这样,不等红卫兵到人民广场集会,在1月30日一大早,工总司的宣传车就开到复旦,高声广播"一·二九中央文革特急电报"了。

这个特急电报的内容是:

上海市委机关革命造反联络站同志并转上海红革会的同学们:

(一)红革会的某些负责人,最近把斗争矛头指向张春桥和姚文元同志,指向中央文革小组,而不是指向以陈丕显、曹荻秋为代表的资产阶级反动路线和党内走资本主义道路的当权派,这是完全错误的。

(二)红革会的某些负责人,无理绑架上海市委机关革命造反联络站的革命同志,必须立即释放,并向他们道歉。

(三)人民解放军采取保护革命群众组织的行动,是完全正确的。红革会的某些负责人,扣押了人民解放军的师政委和参谋,是十分错误的,是绝对不能允许的。

(四)各群众组织内部之间的争执,应当采取协商和谈判的方式解决,而不应当采取绑架、拘留等非法手段。

(五)希望上海红革会的同学们,帮助红革会的某些负责人立即改正错误,如果他们坚持错误,你们要同他们划清界线。我们将要采取必要的措施,一切后果应当由制造这次事件的红革会的某些负责人和幕后的操纵者负责。

(请你们立即印成传单,出动广播车,广为宣传)

中央文化革命小组
1967年1月29日

一·二九中央"文革"特急电报广播之后,复旦园里一片肃杀之气,第一次炮打张春桥战役失败了。

但是,组织"炮打"的红卫兵头头们并不服气,他们首先就怀疑这份特急电报的真实性。因为自从中央"文化革命"小组成立以来,还没有发过这样的特急电报,而且电报又是通过张春桥在沪办事机构市委机关革命造反联络站转达，所以他们怀疑是张春桥自身搞的鬼。于是红革会、红三司、东方红公社，还有大队部造反派的头头们：赵基会、劳元一、安文江、胡守钧、金应忠等，一起到北京打探消息，并准备告状。他们因怕上海北火车站被封锁，先行潜出上海，再在一个小站上火车。

到达北京之后，他们先到北大找聂元梓。但这位前不久到上海揪斗曹荻秋(说他出卖北大社教运动)时，还得到上海造反派红卫兵头头们热情接待和大力援助的"老佛爷"，却避而不见了。她毕竟是政工干部出身，很有政治经验。上海的头头们只好转而到清华去找蒯大富，蒯大富倒是坦诚相告：这个特急电报的确是中央"文革"小组所发，你们不要告状了，赶快回去罢。

于是他们铩羽而归。

反"逆流"与反"反逆流"

对于这份"一·二九"中央"文革"小组特急电报，至今尚有不同的说法：有说是张春桥自己写的，根本没有经过中央"文革"小组，电报就在上海本地发出，只是中央"文革"事后承认罢了；有说是张春桥写好之后，发给王力，由王力交给江青、陈伯达定稿，马上发回上海。但这些说法，只是描绘出张春桥自保之情和惶急之状，仍未能判定其为伪造。因为不管这份特急电报是怎样出笼的，既经中央"文革"小组的认可，也就算是他们直接所发的了，必然能产生相应的效力。而实际上，这份电报在当时也的确起了扭转局势的作用，一下子就把"炮打"的风潮压了下去。

"炮打"失败,世情大变。

原来,复旦由于造反派势力大,党委垮得早,因而被称为"解放区"。徐景贤在下决心造反之前,还曾到复旦来取过经,在他宣布造反的12月18日大会上,郭仁杰公开号召大家到复旦来学习,的确曾引来不少单位的人群。复旦的造反派也以先觉者自居,到工厂、到社会上去鼓动造反,人们都以尊敬的口吻称他们为"革命小将"。而在中央"文革"小组的特急电报下达之后,他们就被视为罪人,被围攻、被驱逐,一个个灰溜溜地回到学校。而在校园里,也充满歧视的眼光,反差之大,使他们感觉到世态炎凉。

这时,张春桥就"炮打"问题,发表了三点指示:一、欢迎红革会战士起来造反;二、对于一般的红革会战士来说,不是请罪的问题,而是造反的问题,要请罪的不是广大战士,而是少数头头,责任在于红革会的某些负责人;三、这一场斗争不是一个小问题,也不是个人问题,而是关系到中央"文革"的正确领导能否贯彻的问题,关系到上海运动的大方向问题。红革会战士要造反,就要彻底肃清少数头头在这次事件中所造成的恶劣影响。

张春桥的指示,为反"逆流"运动定下了调子:一是说明了这个事件的严重性,要彻底肃清其"恶劣影响",也就是说,要大张旗鼓地加以整肃;二是把打击目标集中到少数头头身上,鼓励红革会战士从内部进行造反,这是一个重要的策略思想。

当时,上海红卫兵运动的中心在复旦,"炮打张春桥"的头头也集中在复旦,于是复旦的运动就进入了反"逆流"阶段。

开始,是发动各造反派组织的群众从内部反。红革会内部成立了"新复旦红革会临时接管委员会",接管了原红革会勤务组,并召开"高举毛泽东思想伟大红旗,坚决击退红革会某些头头炮打中央文革反革命逆流,保卫无产阶级司令部誓师大会"。红三司连日召开整风大会,统一思想,连续发表声明,表态拥护中央"文革"特急电报,批判炮打头头。连顶得很厉害的东方红公社,也发表了《坚决执行五点指示的声明》。于是,对于"炮打"头头的批斗会一个接着一个开,颇有应接不暇之势,就像不久前他们批斗"走资派"一样,有些人身上也被挂了牌子。真是:风水轮流转,今日到我家。但过去有"三十年河东,三十年河西"之说,可见风水之轮转还是需要一些时日的,现在这一转,只有一两个月之隔,实在有点使人眼花缭乱。

但造反派毕竟是一起冲杀过来的,他们自称为"一个战壕里的战友",而且这些头头们既建立了威信,要从内部打倒他也不是易事。许多群众并不认可新头头,因为他们具有更大的投机性。群众认为他们没有冒过风险,只不过是乘机捞一把,故谓之曰:"捞稻草",常常用大字报或漫画加以讥讽。即使被树为全市红卫兵正确路线代表的同济大学东方红兵团司令陈敢峰,也不被老红卫兵所看重。在张春桥们看来,上海的红卫兵组织头头只有一个陈敢峰没有参加炮打,难能可贵,所以将他作为红卫兵唯一的代表,安排为市革会委员,后来又提拔为中共中央委员会候补委员。但是,陈敢峰之没有卷入炮打事件,纯属偶然。在炮打誓师大会之前,他曾问过安文江对炮打的态度,表示要跟安文江采取同一步调,但陈敢峰外号叫做陈看风,一向投机,安文江怕他临阵出卖,没有告诉他真情,倒是保全了他。所以陈敢峰的没有参加炮打,并非有什么"坚定的立场"，而是不为人所看重的结果。

　　既然造反派对于老头头总还有一股难以割舍的感情，所以台上有时批斗得很激烈，而台下却对他们还是很照顾，而新头头却树立不起威信来。对于这种情况，张春桥们当然很不满意，他们认为这样不能斗倒老头头，而且也无法开展工作，必须派人下来整治才行。于是，在3月4日红革会召开的"高举毛泽东思想伟大红旗，坚决击退炮打中央文革反革命逆流大会"上，徐景贤代表上海市革命委员会宣布：派郭仁杰回到复旦主持工作。

　　郭仁杰所主持的工作，当然是镇压"炮打"派的工作，他自己宣称是"反逆流"运动。

　　但这是一件极其难办之事。上海的红卫兵虽因"炮打张春桥"而受挫，但在全国范围内，红卫兵运动还在蓬勃发展之中，刀势未老，锋芒犹盛，毛泽东也尚未说现在是小将们犯错误的时候了，他还需要他们来冲冲杀杀。所以红卫兵运动虽然招怨，但《人民日报》在4月2日还是发表了一篇题为《正确对待革命小将》的社论，在指出"革命小将"的缺点错误的同时，特别肯定了他们的历史功绩，并且针对那些否定红卫兵运动的人说："如何对待革命小将，是如何看待几个月来两条路线斗争的问题，是如何对待无产阶级文化大革命群众运动的问题，是站在毛主席的无产阶级革命路线一边还是站在资产阶级反动路线一边的阶级立场问题，是要不要培养和造就无产阶级革命事业接班人的重大问题。如果否定革命小将，便是否定无产阶级文化大革命。如果打击革命小将，便是打击无产阶级文化大革命。"在这种形势下，要郭仁杰来主持针对"革命小将"的"反逆流"工作，无疑是把他放在炉火上烤。

但郭仁杰还是兴冲冲地来了。因为他这次是以钦差大臣的身份君临复旦，一言九鼎，威风不下于当年的杨西光。

郭仁杰一到复旦，照例少不了许多捧场的。不但想做官的围着他转，就是那些不相干的家属在路上碰到他，也会说几句奉承的话，说得郭仁杰乐滋滋的。哲学系的《八一铁军》贴出了拍马的大字报：《郭仁杰同志是坚定的革命左派》，吹捧郭仁杰是"努力学习毛泽东思想、抵制周扬的教育黑线"的模范，是"与杨西光、陈传纲、刘振丰、胡曲园都进行斗争"的英雄。此后，这类捧场大字报还接连不断，捧得郭仁杰有点晕晕乎乎，根本就听不进不同意见。

而在复旦，反"反逆流"的力量却非常强大。开始是暗中抵制，但很快就转为公开对抗。

"过河卒"率先贴出大字报：《在转折点上》和《再论在转折点上》，他们根据《红旗》杂志近期发表的《关键在于大联合》、《必须正确对待干部》和《论革命的三结合》等社论精神，认为目前的大方向是无产阶级革命派大联合，狠抓干部问题，为革命三结合夺权作好准备，而"反逆流"斗争应当服从这个大方向；同时还批判了"复旦情况特殊论"，指出那种借"反逆流"来打击革命小将的做法是完全错误的。接着，"金猴"、"迎春花"等战斗组贴出了呼应的大字报，"金猴"在《我们的看法》中，提出了"对我校前一阶段运动的估计"，全面否定郭仁杰的做法，并指名要郭仁杰就"过河卒"的大字报表态；"迎春花"则贴出《要正确对待革命小将》和《我们老造反要讲话》等大字报。一时间，抵制"反逆流"斗争的言论和大字报充满复旦园。

但郭仁杰根本不把这些意见放在眼里，他在登辉堂公开向全校师生员工宣称:"两岸猿声啼不住,轻舟要过万重山。"并且在私下里布置,要揪"过河卒"的后台。这样,事情就没有回转的余地了。在权势的影响下,当然会有人出来呼应郭仁杰,比如,化学系就出了个"轻舟"战斗组,写出《"轻舟"要过万重山》的大字报,从标题上就可看出,是照着郭仁杰的调子唱歌的;但被讥为"猿声"的人们却被激怒了,由胡守钧挑头,包括"过河卒"、"金猴"、"迎春花"在内,组织起一个"八二五串连会",八二五者,纪念1966年8月25日戏剧学院大串连也。

阵势已经拉开,双方处于公开顶牛阶段。

第一次"炮打张春桥"行动失败之后,张春桥派郭仁杰到复旦主持"反逆流"工作,即是镇压参加"炮打"的红卫兵,此举遭到复旦师生的坚决抵制。"过河卒"、"金猴"、"迎春花"等战斗组联合组织了"八·二五串连会",专门从事反对"反逆流"工作。图为"八·二五串连会"的部分成员合影。前排右起:王之平、邱励欧、邢维、王文英;二排右一:钱乃荣,中:吴中杰,左二:安文江;后排右一:肖昌雄,右二:周谷声,左一:王志惠,左二:方农,中:徐祝庆。

开始还只是在大字报上表态、呼吁,后来发展到在会场上抢话筒辩论。在"史红"战斗组1967年5月编印的《复旦大学无产阶级文化大革命大字报选》里,还保存着一份《郭仁杰"五·三"在复旦大学大礼堂的报告》记录稿,从中还可以看出一些实况。现摘录一段如下:

……今天下午、晚上,星期五一天,安排时间对四月份工作作一总结,用大鸣大放、大字报、大辩论方法对四月份作总结,在这个基础上来安排考虑。(戳一枪:总结不出来怎么办?)为什么总结不出来?当然做得出来,做了工作就总结得出来,不做工作就做不出总结来。(戳一枪:那么只能少数几个人总结,因为大部分人都没有事情做。)大家一起来总结,从小班开始,(吵……大会主席:请大家不要打断,有什么意见,老郭讲好再提。)全体同志都可以参加这个总结,希望总结不要发展无原则的纠纷。(胡守钧插话:请讲清楚一些,什么是无原则纠纷?)有人要搞无原则纠纷也没有什么了不起!无原则纠纷就是无原则纠纷,其实大家心中有数。(王志惠:据说有人问老郭,什么是老保翻天,老保翻天就是老保翻天。吵……)大家自己心中有数,可以自己考虑,为什么一定要讲?(哄笑)你以为我是搞无原则纠纷,你也可以指出来。大家摆事实讲道理!(戳一枪:那么辩论!)有一定时间给大家辩论嘛!现在让我讲完好不好?(戳一枪:吃饭的时间也没有了。)四月份的工作估计就是这样的。……

我记得现场上还有更激烈的辩论场面,胡守钧辩论得性起,把外套也脱了下来,冲上去抢话筒。但这份记录稿上没有写出,不知是记录者的疏漏,或者是发生在另一次大会上。但从这里多少可以看出一点当时的顶牛状态。

不过要说郭仁杰根本不抓三结合问题,那也不然,只是步子走得很乱,他一会儿成立"共产党员造反联络站",一会儿又成立"反逆流指挥部",总之是想撇开原来那些造反派头头,要建立一个以他自己为核心,能听他指挥的权力机构,但是处处遇到阻力。他也知道,三结合的一方必须是原来的干部,即所谓"革命干部",但他不是在普遍解放干部的基础上进行群众性的选择,而是由他自己选定一两位进行结合。可惜他选得并不理想。

他的首选对象是原党委副书记葛林槐。平心而论,郭仁杰作此种选择是有他的理由的,并非如对立派所指责的,纯属私人交谊,主要原因还是因为葛林槐并非杨西光的亲信,认为可以分化出来。但葛林槐一向很左,左得非常固执,而且办事很小家子气,这样就非常不得人心,在党委里是群众意见较大的一个。比如,1955年章培恒被打成胡风影响分子,照当时的政策,是可以不开除党籍的,但葛林槐坚持要开除,别人想保都不行。此类事情一多,民愤自然就大了,郭仁杰提出首先解放他,要结合进新的权力机构,群众当然不会支持。反对派马上组织了一个"打葛纵队",谐音为"打狗纵队",专门对着干,要批判葛林槐。而葛林槐也实在不争气，弄得洋相百出。比如，4月26日党委常委开思想交锋会，打了两次电话通知葛林槐，他都不到会，红卫兵上门去催，发现他躺在床上，以手遮面，说是生病了，问他是什么病，说是发高烧，问看了医生没有，说昨天去看了，药瓶还在台上。红卫兵要陪他到保健科去看病，帮他穿衣，拖了半天不肯起来，红卫兵就请医生来出诊，这医生也是被他整过的，当然不肯帮他的忙。先是查看病历卡，证明他从3月22日以后就没有看过病，说昨天看了病，显然是撒谎；再量体温，只有三十六点六度，说发高烧，也没有根据；听了心肺，也都正常，根本就没有什么病。于是红卫兵就指责他装病，要他去开会。但葛林槐就是不肯去，帮他套上衣服的袖子，他就拉掉，抱他起来，他再躺下，并且大哭大叫："我准备被打倒！""你们把我丢到河里去好了！"还威胁那位医生说："你这样对我，是没有好处的！"这一场景被"打葛纵队"在大会上报告出来，并用大字报公布，葛林槐就成为态度恶劣的典型，解放、结合云云，也都无从谈起了。

这样闹了几个月，郭仁杰渐渐转为劣势，被当作新的"资产阶级反动路线"来批判了。这一形势的转化，使复旦的老造反们非常高兴，觉得自己的斗争是有成效的。其实，郭仁杰的失势，并非因为"反逆流"遇到了阻力，而是因为得罪了张春桥的缘故。

张春桥最恼火的，是郭仁杰把他内部讲话公开出去了。张春桥在一个内部小会上曾传达过毛泽东的话："红革会炮打张春桥、姚文元，还不是反革命吗？红革会这笔账是要算的。"然后叮嘱道，此事不得外传。但郭仁杰为了说明自己主持的

我们走在大路上。1967年初夏,在反"反逆流"的高潮中,我与"过河卒"小组的几位同学走在大字报走廊上,这是复旦园的主干道,当时被称为"复旦的南京路",两边的大字报栏是复旦运动的晴雨表。左起:王文英、王之平、吴中杰、徐祝庆、钱乃荣。

"反逆流"斗争来头很大,就把毛的话说出去了。反对派指责郭仁杰伪造毛主席指示,郭就说是张春桥说的,弄得张春桥非常被动。

其次,郭仁杰到市革会教卫组之后,想把红革会的队伍重新拉起来,说是别的红卫兵组织都有全市的总部,红革会也应该恢复总部。在他,是要拉一支队伍,壮大自己的势力,但对张春桥说来,红革会无疑是一种异己力量,这支队伍好不容易才打散的,怎可让他复活,此举实乃大忌。

再则,在工人的队伍中,上海柴油机厂的联合司令部(简称"上柴联司")是一支与工总司对立的力量,王洪文制造了上海规模最大的一次武斗,带领工总司的大批人马将它砸烂,踏平,但郭仁杰却表态支持上柴联司,这当然也为张春桥所不满。

有此数事,张春桥就不再见他。郭仁杰本是靠着张春桥的力量办事的,一旦失去张春桥的信任,命运就要逆转了。

但张春桥的态度,学生们还并不清楚。最先起来批判郭仁杰的,是他们内部人物,市委机关革命造反联络站的另一个头头王承龙。王承龙是市委一份内部刊物《支部生活》的造反派头头,在联络站内有相当的势力,并没有把郭仁杰放在眼里,而且正在与徐景贤争权。所以一摸到张春桥的态度之后,就组织会议批判郭仁杰,绕过徐景贤,直接向张春桥汇报,说郭仁杰是上柴联司的黑后台,并设立了"郭仁杰专案组"。徐景贤和联络站的另一个头头程绮华还想保郭仁杰一下,把他送进上海公费医院治病,因为他有肾结石。但这消息却被上海工学院的造反派知道了,就冲到医院把郭仁杰抓走,隔离起来,加以批斗。后来查出他有婚外的男女关系,这在当时被认作是流氓行为,就被当作流氓来鞭打,打得郭仁杰难以忍受,跳楼自杀了。

郭仁杰一死,"反逆流"斗争也就破产了。

据说,在郭仁杰被抓时,徐景贤曾要求张春桥出面将他保出来,但张春桥不表态,他其实是要假手红卫兵除掉郭仁杰。除掉郭仁杰,对张春桥有两个好处:一是清除了一个能够再拉队伍与他对抗的隐患;二是可以消解因"反逆流"而引起的怨愤。

郭仁杰实际上是政治斗争的牺牲品。

第二次炮打张春桥

但红卫兵与张春桥的矛盾并没有缓和。有压迫，必有反抗；压得愈紧，反弹的力量也愈大。"反逆流"反得太厉害了，积压的怨愤也就更多，并不是牺牲一个郭仁杰所能消解得了的。

本来，群众的反张情绪是被中央"文革"特急电报硬压下去的，如果张春桥聪明一点，适可而止，局面也许还可以稳定得住，无奈他是个心胸狭隘，睚眦必报的人，对于反对派必欲置之死地而后快，于是一整再整，整个没完没了。表面上张春桥的威信愈来愈高，人人谈"炮打"而变色，但实际上危机四伏，人们背地里对他恨得咬牙切齿，反张情绪有增无减。所以，无论后来的触发剂是什么，第二次炮打张春桥事件是迟早要爆发的，这其实是张春桥自己造成的恶果。

还在第一次"炮打"刚被镇压下去的时候，复旦就有人在大字报中借用鲁迅的话说："沉默呵，沉默呵！不在沉默中爆发，就在沉默中灭亡。"一年之后，这句话应验了。1968年4月12日，上海又发生了一次炮打张春桥事件，主战场仍在复旦大学。

不过第二次炮打，远比第一次炮打的情况来得复杂。第一次炮打失败之后，张春桥们扬言要抓黑后台，其实那时倒并无什么人在幕后指使或煽动，完全是在新的权力分配的背景下，怀疑一切的思潮在作怪。而第二次炮打则不同了，明显有上层的线通下来，特别是军方，只是碍于上层政治斗争的格局，不好追查下去，所以至今还是个谜。

但风源来自北京是肯定的。据我所知,有三条线路通下来:

一条是经过《文汇报》北京办事处,通到《文汇报》革命委员会主任朱锡琪那里。《文汇报》北办主任艾玲是个通天人物,在批判《海瑞罢官》时,曾为江青、张春桥搜集过许多情报,后来又直接为中央"文革"小组服务,深得陈伯达的赏识,她的丈夫又是部队里的高级军官。当时就听说,艾玲用保密电话给朱锡琪通了消息,朱锡琪召集《文汇报》核心组成员开秘密会议,大家宣誓决定炮打张春桥。于是他们以"文汇报星火燎原革命造反总部为什么战斗队"的名义,写出《十个为什么》传单,用大字印出,广为散发和张贴。其内容大致是说:上海召开活学活用毛主席著作积极分子代表大会,新华社为什么不发报道?《人民日报》为什么几个月不转载上海的社论?北京3月27日十万人大会,为什么张春桥没有去参加?江苏、浙江省革命委员会成立会的报道中,张春桥为什么没有中央"文革"副组长和南京军区第一政委的头衔?为什么上海没有人参加北京"三·二四""三·二七"大会?……虽然没有点名,但矛头直指张春桥。最后提的口号是:"誓死保卫上海市革命委员会",区别于过去所提的"誓死保卫以张春桥、姚文元为首的上海市革命委员会"。

另一条线是由解放军总后勤部,通到第二军医大学"红旗战斗队"。二军大当时分为"红旗"、"红纵"两派,"红纵"在北京要打倒总后勤部长邱会作,在上海则支持打倒陈丕显、曹荻秋的造反派,支持上海夺权,因而参加上海市革会的活动,而"红旗"则是保邱会作的,在上海却受到张春桥的排挤。到得4月初,"红旗"却忽然活跃起来了,以"三军无产阶级革命派"

（简称"三军无革派"）的名义，到处刷大标语，如："揪出杨、余、傅的黑后台"，等等。杨、余、傅是指解放军代总参谋长杨成武、空军政委余立金、北京卫戍区司令傅崇碧，3月份刚刚被打倒，北京提出要揪他们的黑后台，上海一些敏感人士认为这个黑后台就是指张春桥。

还有一条线，是由《人民日报》记者通到复旦红卫兵组织。4月初，《人民日报》派了两名记者到上海，都是复旦大学提前毕业的学生，一个原属红革会，一个原属红三司。原属红三司的记者是"过河卒"小组成员，与我关系很好，他到上海后先来找我，告以陈伯达到《人民日报》指示工作时，说了一些不利于张春桥的话，这些话当然是暗示性的，但大家都听得出来，矛头是指向张春桥的。这种表达方式，是当时领导人的一种说话艺术。既豁出了翎子，又不落言筌，万一事情不成，别人也无法追究他的责任，他可以说根本不是这个意思。当时的"革命群众"也锻炼得很善于察言观色，领会言外之音、字外之义。上面翎子一出，下面闻风而动，北京反张的空气已经很浓了。

我问他此次到上海有什么具体任务，他说没有明确指示，只是要他们了解基层情况，组点稿子。我立即意识到，这实际上是派他们来向上海两大红卫兵组织传递信息的，只是领导上不肯明说罢了。北京这股反张热流，必然要南下上海，而且指日可待，不会太久。我们必须赶快拿定主意，作好准备。

我们在"文革"开始以来将近两年的经历中，已经积累了一些经验，深感自己不过是供大人物驱使的喽啰。大人物在云端里指挥，小人物在地面上大战，打得汗流浃背，头破血流，自以为英雄，其实不过是傀儡。斗赢了，无非是为上面大人物的高升清除障碍,开辟道路,小人物除了受几句夸赞之外,得不到什么实惠;斗败了,却就是反革命的罪名,身败名裂,而大人物则依然无恙,双方仍皮笑肉不笑地握手言欢。

既然已经悟到这一点,当然就没有劲头再来做傀儡了。我们决定这回要做个看客,只看看热闹不再卷入即将掀起的第二次炮打张春桥热潮。次日,约"过河卒"成员在共青苗圃碰头,我将这层意思说了,大家都很赞成。我们还特别叮嘱安文江,要他稳住阵脚,切不可轻举妄动。安文江是红三司司令,在当时是个风云人物,这么大的事体,别人肯定要找他,他又好激动,一激动起来就冲到前面去了。所以要想不卷入,先得把他稳住。

果然,第二次炮打张春桥的热潮很快就形成了。4月10日,二军大"红旗"造反队的大标语就刷到复旦校园里来了。但他们始终只刷些暗示性的标语,既不明确说出自己的意见,也不肯透露消息来源,表现得神秘兮兮的。但愈表现得神秘,愈能刺激人们的想象力。关心"文革"动态的人都知道二军大"红旗"与邱会作的关系,也知道邱会作是林彪的亲信。那么,二军大"红旗"出来反张,是不是反映了林彪的态度呢?如果林彪、陈伯达都在反张,那么,张春桥不是倒定了吗?

于是,复旦红卫兵也贴出了大字报。虽然由于第一次炮打失败的教训,使得他们表现得相当谨慎,但是愤火积压已久,有了适当的机会,还是要爆发出来的。这些大字报和大标语虽然都没有点张春桥的名,但是明眼人一看便知,是针对张春桥的。这时火上加油的是,《文汇报》"为什么战斗队"的传单《十个为什么》的出现。红卫兵消息灵通,知道他们有通天人物。在分析各种动态之后,得出了一个结论:这次反张之风,是从中央刮下来的,打倒张春桥的时机已到,还有什么可以犹豫的呢?

4月12日早晨,当人们从宿舍区走向复旦校门时,就看见围墙上有醒目的大字报:《揪出大叛徒张春桥》。红墨水画得鲜血淋漓,甚是吓人。校园里更是炮打张春桥的大字报满天世界了,而且还不断地在增加。复旦的红卫兵们怀着深仇大恨,全面出动,在市里通衢要道,在各路公共汽车上,都刷了反张标语,整个上海都轰动起来了。主战场当然仍在复旦,市民们纷纷涌向复旦园。到得10点钟左右,复旦园的几条要道便挤得难以行走了,比任何节日都要热闹。

不过,胡守钧一派这次倒没有参加炮打。因为这时军宣队(即"中国人民解放军毛泽东思想宣传队")已经进驻复旦,在这之前就借清理阶级队伍之名,将胡守钧、周谷声等人隔离起来了。"炮司"("炮打司令部联合兵团")突击队乘乱冲进隔离室将他们的司令周谷声抢走,胡守钧也走出隔离室,宣布自己解放自己。这个消息,更给节日的人群增加了欢乐气氛。

"过河卒"和安文江因为没有明确表态,成为人们追踪对象。有些人向我们探听消息,有些人要我们参加炮打。我们还是抱着老主意:做个看客。但是树大招风,安司令是上海滩上的名人,"过河卒"是有名的战斗小组,在这样大事件面前,要回避也不容易。这时,二军大"红旗"已经派人来找安文江了,名曰访问,实则煽动。我们怕安文江头脑发热,就带着他出去躲避。先是全组集中到我家,那时我家住在淞庄,离校本部很近,马上就有人找到我家来了,我们赶快转移到和平公园,在那边一直待到傍晚。等我们回校时,第二次炮打事件已经结束。军宣队原来一直旁观不表态,他们的负责人方耀华以微笑来回答别人的询问,弄得别人更加怀疑,这时却出来传达了海军第一政委李作鹏的电话指示:一、上海有人炮打中央"文革"副组长张春桥同志,我们军队不要介入;二、已经贴出的大字报,要予以覆盖;三、不要搞反击。于是,校园里又出现了一片萧条景象,与我们上午离开时那番热烈气氛,形成鲜明的对比。

但人们心中的疑团并未消散。李作鹏只是个海军政委,并非"文革"小组成员,当时也还不是中央大员,为什么要他出来表态呢?而且与上一次中央"文革"小组的特急电报相比,态度也并不强硬,有些话还说得非常含糊。这里面有什么奥妙?李作鹏是林彪的亲信,林彪为什么那么快就转变态度?但这一切都无法深究。反正大家都明确一点:第二次炮打又失败了,等着挨整吧!

第二次"炮打"失败,工宣队尚未进驻,复旦暂时处于平静状态。我(中立者)与"过河卒"、"杀阎王"小组部分成员在复旦校门口留影。

不过这一次倒没有再搞"反逆流"。当然不是李作鹏说了"不要搞反击"就能起作用的,想来另有原因。近来看了一本"文革"回忆录,才知道还是毛泽东特地把张春桥找到北京,下的指示:"你可以对那些炮打你的人讲'无事'。北京不是有个谢富治嘛,学生炮打他,他对学生讲'无事'。那些学生就炮打不下去了。"

但张春桥并不是一个宽容的人,他表面上虽然也只好说"炮打"的账不要算了,其实,在内心里对这些炮打的人恨得咬牙切齿,只是需要等待时机。

这个时机不久就来了,那就是1970年初的"一打三反"运动。

被扮演的"反革命"

既然毛泽东在第二次"炮打张春桥"事件之后,指示应以"无事"对待之,张春桥一时也不好发作。但凭他急切的权力欲和强烈的报复心,此事是决不会善罢甘休的。"红革会的账一定要算",是他们内部的共识,也通过不同的途径流传出来。但在"一打三反"运动中,被他揪出来大打特打的,却不是"红革会",而是以"孙悟空"小组和"炮打司令联合兵团"为主体的"胡守钧小集团"。这事看起来有点奇怪,其实却正是张春桥们工于心计的表现。盖因"红革会"被中央"文革"小组特急电报点名之后,已成为众所周知的炮打张春桥的代表,如果将他们作为反革命集团大整起来,不但外界多所议论,而且在毛泽东面前也不好交代。实际上,"炮打"的罪魁祸首也不是红革会,而是胡守钧这一派,即"孙悟空"战斗组,以及与这个组关系密切的"炮打司令部联合兵团"。这一点,上海之外的人不大晓得,毛泽东也未必清楚,所以选择"胡守钧小集团"作为重点打击对象,最为相宜。何况,"红革会"人多势众,打击面过大也不很策略,而胡守钧这一派人数最少,对他们动手,也符合"打击一小撮"的策略。

但是,以炮打张春桥的问题来治人以反革命罪,不但过于明显,而且也难以定案,必须另找名目才行。当时最严重的"罪行",是反对毛主席、反对毛泽东思想,还有篡党夺权之类,但胡守钧们并没有此类事情,于是只好胡编乱造一些情节,大小事情都往这方面挂靠,并迫使被整者承认,要他们扮演一回"反革命"的角色。

胡守钧当时是复旦哲学系一年级学生,第一次"炮打张春桥"事件的发动者。张春桥借1970年"一打三反"运动之机,编织了一个"胡守钧反革命小集团"案,胡守钧自然被定为该案的首犯。此案成为"文化大革命"期间上海市第一大案,胡守钧被判刑,直至"四人帮"垮台之后,才获平反。现为复旦社会学系教授,博士生导师。

中国的某些权力者,常常兼有剧作家的才能,办起案子来不是根据生活中的实情加以判断,而是从自己的政治需要出发来编造情节,然后再根据这个编造出来的剧情安排角色。因此,他们所宣布的案情,往往与事实有千里之差。

"胡守钧反革命小集团"案,也是这样编造出来的。只是,这个剧本却不是原创的,而是1955年"胡风反革命小集团"案的摹仿,不但角色的安排上如法炮制,而且连用语和场面也是完全的移植,只不过把其中的人名更换一下而已,这就有些等而下之的感觉。如果要说有什么创造的话,只不过是移植了别的剧本的情节和人物而已。例如,我这个"刁德一式的黑谋士"角色,就是从当时广为流行的"革命样板戏"《沙家浜》里搬过来的,但同时又要我兼任"长胡子的角色",则是根据张春桥要抓"黑后台"的要求而附加的,至于这两个角色并在一起,是否合乎性格逻辑,则在所不计也。所以这摹仿实在过于拙劣。

但我们却只好按照他们摹仿、拼凑出来的剧本来演戏,不是在戏剧舞台上演戏,而是在政治生活中演戏,不是自愿演出,而是"被扮演"。当我发现自己被迫按照派定的角色在演生活之戏时,很有些愤慨,但事后略一涉猎中国文网史,却发现此类故事有着相当的普遍性。如按照实际情况写将出来,也许能给读者提供一些材料,有助于人们对某种社会现象的认识。

我本想对这个案件作一全景式的描写,看一个冤案是怎样罗织成的,但当时的众多演员都已星散,有许多已经出国定居,无法寻访了,于是只好以个人的经历为线索,写一点自己的感受。

淘金者眼中的火鸡

1970年，春节刚过，一场新的政治风暴突然袭击复旦园。"一打三反"运动开始了。

上海市革命委员会的头头们要在复旦大学搞试点，抓典型，然后推向全市。于是复旦再次成为上海政治运动的中心，成为市民们目光凝注的焦点；复旦师生员工们的压力也特别大。节日的余温立刻一扫而光，拜年时留下的笑容陡然冻结在面孔上，瞬间又化为惊惶的表情。

何谓"一打三反"？当时就有点模糊，我一直说不出它的全称。最近查阅历史资料，才知道它的全称是"打击反革命破坏活动，反对贪污盗窃、投机倒把、铺张浪费"。但后面的"三反"并没有认真执行，所以给人以模糊的感觉，而重点在于"一打"，则是很清楚的。当时掌握复旦生杀大权的工人毛泽东思想宣传队队长张扣发曾以明确的语言宣布：这场运动是要打击新生的反革命分子。他在大会上得意洋洋地炫耀道："我手头至少掌握了一打以上的反革命集团情况，零星的反革命分子还不算在内。"

人们不禁疑问：总共不过万把人的学校，能有这么多反革命分子吗？而且还是新生的？然而脑子里打着这种问号的，大抵都是书呆子，他们犯了知古不知今、知常不知变的错误。要知道，那年月阶级斗争天天讲、时时讲，讲得人们昏头昏脑，停下课来年年斗、月月斗，斗得大家眼睛发红，只要上峰一指点，有些人就会产生幻觉，在眼前幻化出许多反革命分子来，就像卓别林主演的电影《淘金记》中那个饿慌了的淘金者一样,眼睛一模糊,就把他的伙伴幻化为一只火鸡,并且想要把他打死来充饥。至于工宣队、军宣队和革委会的头头们,由于官运相关,前程所系,更是打得起劲,抓得过瘾。他们此刻的心情,有如与王胡比赛捉虱子的阿Q,一门心思只想捉得多,捉大个的,至少不能输给那个不起眼的王胡,否则就有点"太妈妈的"了。于是,在这"遍地英雄下夕烟"的美丽国家里,经过伟大领袖亲自发动的完全必要、非常及时的"无产阶级文化大革命"的洗礼,到处都冒出许多新生的反革命分子。

人们常常埋怨我们的机构办事效率太低,说它批一件公文要盖十几个乃至几十个公章,办一桩小事也要拖一年半载。这话自然符合实情,但万事不能一概而论。据我的观察,大凡要办成一件与民有益的事,如加工资、提职称、分房子,或者平冤狱、摘帽子、退还抄家物资等统称"落实政策"之事,那是办得很慢的,因为要慎重,不能草率从事,以致使人有如大旱之盼云霓,却又久等不至;但是,一碰到抓阶级斗争,搞运动,整人关人等事,其办事效率却又神速得惊人,"最高指示"不过夜,上级命令马上贯彻,雷厉风行,遍地开花,几天之内,一场声势浩大的运动就全面地铺开了。

"一打三反"运动既然属于后一种情况,进展当然是神速的。市革会刚把"光荣任务"布置下来,复旦的头儿脑儿们马上就拟出了好几个反革命小集团名单:胡守钧小集团、反复辟学会小集团、邹吴李小集团……还有一个叫做"为反复辟学会翻案的小集团"——这个"小集团"的人原是去年清理阶级队伍运动时的"反复辟学会"专案组成员,因为不同意把"反复辟学会"定为反革命小集团,现在自己却被打成反革命小集团了。这一着特别厉害，它无异于向全校师生员工发出警告：凡是被我们打成反革命的，你们不能同情，对于我们的行动，你们不能有所异议，否则，也与他们一样的下场！

而且立刻动手抓人。胡守钧被抓起来了，陈秀惠被抓起来了，王志惠被抓起来了，王华被抓起来了……有些学生已经毕业，分配到外地工作，工宣队和军宣队的队员们带着市革会的公函和头头们的私信，昼夜兼程，采取行动。于是，周谷声从南京无线电厂被抓回，邱励欧从浙江乔司农场被抓回，肖昌雄从安徽天通军垦农场被抓回……对于他们，有些是智取，骗说外面有人找，待他出得门来，就押上汽车开起跑；有些是力擒，用五花大绑押出农场，有如对付江洋大盗。真是百花齐放，各显神通。

随着运动不断深入，被抓、被关的人也就愈来愈多，复旦园内几乎每一幢楼都变成了牢房，学生宿舍、教室、办公室、实验室，到处都关着人，甚至连放射性实验室也不空着——那个时候人命不值钱，被关者受到辐射与他们无关。虽然中华人民共和国的宪法和法律上并不允许任何机关学校私设牢房，但他们这样做却也并不违法，因为他们并没有宣布拘留或关押，只说是隔离审查，因此也就不能说复旦私设牢房，只不过有许多临时隔离室而已——虽然有些隔离室是"临时"到一年以上的。

可见中国的确是个文明古国，单是文字游戏，就远非洋鬼子们所能及。只消把关押、拘留说成隔离审查，把抄家说成是保密检查，就与法律无涉了；只消把失业改称待业，把涨价改称调价，性质也就完全不同了。何况，脑子里装满法律观念的，都是知识分子，而知识分子则是依附在资产阶级这张皮上的臭毛,什么自由、平等、民主、法律,这一套都是资产阶级的反动思想,根本就要不得。"五一六"通知中不就明确地指出,"在真理面前人人平等"这个口号是资产阶级的口号吗?那时讲的是阶级斗争和无产阶级专政,只要是斗争和专政的需要,别的东西都可以而且应该让路的。

可惜那时我对这些道理还没有参透,看见那些于法无据、于理不合之事,难免要腹诽。而且每每发为议论,于是就成为反动言论,最终被排入了反革命行列。工、军宣队的人常说:"我们就是要斗,只有七斗八斗,才能把这些有花岗岩脑袋的人斗过来!"此话不假,我后来就通脱得多了。一则是见怪不怪,二则也就因为七斗八斗,斗得脑子都有点麻木了。

1970年的春节,我是在南京过的。头年秋天,内子高云响应上海市委和市革委会关于"四个面向"的号召,与一批中学生一起,到黑龙江瑷珲县一个公社插队落户去了。所谓"四个面向"者,即面向农村、面向工矿、面向边疆、面向基层之谓也,说起来蛮好听的,是革命措施,所以报名者甚众——其实不报名也不行,工宣队总要动员得人人都报了名才肯罢手——到后来才发现,此乃张春桥的一条诡计,他是要把许多碍眼的干部都赶出上海,以免妨碍他的"革命委员会"。不过当时很多人都没有看透这一层意思,所以高云也高高兴兴地奔赴边疆,自以为是响应革命号召。两岁半的女儿暂时寄放在南京外婆家,打算等我参加第二批"四个面向"队伍到黑龙江时,再带她一起去。当时我是一个人在上海,所以春节就到南京去看女儿。春节前动身时,复旦园还相当平静,春节后回来,复旦园已是山雨欲来风满楼了。

我是乘坐夜车返沪的,早晨才回到复旦,睡了一会,已是中午。正在吃着午饭,两名工宣队员绷着面孔直挺挺地走进了我的房间。

"吴中杰,领导上派我们来对你进行检查。"

哪个机构的领导派的?为什么要检查?有没有搜查证?

这些在当时都是不能提的问题。一问就是对抗运动,罪加一等。

而且我也不想问,要查你查好了。对于这种妨碍公民居住自由和人身自由的违法行动,几年来见得多,也受得多,早已不像"文化大革命"初期那样愤慨了。特别是在1968年夏天工宣队刚进校时,就来了一个"九五革命行动",即在9月5日对全校进行了一次"保密大检查",不但翻箱倒柜地查遍每个教职员工的家,而且对每个学生的衣物书籍都倒腾一遍,也就给人以一视同仁的感觉。工宣队的本意也许是要给这些臭知识分子一个下马威,殊不知打击面扩大到百分之百以后,每个人所承受的压力倒反而减轻了。

然而这次不同,是重点检查,当然是有所为而发的了。我表现得很坦然,因为自信并无他们所需要的东西。日记、书信之类,早在"文革"开始时就烧光了,后来随收到信件就随复随烧,有许多人不就因日记、书信中的材料而被定罪的吗?谁知道他们拿去会怎样地断章取义、无限上纲呢?索性烧光,就令其无章可断。果然,两名工宣队员查遍我家所有的东西,一无所获,悻悻然而去。——到得三十年之后,我的学生李辉要编辑一种日记丛书,来信向我组稿,我告诉他当年烧毁的情况,并说:"如今很感可惜,但不后悔。因为那时幼稚,常在日记中发议论、谈感想，如果被抄走，不知会加上什么罪名。"

但工宣队员一走，我内心却紧张起来。这个时候又受到搜查，无疑是个危险的信号：在这场新的运动中，我已被列为打击对象了。但问题严重到什么程度，他们会以什么罪名整我？却心中无数。我到校园里兜了圈，想了解些动态，但大家神情都很紧张，不愿与我交谈，即使平时很接近的朋友，也只是似笑非笑地打个招呼就走了。我知道，此刻已是人人自危，对我这个危险人物，都采取回避态度了。我不愿牵连别人，还是不与人家接触为好。

俗语说："为人不做亏心事，夜半敲门心不惊。"这话当然自有道理，但在当时却并不适用。因为一个人要知道自己是否做过亏心事，是否犯了罪，是必须有可供衡量的是非标准和法律根据才行，而在当时，一切准则都被打乱，道德和法律均被践踏，人们又怎么能知道自己触犯了什么条规，有什么罪名会飞到自己头上来呢？君不见有些人昨天还是革命领导干部，今日却成为反革命修正主义分子，有些话昨天还称作革命指示，今日则已成反动言论乎？我倒相信另一条俗语，叫做："善者不来，来者不善"。既然工宣队气势汹汹地来抄家，下面必有文章，需要十分小心才是。

搜查后的头几天里，倒还平安无事。我知道，这是暴风雨来临之前的暂时宁静。不久，我就接到通知，要我到罗店去。其时全国都正在执行"林副主席第一号通令"，据说战争一触即发，各大城市都必须疏散，复旦师生就疏散到罗店一带。虽然罗店恰是交通要道，当年日本兵进攻上海，其中一路就从浏河登陆，经过罗店进军的，比起复旦所在的江湾五角场地区来，罗店更不安全。但当事者似乎并无军事头脑，也不去研究历史、地理，只是为疏散而疏散，所以甲地的人疏散到乙地，乙地的人疏散到甲地，这就算完成了任务，否则，违抗"林副主席通令"，那就罪莫大焉。

罗店的气氛也非常紧张。本来，下乡劳动正是休息脑子的好机会，大家说说笑笑，较为轻松，但这时，人们都失却了笑容，紧绷着面孔准备战斗或者挨斗。没几天，复旦校革命委员会就在罗店剧场召开"一打三反"运动动员大会，工宣队队长张扣发做报告。他把复旦描绘成遍地都暗藏着反革命，形势严重极了，说要发动群众把那些埋藏得很深的反革命分子挖出来，决不能手软。他特别点出了"胡守钧小集团"，说这是一个能量很大的反革命集团，要重点打击。胡守钧在"文革"初期曾组织过一个"孙悟空"战斗组，他本人外号叫老猴子，张扣发就把"胡守钧小集团"比作钻到铁扇公主肚皮里来的孙悟空，说他们有些人已经钻到我们革命委员会内部，钻到共产党内部，是定时炸弹，非挖出来不可。"一打三反"运动的目的，就是"清除隐患，教育后代"。张扣发很得意地宣布："老猴子已经被我们抓起来了，一批小猴子也要一个个挖出来，我们还要把他们后面那些额头上有皱纹，嘴巴上长胡子的人挖出来。这些人不要以为自己埋藏得很深，你们是逃不过我们的眼睛的。现在就有一个人坐在台下，他是中文系教师，是个刁德一式的人物，是为'胡守钧小集团'摇鹅毛扇的狗头军师。这个人不要以为自己做得很隐秘，我们老早就掌握了你的材料，你与胡守钧、周谷声、邱励欧、王志惠几个人在阳澄湖一条小船上讨论建立反动政党的事，别人已经交代了，你还是赶快缴械投降吧！同志们！阶级敌人是很狡猾的，前几天，我们派人到他家去检查，什么也没有查到。这家伙嗅觉很灵敏，一看形势不对，头天晚上就大烧黑材料。其实我们早已把他的房子监视起来了，头天晚上半夜里眼看他在厨房里烧材料，但因为没有接到搜查命令，所以不能动手。这样的反动家伙，家里怎么可能没有黑材料呢？我要警告这个家伙，不要以为查不到黑材料我们就整不了你，你走着瞧吧！"

这个呼之欲出的人物，许多人都听得出来，指的就是我。我自己当然也心中有数，知道他们这回是要把我放在"胡守钧小集团"里整了。不过，我倒并不太紧张，却反而感到有点滑稽。张扣发所说的两条罪状，都是无中生有，叫我怎么能认真对待呢！

首先，我根本没有到过阳澄湖，也就无从在湖上划船，更谈不到在船上讨论建党之事。船上开会建党，那是中国共产党在嘉兴南湖做的事，这是读过中共党史的人都知道的，这个情节不知怎么会移植到我们身上来了。而且我也不相信胡守钧他们会干这种事。王志惠这个人好玩，有他在一起，肯定是游山玩水。

再则，说我在工宣队搜查的头天晚上在厨房里烧黑材料，那更是活见鬼。我是头天晚上从南京乘夜车回来的，半夜上车，天亮抵沪。他所说的监视人员看见我烧黑材料的时间，我大约还在南京，或者正在火车上，根本不可能在复旦宿舍里。

这两条"罪证"，只要我一开口就可以否定掉。想用两条假材料来吓倒我，真是异想天开！张扣发这个讲话，倒让我看出了他们的虚张声势来。我想，定人以罪是要以材料为根据的，没有材料，如何能预先断定别人是反革命？连搜查不到罪证也算作被查抄者之罪，这岂不是颠倒的逻辑？

但是，不管是真罪证还是假材料，不管是颠倒的逻辑还是逻辑的颠倒，只要有利于阶级斗争和路线斗争就行。在那个年代里，真理在权力面前显得分外的软弱，人们也不能在真理面前要求平等。"在真理面前人人平等"的说法已被判定为资产阶级口号，真理也就丧失了客观性，而只有阶级性，凡是对权力者有用的就是真理。于是，真理服从权力，权力即是真理。尽管张扣发的讲话充满了逻辑的混乱，他的结论是建筑在假材料的基础之上，但因为他代表了权力者的意志，他的话就具有实际的效力。

散会后，刚走出会场，我的身后就跟上了两名学生，我知道，我已失去了自由。回到住地，这两名学生就与我住在同一房间，吃饭、上厕所都跟着，而且留意观察我的态度。我竭力保持平静，不与人谈话。我知道，工宣队希望看到我紧张得吃不下饭，辗转反侧睡不着觉，惶惶然不可终日，然后主动找他坦白交代——就像文艺作品里所描写的那样。但是我偏不。我照样读书，吃饭，晚上呼呼大睡，就像无事人一般。

终于，管辖我们小组的工宣队小组长刘家国耐不住了，第二天就来找我谈话。也许是张扣发等着他去汇报动态，他不能不找我谈话。

刘家国先问我对昨天的大会有何感想，然后点到正题说：

"昨天张扣发同志点到的那个摇鹅毛扇的中文系教师，你看是谁啊？"

我当然无须躲闪，直截了当地说：

"这个人大概是指我,但又有点不像。在中文系教师中,要说与胡守钧他们有来往的,当然是指我;但是张扣发同志所说的那两件事,都与我无关,所以又不像我。"

接着,我就把我从未到过阳澄湖和工宣队来我家检查的头天晚上我还未回上海的实况说了一遍。

刘家国组长认定我有罪,不相信张扣发讲的不是事实。我则死咬住我没有去过阳澄湖,因而无从在湖上讨论什么问题。我要求核实材料,并表示愿意当面对质。结果是僵持很久,不欢而散。

谈话结束时,刘家国严厉地对我警告道:

"吴中杰,现在你被我们揪出来了,狡辩是没有用的,想抵赖也是赖不掉的。摆在你面前的只有两条路:坦白从宽,抗拒从严。你不要以为你将材料烧掉,我们就对你没有办法,群众一旦发动起来,不怕揭不出你的材料!我们可以从零打起,不信你等着瞧。"

"坦白从宽,抗拒从严",这是共产党一贯的肃反政策,后来扩而大之,对每个审查对象都要交代一番。这条政策,对于真正犯罪的人,大概的确是有用的,但对我们这些无罪而挨整的人,却实在并无效力。我没有罪,叫我从何坦白?难道摆出事实来申辩就叫抗拒?就得从严处理?而别人揭发什么就承认什么,再给自己编造一些罪名,就算态度好,应该从宽处理?这道理是很难令人信服的。我希望他们能按照实事求是的原则办事,从调查研究入手,结论在调查研究之后再下。这不也是毛泽东主席的教导吗,他们为什么不执行呢?却从乒乓球运动员那里搬来个什么"从零打起"的办法,岂非荒唐?乒乓球运动员讲"从零打起",是要丢掉冠军的思想包袱,轻装上阵,再接再厉,夺取新的胜利,这种精神当然是好的,是取胜之道;而工宣队员说"从零打起",那就是说,在毫无材料的情况下,他可以先定人罪,然后再打出"材料"来。

这是什么理,这是什么法啊?呜呼,他们摆出一副架势要蛮干了!

平心而论,工宣队中也并非都是昧心蛮干的人,有些队员还具有实事求是之心。他们进驻学校时,当然也是戴着有色眼镜来的,但一接触实际之后,看法就有些变化。比如,他们原先听说大学教师都是高薪阶层,进来一看,大部分教师都只有六十元或六十五点五元的月工资,并不比工人高,所以对"精神贵族"一说就产生了疑问;他们原以为大学教师吃了人民的饭,都在干反革命勾当,但接触下来,觉得并不那么坏,所以态度也慢慢缓和下来。原先领导我们小组的范泰浩师傅,还受到知识分子的感染,对文化知识产生了浓厚兴趣,开会之余,常捧着书本学习,有时不耻向学生下问。范师傅对问题的观察也比较冷静,1968年秋天,我在工宣队主持的"抗大学习班"上被批判后不久,他忽然对我说:"对你的批斗,是派性蒙住了眼睛,你自己要心中有数,好好学习。"他与那些张牙舞爪的工宣队员显然有所不同。但他在工宣队中并不得意,而且还受到批评,说他读书学习是向资产阶级知识分子投降,而他的不张牙舞爪,则被批为阶级斗争不坚决,路线斗争觉悟不高。终于,他被送回工厂去了。取代他的刘家国,则整天板着一副斗争面孔,不苟言笑,原则性强极了。看来这是上面的意思,他们非要选择一些狠天狠地的斗士,这才能贯彻他们路线斗争的意图。

那年月,要坚持实事求是的态度的确很难。弄不好,就要惹火烧身。在1968年秋天那次"抗大学习班"上,我就亲身尝过味道。那是一个清理阶级队伍学习班,本来不是清我的,因为我并无什么历史问题,也无现行罪行。学习班开始后,点了许多老师的名,郭绍虞、刘大杰、赵景深、张世禄……要他们交代问题。他们从旧社会中来,上层关系又多,这就得好交代了。这种交代,叫"洗手洗澡",交代清楚了就可以"下楼"。因为都是陈年老账,他们在思想改造等运动中早已交代过多次,所以引发不起轰动效应。接着,清队领导小组抛出一个假党员案,这一下就热闹了。揭发者指控某人是假党员,被揭发者则声称自己是真党员,双方正在大会上激烈争论时,清队组成员周某某站起来,抛出了几份调查材料,说明某人既然没有宣过誓,连介绍人是谁也成问题,所以就给他下了假党员的结论。接着是大字报贴满教学大楼,大标语刷满复旦校园,这个"假党员"就这样被揪出来了。但我听了周某某宣读的材料后,觉得此案难以定性。因为这些材料只不过提出了一些疑点,并不能证实他是假党员,当然,这位当事人的辩词也很无力,还拿不出充分的证据来证明自己是真党员。我的看法是:可能手续不完备,未必是假的,还需要进一步调查,不能凭这些不过硬的材料来下结论。但这种意见在当时是不能随便说的,一说更是破坏清队运动,而且人们也未必能接受,因为很多人只相信领导的话,并不去思考其中的是非曲直。

但我在吃午饭时还是把我的看法与一个教师谈了,因为我认为这个人有分析头脑,而且比较可靠,平时私交也不错。

殊不料下午大会一开始，此公就跳出来揭发我，不但把我私下告诉他的疑问和判断一股脑儿公之于众，而且还激昂慷慨地加以批判。这使我很吃惊，也很恼火，马上站出来自我辩护，声称我的看法是合理的。这一下，就把注意力集中到我身上了，我变成了中文系清队的重点对象，许多原来与我较为接近的教师和学生都纷纷起来揭发我。总的罪名是：反对工宣队，破坏清队运动。最使我感到滑稽的是，我因为为他辩护而惹祸的那位"假党员"，也站出来激烈地批判我包庇阶级敌人，破坏清队运动。这种反戈一击的举动很受工宣队欢迎，当然，他自己也就在某种程度上得到了解脱。

见过许多此类事件之后，聪明的人谁还愿意坚持实事求是原则呢？

实事求是是要付出代价的，只有狠批乱斗才能取得领导信任。

但这次运动来势太猛，很有点使师生员工人人自危，人们一下子还不敢太积极。

而且，驻扎在乡下，各生产队毕竟太分散，运动无法搞得轰轰烈烈，所以在动员大会之后没几天，全校师生一律调回学校搞运动。

校革会一声令下，大家马上卷铺盖、上汽车，别是一番战斗气象。谁也不敢问一问："林副主席第一号通令"还要不要执行？随时准备打仗的战备措施怎么落实？好在教师学生们本不愿长期住在乡下，而头头们原也只是为了执行指示而疏散，现在既然有更紧迫的任务，当然就不管备战不备战了。

每次下乡回来的第一件事是洗澡更衣，然后舒舒服服地吃一顿饭。但这次回校,我却享受不到这种小小的乐趣了。还在上车之前,刘家国就通知我,到校后不准回家,住在学生宿舍。所以,当教师们都拎着行李纷纷回家团聚的时候,我只好跟着学生上六号楼宿舍。我们一家三口人此时分成三处,上海只剩我一个人,回不回家原无什么关系,但此刻不准我回家,我倒很想回去看看。我借口拿换洗衣服,需要回家。刘家国虽然摆出一副很难看的脸色,但没有理由拒绝,只好放我回去。当然,他没有忘记派一个人跟着。

这个跟着我的人是一年级学生,我虽然没有教过他的课,但与他相处也有一年多了。工宣队进校后,说教师在一起干不出好事情,拆散了教师学习组,将教师都分配到各班级学生小组中去。这位同学不但与我在一个学习小组,而且还在一个劳动小组。去年夏天到上钢二厂战高温时,我们一起在转炉下清除钢渣。这是最累、也是最危险的工作,一不留神,便会被钢渣溅伤,甚至烧死,所以我们非得互相照应不可。他开始对我很严厉,日子一长,也就随和多了。在劳动快要结束时,有一天晚上下了中班,夜深人静,只有我们两个人在马路上行走,他忽然叫了一声:"喂!姓吴的,走慢些,我有话跟你说。"当时学生们已不愿、也不能对我们叫"老师"了,一般是直呼其名,客气一点就叫"老吴"、"老王",这位同学却是别出心裁,一直叫我"姓吴的"。

我吃不准他有何见教,只好洗耳恭听。

他压低声音对我说:"姓吴的,你不要以为这次劳动是随便分组的,我是工宣队特意派来监视你的。他们要把你分配到最艰苦、最危险的工作岗位,所以也就苦了我。刘家国交代的,说你是坏人,要我暗中监视。我跟了你三个月,发现你不是坏人,而是好人,我甚至对你有些佩服。你放心好了,我决不会陷害你,但总得汇报些情况,你得心中有数。等你的问题解决了,我们可以交朋友,但现在不能。工宣队总想要整你,不是我能说服得了的。如果一发现我与你亲近,他们马上会另调一个人来监视你,对你也不利。"

我虽明知工宣队对我很歧视,但以为既已整过一次,又整不出什么名堂,总该可以歇手了吧,没想到他们这样看重我,连特工手段都用上了。所以听了这些话,也还是微微吃惊。派来监视我的学生因为出身成分好,所以受到信任,但他是一个有良知的人,根据实际接触,对事物持有自己的看法。承蒙他对我的信任,我自然很感谢他,但决不愿连累他,所以也不想与他亲近。这样,他一直担任着监视我的任务。随着我由暗中被监视转为明的被隔离,他也由暗的监视员变为明的看管员。

在我回家取衣服时,他一路上跟着我,保持几步的距离,别人既看不出他是监视我的,也不会疑心他是我的同行者。到家之后,我随手把门关上,想与他说几句话,但他马上把门打开,并警惕地到门外看了看,然后轻轻地对我说:"不能关门,可能还有监视的人,也许有人会告密,说我们关着门说私房话。得敞开门说话,才不会犯疑。"

我很佩服他的见地。小小年纪,难为他想得周到。

我看见地板上有几封信,是我不在家时邻居从门缝里塞进来的。我赶忙拆开来看,有两封是朋友来信,无甚要事,一封是高云从黑龙江边写来的,说他们在严寒中战天斗地的情况。她革命热情很高,要我争取尽快到黑龙江去。她哪能料到,我此时已成阶下囚,别人早已不承认我是革命群众了,也不要我革命了。我看过信,照例要撕毁,但被这位同学制止了。

"不能毁！刘家国特地要我看看有没有信,有信要交给他。"

虽然我们大家都学过宪法,知道人民有通信自由,但这时连人身自由、居住自由都不讲了,他们不通过任何法律手续就抄了我的家,限制了我的行动,还谈什么通信自由呢！何况这等事在"文革"中早已司空见惯,习以为常了。而且,淫威所在,谁敢抗议就罪加一等。事情颠倒到这个地步:捍卫宪法者有罪,践踏宪法者执法,复有何说！我只苦笑一声,把信交了出去。

他接过信去,说道:"这次运动来势凶猛,非同小可。胡守钧案子是全市重点大案,工宣队把你挂在这个案子里搞,是决心要把你整倒,使谁也不敢讲话,要逼得大家都揭发你,使你众叛亲离,在精神上压垮你。到时候你千万不能自杀。"

"我干么要自杀？死了就搞不清问题了。我还得活着看看事情的结局呢！"

"这样就好。我仍旧相信你是好人,但是随着你问题的升级,我也只得跟着骂你,以后我们也不会再有单独谈话的机会了,你自己珍重！"

在这样严峻的时刻,在我的脸上被随意涂上白粉的时候,居然还有人相信我是好人,而且这人又是工宣队依靠的对象,是监视、看管我的红卫兵,这使我感到莫大的安慰。人心自有公道在！

家里不便多留，我简单地拣了几件衣物，就匆匆地跟他回学生宿舍了。

我们犯了"可恶罪"

一两天内，各路人马都调集回校，而且立即被驱赶上阶级斗争的新战场。

被称为复旦南京路的校区主干道两旁的大字报栏早已修缮一新，其他凡是能搭大字报栏的地方也都加搭了新的大字报栏，如食堂前面，各系办公楼前面，学生宿舍楼前面，等等。而且，所有大字报栏上很快都贴满了大字报，气势之盛，只有两次炮打张春桥的场面才可与之相比。所不同的是，炮打张春桥是学生自发的行动，所以大字报东贴一张，西贴一张，琳琅满目，自由活泼，而"一打三反"运动是自上而下的有组织行动，大字报也显得整齐划一，有如墙报。

我到食堂吃饭，必须经过一部分大字报栏，虽因身后跟着看管人员，不能驻足细看，但略一浏览，就知道重点在整"胡守钧小集团"，而且我也有幸占了一个专栏。大字报给我扣了许多帽子，什么"胡守钧集团的出谋划策者"、"摇鹅毛扇的狗头军师"、"刁德一式的人物"等等，这些原是张扣发在大会上奉送的，一到中文系秀才们的笔下，便又加了许多文学性的语言，写得有声有色，但似乎并无实质性的内容。不过有一点是肯定的，他们认定我是"胡守钧小集团"的重要成员，或者说，非要把我放在这个位置上来整不可了。

这使我感到冤屈，同时也在沉重中感到轻松。

凡是在上海经历过这场史无前例的"文化大革命"运动的人，都知道全上海学生造反派组织主要有三派：

"红革会"（红卫兵革命委员会）——后来在复旦校内改称"新复旦"；

"红三司"（红卫兵第三司令部）——后来在复旦校内改称"红复旦"；

"炮司"（"炮打司令部"联合兵团）——其骨干原是复旦"孙悟空"战斗小组，后该小组扩大为"东方红公社"，第一次炮打失败后，这一派和红三司的一部分人在复旦组成"八二五串联会"。

这三派名称虽有变化，但三足鼎立的局面，一直存在；他们之间人员也互有流动，但骨干分子基本没变。

我虽被定为"胡守钧反革命小集团"第四号人物，被戴上"狗头军师"、"黑谋士"、"摇鹅毛扇的人物"等诸种帽子，但是说来惭愧，其实我与他们并不是一个派别，对他们的情况并不了解，写这段往事还得临时采访。这是2004年早春时节采访胡守钧时，我们在复旦社会学系办公室的合影。左为胡守钧。

若要将我归派，则应该属于"红三司"这一派。"红三司"司令安文江和他所在的"过河卒"小组的成员都是我的学生，与我关系不错。当我在运动初期挨整时，他们支持过我，使我摆脱险恶的处境，而且承蒙他们看得起，接纳我参加"过河卒"小组，算是一名老卒。所以，如果将我定为安文江的军师，还勉强可以说得过去，虽然在中央"文革"小组大捧红卫兵的情况下，当时处于被动地位的教师根本指挥不了学生，但毕竟我们关系较为密切；而将我定为"胡守钧小集团"的军师，要我对他们的行动负责，那就使我有荒唐之感了。

我与胡守钧不是一派，相识很迟，而且有过争吵。1967年春天，我代表"红三司"对复旦中层干部讲话，提出要解放干部，不料我讲话刚一结束，胡守钧就站起来，当众批评我的讲话有严重右倾的错误，令我很不高兴；1968年成立校革会前夕，他认为我在一张大字报上攻击了他，也对我很生气。这是许多人都知道的事实。因为属于不同派别，大家虽然认识，也有往来，但总是各自严守秘密。他们的事，我既没参加，也不知情，所以把我放在胡守钧集团中整，使我感到既沉重又轻松——反正他们的事都与我无关，看你们能整出什么名堂来？

上海市革会的头头们要整胡守钧这批人，是久矣夫非止一日的了。市革会副主任徐景贤曾经当众宣布："胡守钧脑后有反骨。"这就是说，他们对胡守钧是极端的不放心，把他看作魏延，必欲除之而后快。手握政权的大人先生们对于一群手无寸铁的学生娃娃如此害怕，说起来非常可笑，但只要一提起两次炮打张春桥事件，张春桥本人以及这批靠张春桥提拔上去的新贵们，的确胆战心惊。

第一次炮打事件是胡守钧和他的"孙悟空"小组发动起来的。第二次炮打事件虽说与胡守钧无关，但是，胡守钧的名字印入张春桥的大脑皮层太深了，所以这笔账仍然要算到胡守钧头上。

张春桥对胡守钧实在太恨了，只要一有机会，就要整他。军宣队进驻复旦时，张春桥的亲信就训示说："胡守钧很阴，你们要很好注意。"所以1968年初军宣队以清理阶级队伍之名，就已整过胡守钧一次，并且把胡守钧、周谷声等人长期关押起来，直到"四一二"第二次炮打时，他们才有机会自救。在工宣队进校时，王洪文、王秀珍就特别指示："复旦有过两次炮打，要查清。"张春桥虽然假惺惺地说："炮打的问题，算了"，不过，官场上的语言，常常是不能直解，而需反训的。俗语说："听话听音，锣鼓听声。"机灵的部下很能懂得上峰的言外之意，所谓"算了"，就是"不能算了"，要狠狠打击报复的意思。所以王洪文、徐景贤随即发布指示道："这个账要算的。春桥自己当然这么说，但我们对这个问题还是要搞搞清楚。"工宣队的头头们当然心领神会：他们进驻高等学校，特别是进驻复旦大学的首要任务，就是要查清两次炮打张春桥的问题，并且要狠狠打击策划炮打的头头。所以他们一进校，就来个全面大搜查、大抄家，然后才慢慢收网，把目标集中在胡守钧和他的伙伴身上。"一打三反"运动正为他们提供了打击报复的好机会。

张春桥要整胡守钧和"炮司"的人既然由来已久，当然也如司马昭之心，路人皆知。但是为什么把我也放在胡守钧集团里整，而且还抬得很高，说我是他们的军师，是决策人物，就连我自己都有些莫名其妙了。开始我还以为是工宣队的情报搞错了。但听听批判会上揭发我的材料，似乎他们什么情报都没有掌握，所揭的无非是些鸡毛蒜皮之事，如：在游泳池里，我与两个"胡守钧小集团"的人边游泳边谈话；我的学生从新疆回来，到我家做新疆拉面吃，胡守钧跟着来吃过一次面；我到南京看女儿时，周谷声陪我游了一次石头城，等等。但是，这些生活小事却都归结到一个要点上，就是：吴中杰通过种种接触，为"胡守钧小集团"出谋划策；或者说，"胡守钧小集团"干什么大事都要征得吴中杰的同意。内容的琐碎和题目的惊人，完全接不上榫，显然，是工宣队定好调子要这些人揭发，于是他们只好把与我的几次见面一一作了交代，连点头打招呼、寒暄问好都往"出谋划策"这个纲上挂，其牵强附会，是任何人都看得出来的。

尽管牵强附会，缺乏材料，毫无根据，但他们还是将我定为"胡守钧小集团"的黑谋士，而且一定要把各种材料都改造得适合于这个罪名。记得1955年批判胡适的时候，许多文章都指责他"大胆的假设，小心的求证"的方法是实用主义的伪科学，其实，胡适是讲"疑而后信"，"考而后信"，"有充分证据而后信"，还是比较符合科学精神的。他的考证文章就有许多材料作为证据，并非信口乱说。但现在呢，工宣队的做法简直是"胡乱的假设，粗暴的求证"了，或者根本就不要什么证据，也不知这该称为什么主义。大概"革命样板戏"《沙家浜》给他们的印象太深了，他们认为胡司令的身边总该有个刁德一，所以就把我派作胡守钧的黑谋士，称我为刁德一式的人物。这简直是按照剧本来指派生活的角色了。

但是，为什么要派定我来扮演刁德一这个角色呢？我在什么地方触犯了他们？

在一次小型批斗会上，我终于恍然大悟了。这次会，参加的人数不多，不是为了制造声势，而是为了追查问题。他们翻来覆去地追查的就是一个问题：1967年初我两次去找姚文元的父亲姚蓬子，目的何在？谈些什么？整理了哪些材料？

呀，原来他们怀疑我在整姚文元的材料。

说起此事来，连我自己也感到好笑。"文化大革命"冲击了一切业务活动，而我却还记挂着我的鲁迅研究工作。除了钻研鲁迅本人的作品，阅读二三十年代的报纸刊物外，我还访问过许多当事人，姚蓬子就是其中之一。我之访问姚蓬子，并非因为他是姚文元的父亲，而是因为他曾经是30年代左翼作家联盟的活跃人物，且与鲁迅有过接触，鲁迅还赠过他一首诗："蓦地飞仙降碧空，云车双辆挈灵童。可怜蓬子非天子，逃来逃去吸北风。"但在我访问姚蓬子时，姚文元已是中央"文革"小组的重要成员，姚蓬子也被保护起来，不准别人随便找他了。我千方百计地找到了他。姚蓬子很健谈，第一次没谈完，他又主动约我再谈一次。他谈得很坦率，不但谈了左联情况，介绍了鲁迅赠诗的背景材料，而且还主动谈到他转到中共中央特科工作后，在天津被捕的事。为了避免嫌疑，我当然不提姚文元，但在当时，姚文元正是他的骄傲，也是他的保护伞，他自己把话题引到姚文元身上。自然，讲的是姚文元从小如何聪明伶俐之类，决不会损害他的形象的。但即使如此，我却成了"炮打无产阶级司令部"的重要嫌疑犯。无论我怎样解释，说这是为了研究鲁迅而进行访问，但工宣队总是不肯相信，因为他们根本不懂文学研究是怎么回事。按照他们的逻辑，你如果不是整姚文元的黑材料，找他父亲干什么？既然你找过姚蓬子，而且又谈到他被捕的情况，这就是整姚文元的黑材料。如果你要研究鲁迅，鲁迅自己的作品还不够你读的，要去看30年代报纸杂志干什么？你看30年代报刊，一定要整张春桥的黑材料，甚至是整江青的黑材料。他们不但如此怀疑，而且在批斗大会上就是这样质问我的。哦，他们还怀疑炮打时学生们抛出的张春桥历史材料是我提供的，所以才那么抬举我。

还有一件事也与此有关。就在我被隔离之前不久，1969年年底，《解放日报》约我编一组鲁迅批判"四条汉子"的语录，一不留心，我把鲁迅在书信中批评姚蓬子的话也编了进去，因为内容有相通之处。虽然并没有点姚蓬子之名，但鼻子特灵的人马上就嗅到了。这组语录一见报，就传来一个消息，说市革会朱永嘉说这组语录有问题，在查问是谁编的。当时我听过就算了，并不在意，现在才知道问题的严重性。

我终于明白，自己是犯了"可恶罪"！

鲁迅写过一篇十分简短而又非常尖锐的文章，叫《可恶罪》，文中说："我以为法律上的许多罪名，都是花言巧语，只消以一语包括之，曰：可恶罪。""我先前总以为人是有罪，所以枪毙或坐监的。现在才知道其中的许多，是先因为被人认为'可恶'，这才终于犯了罪。许多罪人，应该称为'可恶的人'。"记得1968年春天的那次清理阶级队伍运动中，领导者曾经给胡守钧扣上许多似是而非的罪名，我看完批胡专栏大字报后，曾经对知己的学生说过："胡守钧其实只不过犯了'可恶罪'，因为他炮打张春桥,使上峰感到可恶,这才一条一条定出罪状来。如果不可恶,他这些材料都上不了纲。"想不到这"可恶罪"如今也落到我自己头上了。既然我成了"可恶的人",当然就难逃挨整的命运。至于放在"胡守钧小集团"这个案子里整,还是以别的什么名义来整,那就带有随机性了。现在"胡守钧小集团"案是上海市第一大案,而张春桥、姚文元二人又是连体婴儿,我既被怀疑整姚文元的黑材料,当然也属于炮打张春桥一案的要犯,把我放在这个案子里整也是必然的。

当悟到这一点时,我才觉得自己原先以为工宣队情报错误,等待他们查清后来解脱我的想法,实在是太天真了。什么错误,什么罪状,都是假的,既然是"可恶的人",还怕定不下罪名?古人不是早就说过:"欲加之罪,何患无辞"吗?看来,这是一场持久战,得要定下心来,与他们慢慢地周旋。

假作真时真亦假

果然,我的问题很快就升级了。尽管揭不出什么材料,还是把我关进了隔离室。

同是隔离审查,看守在学生宿舍和囚禁在隔离室是不一样的。不但待遇有别,而且显示出问题严重性的差异。罪名较轻的,看守在学生宿舍,虽然不能自由活动,但毕竟生活在人群中,外界的情况多少能够了解到一些;罪名较重的,就关进隔离室,那实际上是一所私设的监狱,进到这里面,就真正处于与世隔绝的状态了。

一天晚上,我正坐在学生宿舍看书,我的专案组组长刘家国、工宣队连长袁瑞云和军宣队莫某人一起走了进来,由袁瑞云带头,先训斥我态度顽固,不老实交代,然后宣布,说我的问题十分严重,马上关进隔离室。当下就要我收拾行李,把我送到了隔离室。

当时复旦园内隔离室不止一处,我被送到学生宿舍十号楼。这里整整一层底楼都腾出来做隔离室,又从工厂里调来一批民兵——当时叫"文攻武卫"——轮班看守,气象十分森严。我被押进去后,先在值班室登记,然后由一个民兵带到一个房间。这个民兵个头很大,孔武有力,但见到我这个文弱书生却如临大敌,态度严厉,气氛紧张。我想,这大概是因为大字报上把我们描绘成一伙亡命之徒,所以他很警惕吧。我放下行李后,本以为可以铺床休息了,不料他却还有许多训示,而且要我交出除《毛泽东选集》之外的一切书籍、纸张,以及小刀、钥匙、剃须刀等等,最后,还要我解下裤带、鞋带,只留下一根很短的绳子,让我刚够将两个裤袢拉在一起,使裤子不致掉下来。我知道,这是防我自杀。我心里感到好笑,但却笑不出来。

等到一大批押送的人都走掉,咔嗒一声,民兵将房门反扣起来,我才定下心来细细地看一下房间。在复旦生活多年,学生宿舍我是很熟悉的,只是这间房子除了一桌一凳一张床铺之外,别的东西都已搬掉,就显得空空荡荡。墙上没有装饰画,只有几条标语,写的是:"坦白从宽,抗拒从严","顽抗到底,死路一条"。这类标语最近见得多了,也并不显得触目惊心。令人讨厌的是窗玻璃大都涂上了红漆,对外的玻璃窗只留下最上面一格没有上漆,可以透进光线;朝走廊的门玻璃,只留下一小块没有漆,那是为了监视用的。这就使人有与世隔绝之感。窗外小道是学生上食堂的主要通道之一,时时有人走过,但外面的行路声和讲话声却反而衬得房内更加寂静。复旦沉浸在一片怒喊中,有谁能理解我们呢？我的心感到分外的寂寞。

在"一打三反"运动中,复旦园里到处是变相的牢房,每一幢学生宿舍,都关有"隔离审查对象",甚至有些办公室、实验室也作为隔离室来用。这一幢坐东朝西的大楼,原为学生宿舍十号楼,胡守钧便关在楼下南向左第一间,我关在楼下西向右第一间。后来许多人渐次放出,剩下的要犯便都集中起来,关在这幢大楼里,我也调整到别的房间。

复旦正经历着烦躁的不眠之夜。我们被关在隔离室里写交代材料,许多教师和学生被驱赶上"阶级斗争的战场",通宵写大字报。虽然双方处于对立的地位,其实大家都不过是扮演某种角色的傀儡,编剧和导演在康平路市委大楼里。而那些头头们也处于紧张状态,据他们看来,"小集团"这伙人太顽固了,只肯交代鸡毛蒜皮之事,不肯交代实质性问题。而抓不住实质性问题,就定不了案,场面搞得愈大就愈难下台。这是从大会小会上的训斥声中可以推论出来的。

他们忙着寻找突破口，而突破口终于找到了。这就是何穆写给邱励欧的一封信，和陈建玮、孟金瑛编辑的《远方战友通信集》。高音喇叭整天播送着通令、战报，并摘要地播送这两份材料。他们认为何穆的信是"胡守钧小集团"的反革命纲领，而《远方战友通信集》则是反革命秘密刊物和联络图。

我没有看到过这两份材料，从广播中引用的片段看，何穆的信无非是对现实情况的一些不满，如说："我对清队（按：指清理阶级队伍）的背景和方向是始终怀疑的"，还有对于前景的一种预测，如说："以后要多少时候，恐怕会有一场很大的变革，在'文化大革命'中形成的各种集团、派别将重新走上政治舞台"；而在对外地落后状况的指责中，还透露着对上海和复旦的留恋："从复旦情况的改变，可见上海在运动中是走在前面的，出了上海看看外地，简直无法与上海相比，哪里有像以前我们在复旦那么民主。新上台的则公开声称自己一贯是正确的，什么原则和政策都是没有的。什么辩论、大字报，拳头和子弹就是真理。上海确实是有一些现代文明的，这跟它长期受影响有关的。外地的工人与上海工人相比，简直是道道地地的农民。"至于《远方战友通信集》，则纯粹是大学毕业生缅怀旧情的产物。这些材料，根本谈不上是什么反革命的计划、纲领和联络图之类。何况，计划和纲领，一般应该是由该集团的首脑提出，再经全体会议或核心会议通过，才算有效。现在既然认定胡守钧是反革命小集团的第一号人物，而这个"反革命纲领"，却是某一个成员写给第三号人物的私人信件，这在逻辑上是无论如何说不通的。

但逻辑学和法学一样,在"文化大革命"中显得分外无力。一旦当权者宣布何穆的信是"胡守钧小集团"的反革命纲领,这便是铁定的事实,尽管胡守钧、周谷声在批判会上都声明没有看到过这封信,而邱励欧则拿出材料来证明她一开始就不同意何穆信中的观点,但这一切均不发生效力。就凭这些材料,胡守钧及其伙伴们已被确定为有组织、有计划、有纲领的反革命小集团。

缺口是由何穆的一封信打开的,分化瓦解工作当然也就从何穆开始。

何穆是工人的儿子。他母亲早亡,由父亲一把屎一把尿地拉扯成人。这正是忆苦思甜的好材料,工宣队当然不会放过,专案组拉着何穆的父亲到隔离室来做何穆的工作,这是阵前喊话的老传统。老工人不明白事情真相,总相信领导者的话是正确的——在那个时候,人们评价是非的标准往往是由发话者的政治地位来决定的,"这是春桥同志讲的话,还会错吗?他是中央'文革'小组的副组长啊!"这有如鲁迅所说的:"我们的乡下评定是非,常是这样:'赵太爷说是对的,还会错吗?他田地就有二百亩!'"何况,眼前这个阵势,也真够吓人,他深为儿子担忧,还是赶快劝儿子举手投降,回头是岸吧。何穆在专案组软硬兼施之下,也想争取做个从宽处理的典型,就什么都承认下来了。

何穆一承认,就"证实"了胡守钧们是有组织、有计划、有纲领的反革命小集团。何穆是反革命纲领的制订者,他本人都承认了,那还会有假吗?虽然,人证和物证都经不起推敲,但那时中国人上上下下都缺乏法制观念,谁还会细加推敲呢?

领导上说的,再加上本人承认的,这就是铁案如山了。

而且,何穆这个缺口一打开,也的确引起了连锁反应。被当作"胡守钧小集团"而受隔离的人,明知何穆说的是假话,但既然说假话能从宽处理,而坚持说真话的人成了反革命顽固派,批斗规格不断升级,他们为了拯救自己,当然也就学说假话了。假话是顺着上面定的调子说的,于是要什么材料就有什么材料,上面提出的任何假设都能得到"证实"。战果愈来愈辉煌,问题也愈来愈严重。评论员在高音喇叭里教导那些善良的人们说:过去有人以为他们是响应毛主席号召起来造反的红卫兵,现在揭出来一看,不对了,他们原来是一伙新生的反革命分子,革命群众切不可被他们的假象所蒙蔽,云云。

这种语调,显然是摹仿当年《人民日报》上公布的关于"胡风反革命小集团"材料的按语。不但按语摹仿,而且整个案件的做法都在摹仿。《人民日报》公布了胡风们的私人信件,加上按语,复旦广播电台也公布了我们的私人信件,加上按语;当年在胡风小集团中分化出了一个舒芜,令他反戈一击,作为从宽处理的典型,今日如法炮制,也在"胡守钧小集团"中分化出一个何穆,让他揭发交代,既打开了缺口,又作为诱饵……这样看来,康平路那些编剧和导演连一点创造性都没有。我本来也很天真幼稚,对报纸上的言论和材料是从来深信不疑的。遥想1955年,读了《人民日报》上公布的三批关于胡风集团的材料,确实大吃一惊,认定胡风集团是一批货真价实的反革命分子。直待这回他们按"胡风反革命小集团"的模式,如法炮制了一个"胡守钧反革命小集团",而且把我也"团"在里面,虽然批判者义正辞严,但所据材料,凡我所知者,皆胡编乱造,这就使我对以往的案子也怀疑起来了。以今例古,莫非胡风集团案件也如我们这个案件一样,是一个编造的假案、冤案?

当年召开四十万人批斗大会,印发几十万份批胡《战报》,穷追猛打,声势夺人。如今倘能仔细研究一下这些《战报》,便可明白冤假错案是怎样制造出来的。可惜整个剧情,都是根据胡风案件翻作而成,甚至按语的写法,也是模仿《关于胡风反革命集团的材料》按语的笔调,毫无原创性可言。图为批"胡"战报书影。

禅机一旦参透,便可一通百通。虽然隔离室与外界隔绝,但我可以从高音喇叭播送的通令、战报里参悟很多东西。虽然这些通令、战报是揭露"罪行"的,内多恐吓性语言,但毕竟透露出不少信息。此所谓正面文章反面看是也。鲁迅曾从儒家之大力提倡"中庸"来推断中国人非中庸之道,又由此论定孔夫子有胃病,认为否则他老人家不会说:"食不厌精,脍不厌细",盖有所缺,才有所需也。我亦当用此法来观察问题。有一回,通令警告某人,不准他翻案。我知道,这位年轻朋友大概是顶不住强大的压力,承认了他所不曾干过的事情,于是专案组得寸进尺,穷追猛打,他感到胡乱认罪没有个尽头,就提出翻案,但广播里说:"认罪是可以的,翻案是不允许的",不准他缩回去。这个人不但翻不了供,还加上了一个态度恶劣的罪名。这使我坚信,一定要实事求是,决不能胡乱认罪,要顶住逼供、诱供,否则便会给自己制造麻烦。

专案组和军、工宣队负责人不断地到隔离室来做思想工作,谓之"政策攻心"。他们认定我是罪行严重的反革命分子,只因为有顾虑而不敢交代问题,所以动足脑筋,威胁、诱惑,迫使我交代。工宣队连长袁瑞云是威胁的行家,他多次声色俱厉地指着我的鼻子说:"像你这样的人,父亲是国民党反动军官,自己又罪大恶极,有几个脑袋都可以砍下来。现在没有将你送公安局,是给你一个坦白的机会,你再不坦白,错过这个机会,后悔就来不及了。"工宣队指导员庄明玉比较温和一点,他反复交代政策,无非是丢掉幻想、放下包袱,坦白从宽、抗拒从严之类。我不知道他们是脾性不同,还是有意约好分别扮演红脸白脸的角色,用来软硬兼施。但对我似乎都不发生作用。因为他们的所有工作都建筑在一个大前提上,即认定我是一个罪行严重的人,而我则根本不认为自己有罪,倒是认为他们在践踏法纪乱整人。当然,这种想法我也不会直截了当地讲出来,如照直说出,就是攻击无产阶级专政,又是一条新的罪状。既然他们连我心里想些什么都搞不清,还讲什么攻心战呢?所以他们许多用来攻心的利器都没有击中实体,虽然我不时要装出感动状,但实际上却丝毫不起作用。

最狡猾的是我的专案组组长刘家国,他经常抛出一点具体材料,说某某人交代了什么事,供出了你在场;某某人交代了什么攻击性言论,难道你就没有说过?我知道,这是在诱供,要我按他所提供的路子来交代问题。我当然不会上当,但也不能当面揭穿,只好装聋作哑应付过去。我心里想,这些人毕竟肚里墨水无多,智商太低,思路单一,对知识分子的心思毫不理解;也许,那种办案方式本身就必然会造成逼、供、信的结果,因为这些人根本就没有法制观念,不可能从法律上考虑审查对象有无罪的可能性,当然也不会去做证伪的工作。而高居领导地位的人却有罪恶的动机,反正他们整错了人,也不负任何法律上的责任。

要说他们完全没有机智,也不符合事实。但他们的心思完全用在逼供、诱供、套供上,那是一种农民式的狡猾。有一回,刘家国到隔离室来作过一番政策攻心之后,将笔记本留在我的桌子上走掉了。专案组长的工作笔记本对于专案对象来说,当然具有很大的吸引力。现在房门反扣着,房间里只有我一个人,翻开笔记本,必然会获得许多秘密。但我转而一想,觉得不对头。刘家国是一个十分精细的人,他怎么会干出这种糊涂事呢?莫非其中有诈?我抬头看一眼房门玻璃上的监视窗,发现外面似乎有个人影一闪。我立时明白:这是诱供的新花招。刘家国是故意把工作笔记"遗忘"在我的桌子上,让我可以偷看到里面记着的别人交代材料,然后就拼命逼供,逼得我按这些材料来交代,这样,他们就可以获得在不同隔离室中的人分别交代出来的相同材料,证明了我们的确犯有这些罪行,将来就连翻供都不可能。一旦悟到这点,我立即正襟危坐,目不旁视,装作专心学《毛泽东选集》的样子。过了一会,刘家国开门进来,说声忘了东西,将笔记本拿走了。

每隔一两天,我就要被带出去批斗一次,有时大会批斗,有时小会接触。不管怎样,能到隔离室之外走走,呼吸点新鲜空气,总是好的。记得第一次开批斗会时,很有点紧张,一则没有经验,二则面子上拉不下来。几次批斗下来,也就无所谓了。正如上海人所说,反正连夹里也没有了,还谈得上什么面子呢?而且慢慢地积累了经验,基本上可以应付裕如了。工宣队连长袁瑞云说:"我们要七斗八斗,把你们斗得老实起来。"其实,斗的次数愈多,愈不起作用。毕竟是毛泽东聪明,他在《湖南农民运动考察报告》里曾经赞扬过一个乡农会的巧妙做法:他们"捉了一个劣绅来,声言今天要给他戴高帽子。劣绅于是吓黑了脸。但是,农会议决,今天不给他戴高帽子。因为今天给他戴过了,这劣绅横了心,不畏罪了,不如放他回去,等日再戴。那劣绅不知何日要戴高帽子,每日在家放心不下,坐卧不宁"。如果"一打三反"运动的领导人也用这个办法来对付我们,我们可能也会被搞得终日心情不宁。可惜这些自称"高举毛泽东思想伟大红旗"的人,其实并没有认真读过《毛泽东选集》,所以也没有这个水平来运用这种巧妙的做法,而是一开始就狠批狠斗,使被批斗者很快就适应了批斗会的声势。他们毕竟不懂心理学。

批斗会也可以给我带来不少信息。单是从隔离室到会场的路上,我就可以看到许多东西:大字报的标题,人们的神态,等等。有一回,"南京路"上看大字报者人山人海,拥挤不堪,其热闹程度不亚于炮打张春桥时节。我知道,这是市革会存心在复旦搞"一打三反"运动的样板,正组织全市各单位的人来参观学习。否则,在这人人自危的时刻,人们是没有这般闲情逸致来看热闹的。

为了防止有同伙夹在人流中给我传递信息,专案组绕开大道,将我从僻路带往大礼堂。然而连僻路上都充满运动的气氛。这条僻路通过物理大楼门口,那里赫然贴着一幅大标语:"揪出物理系的吴中杰——潘笃武!"原来我的名字已经成为专有名词,我已被塑造成某种典型了。看来,在这出闹剧中,我的角色已经派定,无可推却了。

而且,在批斗大会上得悉,全校各系还揪出了许多小吴中杰,或吴中杰式的人物。后来听说,叶春华就被打成"新闻系的吴中杰"。

这虽然很使我感到光荣,但同时也深感内疚。因为有些人是多少受到我的牵连的,潘笃武就是其中一个。我与小潘是1957年下放劳动时的朋友,大家都是炮筒子,性格比较相投,所以回校后仍时相往还。"文革"初期,他也因父亲在国民党政府做过官,而吃了许多大字报,并被打入劳改队。我们同病相怜,当然也同气相求,同声相应,当"过河卒"救我出险境时,我也拉他一把,从此,潘笃武也与卒子们常有来往。不想现在倒反害了他。

更使我悲哀的是,我还牵连了许多学生。"过河卒"小组的成员首当其冲。他们在毕业时怀着满腔革命热情,到边疆去,到最艰苦的地方去,当时很得到赞扬,现在其革命性全被抹煞,已被揪回来几位了。王之平已在批斗我的大会上亮过相,她是中文系有名的才女,很有灵气,也很有主见,现在却不知被工宣队用什么法术整得木头木脑了。邢维也被揪回来了,她还怀着身孕。真残酷,一点人道也不讲!在《人民日报》当记者的那位学生肯定也被牵进去了,因为已经广播了我给他的一封信。

往日上历史课时,老师讲到明成祖朱棣对方孝孺灭十族,株连到他的学生,大骂其凶残为史所未有,想不到今日却在我身上重现了。

株连之广,到后来我才逐渐知道。凡与我有些来往的学生和朋友,无不受到复旦公函、电话或外调人员的追踪,从而在本单位受到审查、冲击。《人民日报》记者黄保真告诉我,他于1970年初到上海组稿,带走了我的一篇稿子,人还未回到北京,上海市革会就打电话给《人民日报》,叫他们不能发我的文章,否则就会与上海唱对台戏。好在有人帮忙说话,总算没有处理黄保真,但从此不准他再到上海来。

甚至与我并不接近的学生,只要为我讲句公道话的,也都遭殃。那时有几个学生向工宣队揭发,说我曾经批评过姚文元的美学观点,工宣队因此要定我为反中央"文革"罪。在讨论时,林之丰说:美学是学术问题,不是政治问题,两者还是有区别的;而且,姚文元写美学文章是在"文革"之前,那时还没有中央"文革"小组,姚文元也还不是中央领导,不能说不同意他的美学观点就是反对中央"文革"。结果是,林之丰自己被戴上一个"同情反革命"的帽子,姑念其出身成分好,年纪尚轻,定之为"犯右倾错误"……如此等等,难以一一备述。

　　批斗会虽说是大家来批斗我,但也是批斗者各自亮相表演的场所。一旦沉下心来,我在应付追问的同时,倒也还有余暇来欣赏各种嘴脸。有些人是调子高而其实并无实际内容,有些人只拣别人揭发过的事再说一遍,显然是应付差使,并不积极。我的一位老同学声讨说:"你既然是'胡守钧小集团'的黑谋士,难道你只知道这么一点事情?这是什么黑谋士?"这看起来是先定罪名而后循名责实的方法,但也可以反过来理解:既然我只知道这么一点事情,就扣不上黑谋士的帽子了。只是我当时不好提出这样的反诘。有些人实在揭不出什么材料,但又要表现自己是积极参加斗争的,就将一件普通小事说得危言耸听。有一位自身难保的教师揭发道:"有一次我看到吴中杰在看《北洋军阀史话》,这证明他自己想当军阀!"其实他什么也证明不了。谁都知道,这种材料是无法定罪的,但为了某种需要,工宣队也会将它视为珍宝。比如,他们曾抓住方农的一句话:"我的肩膀上是要挂元帅肩章的",就要定"胡守钧小集团"以篡军夺权之罪。我不知道方农是否果真说过此话,——即使说过,又能算什么罪行呢?军事家不是说"不想做元帅的士兵决不是好士兵"吗?而我自己是绝对说不出此类豪言壮语的。因为我自知只能拿拿笔杆子,决没有耍枪杆子的本领。但工宣队觉得定方农一人篡军之罪总还不够,既然要抓军权,必然大家一起来,自然少不了我这个当军师的。

所以在一次批斗会上就追问我有无篡军夺权的打算。我说根本没有那么回事，听都没听说过。于是再三追问，在高呼"吴中杰必须老实交代"的口号之后，就由一个人抛出一条材料说："你是不是说过，要是打起仗来，你想做个军事记者？"我当即如实承认："说过这话。"主持会议的工宣队员说："你想钻入军队，不是篡军夺权是什么？"我立即申辩，试图说明做军事记者与掌握军权完全是两码子事，我作为一个写作者，战争一旦爆发，做名军事记者是自然之事，怎么能说是篡军夺权呢？但不容我说完，马上被"吴中杰不老实就打倒他"的口号声压下去了。于是我只好背定篡军夺权的罪名回到隔离室去，俨然成为一个夺权失败的元帅或将军。

当然，也有些人是挖空心思，无中生有，添油加醋，上纲上线，必欲置我于死地而后快。他们想踩着我的肩膀爬上去。有一位历届积极分子揭发我有反对毛主席、反对毛泽东思想的罪行，证据是系里有人开赵树理研究专题课时，我说过："鲁迅研究可以开专题课，《红楼梦》研究可以开专题课，但并不是所有作家作品都值得开专题课的。"据他分析，这就是否定毛主席诗词和毛泽东文艺思想可以开专题课，当然也就是反对毛主席、反对毛泽东思想。于是乎我的"三反"（即反党、反毛主席、反毛泽东思想之谓）罪名就定谳了。我虽然是久经风雨，见过世面的人，但如此锻炼周纳法，却实在令我吃惊，气得我再也没有闲情逸致来玩味那些有趣的嘴脸了。

但此公在"四人帮"倒台之后，稍稍沉默了一阵子，仍然做起了积极分子，而且弄得报纸上都登出大块文章来宣传他的事迹，领导上还号召大家向他学习。我真不能不佩服他玩世有术了。

在台上看戏

大大小小批斗会、审问会不知开了多少次,战报、通令不知发了多少个,他们所要的材料大概逼取、骗取得差不多了,总攻就要开始了。

总攻的信号是高音喇叭播送出的最后通牒。

本来,每天晚上8时至8时半的新闻联播节目结束后,复旦广播电台也就息喙了。但这天晚上快10点钟了,突然响起以"哒、哒、哒、嘟——"开头的特殊音乐声,这是一支十分刺耳的乐曲,专门用来作为对"胡守钧小集团"发布通令、战报的前奏曲,一听就令人揪心。奇怪,何以在深夜播送通令呢?原来是下最后通牒。

最后通牒说:经过广大军、工宣队员和革命师生几个星期以来的艰苦奋斗,战果累累,反革命小集团的许多成员迫于形势,交代了一些问题。但是有一些顽固分子负隅顽抗,另有一些人吞吞吐吐,讲一些留一些。我们警告"胡守钧小集团"和其他反革命小集团的人们,顽抗是没有出路的,我们的耐性是有限度的。现在向你们发出最后通牒,限令你们在今晚12时以前,将罪行统统交代出来。现在交代,为时虽晚,但仍予从宽处理,这时不交代,则必将严惩不贷!

虽然那位训练有素的播音员将最后通牒读得声色俱厉,颇有威慑力量。但只有使我厌恶,而并不感到恐惧。反正我自知无罪,因此也并不惶急,看你们怎么办吧。这天晚上,照例在10点钟上床睡觉。因为按隔离室规矩，晚上10时可以睡觉，早上6时必须起床，中午不能睡午觉。我必须改变熬夜的习惯，否则，睡眠不足，昏昏沉沉，就无法应付频繁的批斗和逼供。

但是，我刚入睡，就被乱哄哄的一群人闹醒。

"起来，起来！你还睡得着觉！"

我睁开眼一看，工宣队的袁瑞云、庄明玉、刘家国和军宣队的莫某人都站在我的床前，怒目而视。我只好重新穿衣下床，聆听训示。

"刚才播送的通令，你听清楚了没有？"在这种场合，照例是袁瑞云先开口。并不是因为他职务最高，而是因为他觉得自己最重要。

"听清楚了。"

"听清楚了，你还睡觉！这是什么态度？"

"隔离室的规定是10点钟睡觉，我并没有违反规定。"

"我跟你说的不是隔离室的规定，而'一打三反'运动指挥部的通令。你不要耍花腔，通令里说的拒不交代的顽固派，你就是其中一个。我们的等待是有限度的，今晚12点钟以前，你必须把你的罪行统统交代出来，否则就要从严处理了。像你这样的罪犯，要不争取从宽处理，休想保住老命！"

其他人也七嘴八舌地训斥了一通，很快地就一拥而出，因为要留给我写交代的时间。

我只好在逼人的寒气中枯坐，挖空心思写几条交代材料。虽然明知专案组看后又要斥我为避重就轻，只交代鸡毛蒜皮之事，但在这种场合下，什么都不写就是有意对抗通令，更是不行的。

以前我喜欢开夜车读书写作,12点钟以前是从不睡觉的,开通宵也是常事,那是一种乐趣。现在要我熬夜来写这种东西,实在感到很痛苦。夜显得特别的长,也特别的冷。

好不容易熬到12点钟,期限已到,可以睡觉了,却不料又来了一个补充通告,说:审查对象们听到通令后,纷纷写交代材料,争取从宽处理,但因为问题太多,12时以前来不及写完,他们要求延长期限。经"一打三反"运动领导小组研究,允许延长到明天早上6时,云云。这一下子我又不能马上睡觉了。总得应付一下,再熬一会。到得1点多钟,我实在不愿意再奉陪下去了,冒着再次挨训的危险,悄悄上床睡觉。老天保佑,这次没有再把我拖起来,总算睡了几个钟头。第二天早上起来,头脑有点昏昏沉沉,高音喇叭里又在播送"通令"了,说是特别照顾,交代问题的期限再延长半天。然而这样一来,却漏了底:原来虚张声势的限时交代并没有收到理想的效果,所以只好一延再延,强制变成了期待、乞求。

经过几个星期的反复折腾,我的身体终于支撑不住了。虽然在表面上我一直保持沉着、镇静,但内心里总是感到愤怒和忧虑,再加上饮食不调,老胃病又发作了。开始是腹胀脘闷,日数遗矢,继而浑身乏力,体有低热。我实在支持不住了,只好称病躺倒。看守民兵与专案组联系,请了保健科的医生来诊视,医生检查了一通之后,说要化验大便。我这才注意到,我的大便发黑,如柏油状。这是胃出血的典型症状,内行人是一看便知。但那时我是第一次胃出血,毫无这方面的知识,所以懵然无知。医生大概是不好跟我讲明病情,只说要卧床休息，每天来给我打针。专案组则不肯对我讲明病情，只是批斗会上允许我坐下，说是政治上从严，生活上照顾，这叫做体现党的政策。胃出血病人本应吃流质的，我相信医生一定有所关照。但民兵每顿给我吃的仍是从学生食堂拿来的硬饭、冷菜。开始我还能吃一点，后来胃里实在无法接受了。那时我很想有一碗煮得烂烂的面条吃，也记起做学生时有病是可以吃病号饭的，于是就冒昧地提出了要求。结果是遭到一顿训斥，说身为罪人，还提出非分的要求，这是不老实的表现。送来的仍是硬饭，我无法吃，只好不吃了。大概专案组怕我饿死，他们负不了责任，只好同意给我买点饼干，让我泡在开水里吃。

那年春天天气特别的冷，而我带的衣服却很少，因为还是下乡劳动的行头，棉袄被头都是旧的，家里又没有人送寒衣，只好就这么打熬着。胃喜暖而畏寒，生胃病的人是挨不起冻的，一冻就更会加重病症。但那时却根本无法顾到这些。于是黑便不断，也即出血不止。

专案组只让我休息了几天，就又迫不及待地来逼供了，说是有什么重要罪行，胡守钧都已交代，而我还不肯说出来。但我实在想不起来与胡守钧有什么勾结，当然无从交代。于是又受到轮番的进攻。我搞不懂他们为什么要在我胃出血未愈时就迫不及待地来逼供。是趁我病重体弱来进行心理战呢，还是有什么别的原因？

直到全市批斗大会时，我才恍然大悟。

这种全市性的批斗大会接连开了两次，规模之大，级别之高，前所未有。据说与会者有四十万人之多。主会场设在江湾体育馆,外面有许多分会场,而且还有电视实况转播。"四人帮"在上海的头目王洪文、徐景贤、王秀珍、陈阿大、朱永嘉和林彪集团驻沪总管王维国等人都坐在主席台上。我是被拉上台批斗的人物之一,所以很受注意。"四人帮"垮台以后,很多陌生人都说认识我,新入学的学生们也说早已知道我的大名,就得归功于这两次批斗大会,当然还有那些大字报以及印发了数十万册的批判小册子的作用。有一次我在丁景唐先生家碰到电影演员曹雷,老丁为我们作介绍,曹雷很风趣地说:"不用介绍,我早就认识他。"于是转向我说:"那个时候你比我们演员还出风头,我们都登不了舞台、上不了银幕,你不但登上全市注目的舞台,而且还电视转播,在上海简直是家喻户晓。"

这自然是后话。在当时,大家都没有这么轻松,也风趣不起来。风趣和幽默一样,是要有一定的环境和心境的。

在江湾体育馆开的第一次批斗大会,至今记忆犹新。那天午饭开得特别早,广播喇叭里不断地催促学生们赶快吃饭,准时集合,我知道,今天要开大型批斗会了。午饭后,只听见外面整队出发声,喊口号唱歌声,颇为热闹。隔不多久,队伍似乎走完了,校园复归于沉寂。这时,隔离室的门打开了,军宣队员和工宣队员一左一右将我押了出去。十号楼门口停着一辆军用小吉普,他们将我押上车,就风驰电掣般开走了。这副架势,有似押赴刑场。但我并不在乎。在别人看来,我显得很从容,其实我是相当麻木。如果要问我当时的感想,我可以老实奉告:我想起了阿Q。我忽然觉得自己就是阿Q,于是也就有了阿Q式的思想:仿佛人生天地间,有些人有时是难免要被关起来,有时难免要被拉出去批斗的。于是,对此时的处境,也就释然了。

没有多久,就到达目的地。下车一看,是江湾体育馆。这地方我来看过球赛,是熟悉的。旁边停着一辆大客车,"胡守钧小集团"的成员们一个个在专案组的押解下走下车来。我想,等级制度真森严,连对罪犯也讲级别。看来,不但做官要做大官,就是做反革命也要做得大一点才好。这是实在的。后来听说有许多小案子的审查对象,都挨饿挨打,甚至关进水牢,而我们几个人,则因为要做样板示众,所以倒未受皮肉之苦。

胡守钧案第二号要犯周谷声,当时是复旦物理二系(即原子能系)学生,"文革"期间成为"炮司"(即上海市炮打司令部联合兵团)司令。"炮司"在上海最早从事工学运动,是上海"工总司"(即上海市工人革命造反总司令部)的最初支持者。因为参与第一次炮打张春桥行动,周谷声被投靠张春桥的"工总司"司令王洪文视为眼中钉,在"一打三反"运动中被定为"胡守钧反革命小集团"第二号人物,戴上反革命帽子,交群众监督劳动。平反以后,赴美国留学,现为美国复旦校友会会长。这是2002年回国参加复旦校友会会长会议时,至舍间聚谈的留影。左为周谷声。

被扮演的"反革命"

会议开始时,司仪高叫:将"胡守钧反革命小集团"的为首分子胡守钧、周谷声、邱励欧和他们的狗头军师吴中杰押上来。于是我们分别从后台的不同房间被押到主席台前。因为是体育馆的格局,所以群众坐在阶梯上,而我们则立在谷地里。第一个节目是"犯人示众",主持会议的张扣发要我们四个人抬起头来,由他加以介绍。对我的介绍词是:这个人就是嘴上长胡子,额头有皱纹的藏在幕后操纵的狗头军师吴中杰。这时我恍然大悟:为什么我多次提出要取保险刀来刮胡子,都遭到拒绝,原来他们要我扮演嘴上长胡子的角色,所以非要我留须不可。其实此时我只有三十四岁,并不算老,用现在的年

胡守钧案第三号要犯邱励欧与丈夫王滋,1993年8月摄于美国阿克伦市。邱励欧当年是复旦物理系毕业班学生,不久留校任教。她有很强的组织能力,是"炮司"的女管家,在"一打三反"运动中被定为"胡守钧反革命小集团"第三号人物。平反后与"同案"难友王滋结婚,随夫去美国定居,现在美国某大学工作。

龄标准来衡量，还远未超出青年的界限。大概他们找不到合适的老家伙来担任这个长胡子的角色，所以就要我来反串了。好，我倒要看看这出戏如何演下去。所不同的是，别人是在台下看戏，我今天则是在台上看戏，既当演员，又当观众。

　　就演出而论，这台戏应该说是导演得相当出色的。每个批判者都激昂慷慨，义愤填膺，全场口号此起彼伏，声震屋宇。在发言的过程中穿插着许多提问，而那些野性难驯的猴子们竟被驯兽员们收拾得服服帖帖，每问必答，有时还争着交代，竞相揭发。除了王志惠仍不买账，顶了一下，使演出的场面略显尴尬之外，整个演出过程是相当顺利的。最使我惊讶的是王华的反戈。王华是胡守钧的女朋友，与胡关系最近，对他的情况了解得最多。每次批判胡守钧时，当事者都想从她这里打开缺口，把她当材料袋使用，但是她对胡守钧十分崇拜，忠心耿耿，每次都坚决地顶了回去。她坚信胡守钧是正确的，反对别人对胡守钧的政治迫害。但这次不知怎么搞的，竟被运动的声势吓倒了，她也起来揭发胡守钧，并且自己承认是变成美女的白骨精，这使人感到，胡守钧的防线已全面崩溃，他彻底失败了。

　　不过，导演技巧弥补不了剧本的缺陷。就内容而言，这出戏编造的痕迹太明显了。为了证明这是一帮反革命集团，首先要把胡守钧打扮成一个反对毛泽东，并且要取而代之的野心家。当场抛出了几条惊人的材料：

　　一是从胡守钧日记中摘出的一首诗："世人称君孔明灯，汝能将事照分明？劝君知趣快让位，当今毛著'孔明灯'。"批判者的解释是胡守钧污蔑战无不胜的毛泽东思想不能"将事照分明",叫嚣要毛主席"知趣让位"。

二是胡守钧日记上的一幅画:一把滴着血的宝剑,上面的题词是:"彼人也,予人也,彼能是,我乃不能为是!"又写着:"宝剑作证人。"批判者认为,这证明胡守钧要杀人了,说:"这个反革命野心家妄图双手沾满鲜血爬到全中国、全世界人民的头上,取伟大领袖的地位而代之。"

三是胡守钧游黄山时拍的一张照片:他手扶司的克,一只脚踏在一块圆石上。批判者说这是野心家的写照:胡守钧想学拿破仑和希特勒,要把整个地球踩在自己的脚下。据解释,圆石象征着地球。

此外还有一些辅助材料。

就根据这些材料,胡守钧的反革命野心家的罪名被确定了。既然为首分子是货真价实的反革命野心家,那么这伙人当然就是反革命集团了。对于他们的言行,都要从这个高度去认识。于是,锻炼周纳,无奇不有。

但是,只要冷静地分析一下,立即就可推翻批判者的结论。胡守钧分明是要孔明灯让位,认为"毛著"是当今的孔明灯,那是在学习"毛著"热潮中的一种崇拜语言,怎么能解释成为反对毛泽东思想,取毛泽东而代之呢?而"彼人也,予人也,彼能是,我乃不能为是!"引的是韩愈的话,无非是说:"别人是人,我也是人,别人能做到的,我为什么不能做到"的意思,而宝剑作证人,则如古人悬梁刺股用以警策自己。至于把旅游照片上的圆石解作地球,脚踩石头引申为称霸全球,只能说是批判者的想象力实在太丰富了。以想象和曲解来代替证据,还有什么法律和公理可言呢?真是可怕极了。

我正在这么想得出神的时候,突然点到我的名了。一个我所不认识的女中学生红鸥,揭发胡守钧在1967年5月中旬指使她去整理江青的材料,胡守钧承认有这事,但说是我指使他的。批斗会主席张扣发要我到喇叭筒前面回答这个问题,并且限定,只要回答"有"或"没有",不能多讲。我很干脆地回答:"没有!"张扣发叫胡守钧揭发。胡守钧说我在1967年5月初曾对他讲,在北京时听金冲及说过,中央"文革"小组有两派,保张春桥的特急电报是江青发的。而他则是根据我所提供的情况,叫下面人准备炮打江青材料的。胡守钧一说完,张扣发就大喝道:"吴中杰,在后面摇鹅毛扇的就是你这个长胡子的人,你还想抵赖吗?"胡守钧会当面编造这样的材料,确实大出我意料之外,张扣发又不许我详细辩解,我只好简短地说:"根本没有这回事,我愿意会后当面对质!"于是一阵口号声,就把我的话给压下去了。

既然把我拉上台去批斗,要我扮演军师的角色,当然得加上相应的罪状才行。如果批斗会全部揭发材料都与我无关,那么我就成为多余的角色,岂非说明编导者的失败?但是,抛出这样的材料实在并不高明。虽然我猝不及防又不能从容辩解,但在我否认之后,胡守钧也无法证实此事,而会议主席又只准我回答"有"或"没有",不准我说明事实真相,至少可以表明,关于我的这条唯一的材料,是未经证实的,所以才会这么故弄玄虚,那么,我的罪名又怎能确定呢?

散会之后,仍用小吉普把我押送回隔离室。但不容我休息一下,就拥进了一大帮人,以袁瑞云为首,要逼我招供。我这才悟到,前几天刘家国弄神做鬼,说我有什么重要材料没有交代，又启发说是我指使胡守钧干什么事，胡守钧已经交代云云，原来闷葫芦里卖的是这味药。现在既已打开葫芦盖，他们当然要不客气地逼供了。但无中生有的事，我是绝对不肯承认的。

在耐心地听完了袁瑞云、刘家国的动员谈话之后，我斩钉截铁地回答道："这是根本没有的事，我无从交代。"

袁瑞云说："你不要把门关得那么死。只要你老实交代，还可以从宽处理，如果一味顽抗，你该晓得这个问题的严重性。"

"问题的严重性我当然清楚，但毛主席教导我们要实事求是，没有做过的事，没有讲过的话，我怎么能承认呢？"

"谁叫你不实事求是？你这是攻击我们搞逼供信，你想翻天吗？态度太嚣张了。老实说，胡守钧都承认了，不怕你不承认。"袁瑞云以连长之尊，吃不住这样的顶，竟然恼羞成怒起来。

"我怎敢说你们搞逼供信，我只是说我自己应持实事求是的态度，没有做过的事，别人再说也不能成立的。"我仍旧不软不硬地顶上一句。

还是刘家国聪明，他见硬的不行，赶快来软的："也许你当时并不是有意识煽动炮打江青同志，只是胡守钧听了你讲的消息之后，起了炮打之心。我们也知道，他布置手下人整江青同志黑材料的事与你无关，你只要交代北京回来之后怎样将金冲及讲的消息通给他就行了。"

这显然是以退为进，先把大事化小，待套出口供，然后再上纲上线。

看来，非得拿出证据来证明我根本没有跟胡守钧说过那个消息不可，否则是无法逃脱煽动整江青黑材料之罪名的。

本来，这种两人私下的对话，要证明确有其事难，要反证没有其事也不容易。从法律的观点看，他们如拿不出旁证材料来，这一罪名就根本不能成立，但目前的情况却是，如果我拿不出否定的证据，他们就要认定确有其事，至少还要逼供不休。我处于不利的地位。我自己心里很明白，胡守钧说的是假话，但要证明是他说假话却并不容易。我隐隐然觉得胡守钧编造的假话是有漏洞的，但要举出有力的论据来反驳却又难以措手。

在情急之中，我忽然想起了鲁迅与章士钊打官司之事。当年鲁迅支持女师大学生运动，被举为校务维持会委员，章士钊说他有意抗阻教育部行政，呈请段祺瑞执政将他免职；鲁迅却抓住章士钊呈文中的时间错误，即章士钊呈请免去鲁迅职务在前，而鲁迅被举为委员在后，从而向平政院提出控诉，结果是打赢了官司。是的，时间差，胡守钧的谎言犯了时间差的错误。我虽然不能指望以此打赢官司，但至少总可以有力地否定掉这一莫须有的罪名吧。于是我提出了我的驳辞：

"红鸥说，胡守钧是5月中旬布置他整江青材料的，胡守钧说我是5月初告诉他，我在北京听到金冲及如何如何说，他才决定整江青材料的，是这样吗？"

"是的。可见得你还是记得很清楚的。老老实实交代出来，就可以争取主动。你应该主动揭发胡守钧，不要等他来揭发你。主动和被动是不一样的。"刘家国以为有门了，赶快加紧宣传攻势。

"但是,胡守钧说的是假话。因为我是1967年5月中旬到北京,5月底才回上海。我不可能在5月初还未到北京去之前,就告诉胡守钧,说金冲及在北京对我如何如何说。"

我这么一说,袁瑞云、刘家国们都呆了一下。他们满以为抓住了把柄,打开了缺口,却不料我提出了这样的驳辞。但他们仍不死心,袁瑞云把脸一板,说:

"你不要在时间上耍花腔,你老实交代,你当时对胡守钧说这些话的动机是什么?后面还有什么人指使你。你不要怕,老实说,你们都不过是在前面打冲锋的,我们现在是要挖出你们后面的人,上面的人。你能交代出后面的指使人,就可将功赎罪。"

我很想反驳他这毫无逻辑性的混乱语言,但是不能。一反驳就是态度不好,即使问题搞清楚了,也落得一个对抗审查的罪名。所以我避开他的问话,还是紧抓住时间差问题做文章。这是过硬的证据。

"我并不是狡辩,你们要我提出反驳的证据,所以我排了一下时间表,说明我不可能在未去北京之前,预先告诉他我在北京的见闻。"

"时间隔了好几年了,你的记忆就那么准确?不要太自信了吧!你不要老是想着如何抵赖狡辩,而要多想想如何交代罪行。"还是刘家国头脑灵一点,他知道要想绕开时间差问题来压倒我是不可能的。他换了一个方式,要在时间差问题上搞乱我的思维。

但我有恃无恐,进一步摊出了证据:"胡守钧提出的我告诉他北京消息的时间,有红鸥揭发他5月中旬指使人整材料的时间限制,不可能推迟到5月中旬之后,而我说的我于5月中旬到北京,5月底回上海的时间,你们可到财务科去查我报销的火车票,才两三年时间,他们一定还保留着票据的。"

这一下,工宣队无可再进逼了。但袁瑞云仍不死心,他说:"你敢保证?我们当然会去查的,这不用你说。如果查出来不是你所说的时间,你该当何罪!"这简直是耍无赖了。

"如果查下来证明是我说谎,那么我甘愿砍头!"话讲到这个地步,我的态度也变得强硬了。不过,我还是不敢说出下半截话,即:"如果查下来,我是对的,那么你们该如何处罚?"

袁瑞云果真拿出纸头来要我立军令状。这又是在演戏。我国古代戏曲小说里不是常有立军令状之事吗?现在就搬到生活中来了。于是我也就摹仿小说中的笔调,立下了一张军令状,颇有些玩弄的性质。袁瑞云却一本正经地将它收去了。

立过军令状,就出现冷场。因为实在已经没有什么话好谈了。

停了一会,刘家国说:"当然,胡守钧的话我们也不是完全相信的,这件事等我们查了再说。但是你不要老纠缠在这个问题上,你要认真考虑问题,老实交代。你的罪行是很多的。"

我知道,这是他们给自己铺的台阶,是这次谈话的结束仪式,有如旧上海白相人与人打架,虽然打输了,临走时总要丢下一句"后会有期"或"等着看颜色吧"这类表面带威胁性而其实并无实际内容的套话。

此后,就不再提起这件事了。他们一定已到财务科查过报销车票，证明我所提供的时间表是对的，此事就追不下去了。我知道，他们做错事是决不会认错的，搞错了问题也不会有个明确的交代。不再追下去，就说明是我对了。

过了若干天之后，又在江湾体育馆召开了第二次批斗大会，规模与前次相同。大概鉴于上次的教训，这一次不再涉及我了。

这次会给我留下最深的印象是主管上海日常工作的市革会副主任王洪文的一句话。他宣布的政策是："罪行不论大小，关键在于态度。"这很令我吃惊。我虽然不是法学家，但按常情推论，量刑的根据首先应该是罪行的大小，其次才是态度的好坏。如果照王洪文所说的政策，那么，态度不好的小偷或者根本无罪之人，就可以比认罪态度较好的杀人犯判得更重了。何况，他们所谓的态度好坏，也不取决于是否实事求是，而是指是否听话，是否按专案组所定的调子交代问题，如果对不符合事实的揭发材料有所申辩、反驳，就被认为不老实，态度恶劣。如此看来，王洪文所宣布的这条政策，是要引诱审查对象顺着领导意图来编造自己的罪行，罪行编造得愈多愈重就愈是态度好，而只要"态度好"，就可以从宽处理了。

呜呼，这是什么样的政策，这是什么样的法律啊！

好在两次批斗会之后，整"胡守钧小集团"的高潮已经过去了，专案组和军、工宣队也不大再来向我逼供了。看守隔离室的民兵请来了理发师，给我们这些囚徒理发，同时还给我刮了胡子。我想，这是因为我已登台被扮演过了"幕后长胡子的角色"，现在可以卸装了。真是"人生大戏场"啊，这些人简直是做戏的虚无党！

此后每隔一个星期我即提出要刮一次胡子,他们不再禁止,而爽快地从我"代存"的背包中拿出保险刀来让我用。只是每次刮胡子时都有人在旁边监视着,待我刮好胡子,他们仍把保险刀收走。这是怕我自杀。

这其实是多虑的。我干嘛要自杀呢?

用自杀来抗议吗?这需要当权者有民主意识和人权观念才行。现在他们视民如草芥,死几个人算得了什么,不但不会引起震惊,反而别有一番风凉话:某某人畏罪自杀,自绝于人民。

因绝望而自杀吗?当时我虽然并不存在什么希望,但也并不感到绝望。夜虽长,但总有天亮的时候,俗语说:"三十年河东,三十年河西",世界的变迁是很难预料的,决不会以某些人的主观意志为转移。揆之历史,愈是镇压得疯狂的统治者,倒台得愈快。我总比你张春桥年轻,既然我已看出大家都在登台演戏,就要看看这出戏的结局,看看你张春桥如何下场。

但是,民兵的提防也不是毫无道理。在严峻的气氛中,在强大的压力下,确有一时想不开而自杀的人。高音喇叭中就警告过,某些人不要企图以自杀来对抗审查,自绝于人民;也有些人在忏悔书中检查到自己有自杀的念头;还有自杀而未遂者。

不久,关在我对面房间的吴维国就愤而自杀了。

吴维国是历史系"邹吴李反革命小集团"中的吴,是第二号人物。这个集团里的人都是党员干部,与张春桥手下的新贵、也是复旦历史系出身的朱永嘉有矛盾,朱永嘉为了清除权力上的障碍,就把他们打成反革命集团了。吴维国性格刚烈,被隔离后已自杀过一次了,我在隔离室走廊上见到他时,他的头上还包着纱布。但前几时在批斗大会上却一反常态,与李华兴在台上互相揭发,什么都承认下来。这大概使专案组和看守民兵很高兴,以为他态度转变,所以放松了警惕。在一天的早饭后,他出来洗碗时,趁看守人员不备,突然冲出十号楼大门,等到民兵追出去时,已经来不及了。吴维国逃出隔离室时,我不知道,待民兵大喊大叫追赶出去时,我才注意到吴维国逃走了。当时还以为他想学当年的周谷声,冲出隔离室,由同伙接应出去。我想,今非昔比,现在全市总动员起来对付我们,派了那么多民兵看守,能逃得出去吗?还是静以待变吧。但不久,民兵们纷纷回来了,从他们的议论中,才知道吴维国以极快的速度冲到旁边一幢楼上,从窗口跳下来自杀了。

这使我难过了许多天。我与吴维国虽不相识,但"同是天涯沦落人,相逢何必曾相识",现在关在一处,总算是难友了吧。兔死狐悲,物伤其类也。

吴维国以自杀来抗议政治迫害,但并没有制止"四人帮"的暴政。打击的范围愈来愈大了。

批斗了"胡守钧集团"、"邹吴李集团"、"反复辟学会"等等之后,接着就"乘胜追击"、"横扫一切"。高音喇叭虽然已不大广播这类案件了——也许是全面开花,播不胜播,也许是规格较低,犯不着每案都播了,但我在隔离室中仍能感受得到。因为有些案件,仍与我有瓜葛。别的专案组到隔离室来对我提审了两次:一次是校机关干部被整,说我是他们的后台,要我承认。这是因为我曾主张解放干部之故。但我既非党员,又非干部,如何能做他们的黑后台？真是太抬举我了！另一次是中文系许多教师被整,说他们是"小圈子",对抗工宣队,也派定我当黑后台。我本人是中文系教师,与他们当然有联系,但并没有一起干过什么见不得人的勾当,何以又说我是黑后台呢？我想,大概我已被认定为扮演黑后台、黑谋士的专业户或特型演员了吧,否则,何以老找上我呢！

俗语说："虱多不痒,债多不愁。"反正我已背了一身莫须有的罪名,再加上一两条罪状,当然也无所谓,但要我编造材料来害己害人,却办不到！我一条也不写,反正已被定为顽固派了。

这段时间,我的房间住进了另一个被隔离者。这很使我警惕。也许是暗探吧,莫非他们要用苦肉计来对付我这个反革命顽固派？所以当他偷偷地想与我谈几句话时,我也不大敢搭腔。后来从他断断续续的自述中,我知道他原来是一个积极分子,会画几笔画,工宣队叫他写标语、画宣传画,不料有一次画毛主席画得不好,被认为是丑化伟大领袖,就作为现行反革命抓起来了。他想不通,很痛苦。我虽然不知道他的底细,但从他终日无精打采、痛苦万状的样子看起来,似乎并非假装的。这个人慵倦到极点,甚至连吃过饭的碗都懒得洗,只伸出舌头舔一舔完事,第二顿照样盛饭吃。

我虽然很同情他,但却也不敢与他搭讪。这种人积极惯了,一受打击就惊恐、沮丧如此,只要能抓到一根救命稻草,难免会将他人出卖了的。但有人同住,即使观察观察这个人的懒劲,也可以解一解厌气。

过不久他就出去了,我又复归于寂寞。

隔离室里修炼

严冬早已过去,春寒亦已消退,时序已由暮春转入初夏。透过窗子上层那块没有涂漆的玻璃,可以看见外面的蓝天、白云和明媚的阳光。公园里应是红花绿叶,田野上大概一片油菜花黄吧,但是我却还被关在隔离室里,继续做六面碰壁居士。

看来,运动已近尾声。一个个小集团依次开过批斗会,现在已经无可再批,高音喇叭里的"一打三反"专题节目也日渐稀少,隔离室已陆续放人,"态度好的"是公开宣布撤销隔离,意在"宣传政策",还有些人则是悄悄地放,大概这些人实在整不出什么名堂,榨不出什么材料,关的时间愈长愈难向当事人和群众交代,所以还是早放为是。

什么时候能放我呢?

当初那样虚张声势,把我渲染成策划于幕后的反革命头目,现在花了九牛二虎之力还是找不到足以定罪的材料,看你们怎么收场吧!

当然,要他们认错是不可能的,因为他们永远是正确的。

过去,即使在封建专制主义的统治时代,也还有平冤狱一说。既然承认是冤狱,当然肯定是错案,需要平反,宣布挨整者无罪。但我们早在50年代就批判过"平冤狱"的说法,认为这是右派言论。既然没有冤狱,当然无须平反,整人者也就没有错误。整人者既然永远正确,那么错误就始终属于挨整的一方。整出材料来,自然要定罪,定不了罪的就叫"落实政策,从宽处理"。并非你没有罪，而是我对你宽大为怀。这样，整人者不但不必认错，而且挨整者还得感谢皇恩浩荡。有些人结案时千谢万谢，感谢工宣队的挽救之恩，表示永不翻案，就是演的这出戏。其实，只要你定案材料充分，就不怕别人翻案；要人家表示永不翻案，正说明定案者心虚，自知材料不可靠。

那么，他们对我将做如何处理呢？我扮演长胡子角色的任务已经完成，会不会悄悄地放掉我呢？我等待着。

这样，又等待了好多天，但他们仍毫无放我出去的意思。

隔离室进行了调整。大概别处的隔离室都已撤销，有些人放出去了，只有这些要犯不能放，所以一个个都集中到十号楼里来。给我换了一个房间，我的隔壁关进了周谷声，斜对面是王志惠，在走廊里打饭时还见到邱励欧；胡守钧则仍关在走廊尽头那个房间，房门口另有民兵加岗把守。看来，我们这几个人要长期关下去了。

我虽然已经历了许多事情，也长了不少见识，但还是太天真了。他们即使搞不出足以定我罪名的材料，但怎么能轻易地放掉我呢？我与那些被悄悄地关进来，又被悄悄地放出去的人不同。对他们的事好交代，就说问题搞清了，现在是落实政策，而对我这个大张旗鼓地整过的要犯，现在却搞不出材料，一放了之，他们怎么下得来台呢？

中国人的面子最重要，为了面子，是可以不顾实际情况而蛮干下去的。看来，我得为他们糊面子而继续关下去。

专案组已不大来找我了。他们开始是每天到隔离室来几次，后来是几天来一次，再后来是一个星期一次，现在是好几个星期不来了。他们不来找我,可以让我清静一些,这当然使我高兴。但是,他们连工资也不送来,却使我有断餐之虞。我虽被隔离审查,但未定罪判刑,工资还是照发的。每个月六号都由专案组代我领来,我填好汇款单,再请专案组代寄一些钱给我母亲、女儿,剩下来的作为伙食费。但这个月已经快到月底了,还不见专案组将工资送来。我写了张纸条,请看守民兵转给专案组,催他们代领工资。第二天刘家国来了,故意问我,找他来是不是要交代问题?我说没有钱买饭菜票了,请他将我的工资领来。他不但不带工资来,却将我训了一顿,说我如再不好好交代问题,休想要工资。说罢,拂袖而去。

这话很耐人寻味。他们以前操着必胜的信心,盛气凌人地逼供时,装得很讲政策,说生活上决不苟待我,现在却撕下了假面,连工资也不发了。这出于何种心理呢?只能说明他们黔驴技穷,已经对我无可奈何了,才会出此下策。如果他们还有进攻的信心,那是决不会如此耍无赖的。

看透了专案组的心态,我就更加笃定了。你不送工资来,我也不再找你。想用不发工资的手段来吓倒我,要我屈服,那简直是小儿科的做法。

又过了几天,我的饭菜票眼看要用完了,而专案组还不送工资来。怎么办呢?我不能再写条子去催,再催就是示弱,而不催,就得挨饿。这也许是专案组给我出的难题,我得设法解决。

我想到了利用矛盾的办法。

在隔离室大调整之后,看守的民兵也调换了。大概因为运动的高潮已过,整个政治气氛已经松下来,第二批看守民兵已不像第一批民兵那样的一副凶煞神似的面孔，他们不但态度和善得多了，而且有时还开门进来聊几句天。有一次，一位民兵带着神秘的笑容问我："你到底是不是反革命？"我当时不好直接回答他，只好也神秘地笑笑。但可见他们对我是同情的，我要利用这点来争取生存的权利。

我敲敲门，请看守民兵进来。

"我的饭菜票要用完了，只够今天吃的，明天就没有了。但我这个月的工资，专案组到今天还不送来。不送工资来，我就没有钱买饭菜票。我不想绝食，我想你们也不会赞成我绝食。这件事请你们帮忙解决。"我平静地申诉道。

"当然不能绝食。绝食不符合党的政策。你为什么不催一催专案组？"看守民兵问。

"我催过专案组，他们说我不交代问题就休想要工资。但我实在没有什么问题好交代的了。"

"交代问题与发工资是两桩事，他们这样做是不符合党的政策的。这件事由我们去联系好了。"看守民兵对专案组办事颇不以为然，很爽快地答应了我的要求。

果然，第二天刘家国就来了，虽然悻悻的面色极其难看，但把我的工资带来了。而且，以后每个月也不再扣留我的工资了。

这一回合的胜利，给我带来更多的安静。我知道我是不会很快放出去了，专案组也知道我不会由他们摆布，大家就这样僵持着。

安静的时间长了，我就经历着一种前所未有的无聊。

以前处于正常的生活条件下，总觉得时间不够用。上课、读书、写作、开会、劳动,还有家务活等等,把每天的时间都排满了。"文化大革命"开始以后,虽然不用上课,也不能写作了,但总还想读点书,这就得见缝插针,每天仍很紧张。关进隔离室的初期,正常生活中的一切,当然都谈不上了,但为要应付逼供、批斗,也无暇顾及其他。现在,突然如此空闲起来,却又不知日子该如何打发了。

我很想读书。倒不是还想有所作为,而纯粹是一种习惯、爱好。读书人没有书读就像瘾君子没有烟抽一样难受。身边只有四卷《毛泽东选集》,这是早已读过几遍的了。原来还带有几本马克思、恩格斯的书,进隔离室时都被收去了。说是审查对象只能读《毛泽东选集》,不能看其他书。你们不是自称为马克思主义者吗,为什么连老祖宗的书都不准读呢?真是莫名其妙!当然,这也是不能反问的,一问,就是一条严重的反毛泽东思想的罪状。

那么,就读《毛泽东选集》吧。

隔离在学生宿舍时,工宣队指定我读《敦促杜聿明投降书》,其用意是十分明显的。但我觉得这根本是两码子事,所以读完之后无所感动,接着随手翻到另一篇:《将革命进行到底》,正在阅读之时,被袁瑞云看到了,他加以训斥道:"你是要将反革命进行到底吗?真是顽固透顶!"我听了大吃一惊,真想顶上一句:"你们口口声声忠于毛主席,忠于毛泽东思想,却将'毛著'如此地歪曲,真是反动透顶!"但我知道,这不是在法律面前人人平等的理性法庭,而是封建式的升堂问罪,县官大老爷说什么都对,罪民是不能顶嘴的,否则就是咆哮公堂,罪加一等。好汉不吃眼前亏,只好一笑了之。

现在可以随便读《毛泽东选集》了，这也是一种自由吧。为了充分享受这种自由，我决定从头到尾通读。其实也是为了消磨时间，我不但逐字逐句读正文，而且连注释都很仔细地看过。这样，不知不觉地通读了好几遍。

读书不但可以消磨时间，而且入定之后，对周围的环境也有点莫知莫觉，可以减少许多痛苦。

天气渐渐地热起来了，门窗紧闭的隔离室真是闷得难受。但我明白，这是在打持久战，工宣队正是要使我们烦躁得忍耐不住，向他们举手投降。我要镇静，不能烦躁。我想起了"心定自然凉"这句话，要将心镇定下来。读书是最好的收心方法，只要有文字的东西，我就当宝贝似的抓住不放，至于内容倒无关紧要的了。有一回，好心的看守借我一张《解放日报》，我一字不漏地看了一整天。不但读社论、阅消息、看文章，而且连边边缝缝都一条条地看过去。我简直成了果戈理笔下的彼得尔希加，这位乞乞科夫的跟丁，每到达一地，主人在谈判购买死魂灵时，他就躺在蛋饼似的棉被上读书，他并不懂得书的内容是怎样，但什么书都读，无论是爱情故事还是小学课本，是祷告书还是化学教科书，他都一样的读得很起劲。现在我也不管报上的消息和文章说些什么，只要有连贯的句子让我读就可以了。这时我才体会到，将知识分子关着，不给他书看，让他在时间上处于真空状态，这是一种巨大的折磨，甚至比批斗和劳动改造还要使人难受。有些人被关得发了疯，大约就是这种状态造成的吧！茨威格有一篇小说，写一个犯人在监狱里于无意中得到一本棋谱，简直如获至宝，津津有味地读得烂熟，后来成为棋王，但是每一临局下棋，又感到非常痛苦,写的就是此种心境。

关闭的房间闷得有人中暑了,他们不得不将门窗打开。空气流通之后,当然凉爽得多了。而且别的房间的响动也听得很清楚。王志惠在直着嗓子唱样板戏,周谷声在低声哼抒情歌曲,虽然有时受到看守民兵的喝止,但过一会又唱起来了。从看守与王志惠的对话中,我知道王志惠把毛衣拆掉,重新在编织。大概也实在是闲得无聊了吧,使得这位莽张飞干起女工细活来了。我不能不佩服王志惠会动脑筋。他是什么办法都想得出来,什么事都能干得了的。我也受到了启发,该找些事做做,来料理料理自己的生活。把毛衣拆掉重打的勇气是没有的,拆掉容易编织难,我从来没打过毛衣,要是拆掉打不起来,天冷了穿什么?我会洗衣服,还是把衣被都洗洗吧。

天热了洗衣被是合理的要求,看守民兵答应了。

我洗了单衣刷棉袄,刷了棉袄洗被单,最后还把一条厚军毯也洗得清清爽爽。这条呢军毯是我父亲打日本人时得到的战利品,我读高中之后就归我所用,因为又厚又重,所以二十年来从没洗过。这次整整花了一个上午时间,不知换了多少遍水,才将它洗得干干净净。虽然洗得很吃力,但心情很愉快,手里做着点事,总算能解解厌气。

不过,洗了几天之后,我的衣被都洗干净了,没有什么东西可以再洗下去,每天仍闷居于斗室之内。

《毛泽东选集》已通读过几遍,没有兴趣再读了。但不读又无事可做。有时就坐在窗前呆望,这间房子的窗外是另一条小道,但很少有人来往,小道边就是围墙了,视野并不开阔。

但越过围墙顶上,则可以远眺对面轻工业学校的宿舍,可以看到那边楼上住家的日常生活:烧饭、洗衣、晒被……这是极普通的生活细事,每户人家都有,在平时是决不会去注意它的,但此时看了却引起我极大的兴趣。这就是生活!我羡慕这种普通人的正常生活!但是我出不去,我不能过这种生活。我还要被关到什么时候呢?

有时,我在房间里踱方步。房内是熟悉的床、桌子、板凳和墙,实在没有什么可注意的东西。但突然,我发现了新大陆。在墙角的地板上,有一队蚂蚁在奔忙,它们从一条地板缝里钻出来,奔入另一条地板缝中,匆匆忙忙,不休不停,无暇他顾,就像那些为谋生而奔忙的人们一样。我记得在幼年时曾观察过蚂蚁打架或搬运食物,上学之后就被书本所累,无暇再与蚂蚁为伴了,不意现在三十几岁的人了,重新再来看蚂蚁搬物,而且还看得津津有味,有时还留几粒米饭来喂蚂蚁,看它们拖着比自己身体还大的饭粒走动,也是一种乐趣。

不过,仰看窗外和俯察地面总不能打发终日,我还得找点事做。

我想起了写《鲁迅传》。

在中国的作家中,我最喜爱鲁迅。他思想敏锐,言辞锋利,敢于直面惨淡的人生,敢于正视淋漓的鲜血。他对中国问题看得深,说得透;他剖析的是过去的社会,但对认识现实生活仍有很大的帮助。读鲁迅的作品,能够使人聪明起来,对社会人生有进一步的理解。我很想写一本《鲁迅传》,把这种认识介绍给读者。在运动初期,我曾悄悄地准备资料,并且已经写成好几章了。现在既然闲得无聊,何不继续写下去呢!隔离室里没有书籍,也不备稿纸(写交代材料的纸张是清点过页数的),要照常规白纸黑字地写起来,当然是不可能的,但何妨写在大脑皮层上呢?好在资料是熟悉的,这样我就开始了"写书"的工作。

表面上看起来,我跟前些日子一样:看《毛泽东选集》,踱方步,抬头向窗外呆望,低头托着腮沉思,但实际上,我已经视而不见,听而不闻,集中精力在构思《鲁迅传》。先安排章节和段落大意,后思考文句的表达。我身边还保存有一本小笔记簿,那是搜查时的漏网之鱼,现在正可以用来记下章节大纲。详情细节虽然写不下,但经过了反复的思考,又有这些大纲可以唤起记忆,以后凭此就可以衍化为文字了。

精神上有所寄托,脑子里忙着构思,就不觉得日子难过了。后来,在"四人帮"垮台以后,上海文艺出版社约我写作《鲁迅传》,我就是根据这个小本子上的提纲,很快地整理出来的。只是出版社要将它列入"文艺知识丛书",限定写十万字,虽然我写了十三万字,还是突破了限制,但毕竟篇幅太小,不能畅所欲言,只好名之曰《鲁迅传略》,待有机会再扩写成《鲁迅传》。不料后来教学繁忙,杂事渐多,这一搁就搁了近三十年,搁得自己都准备放弃了,直到退休之后,才在复旦出版社的催促下重理旧业,还此心愿。不过,这本已出的《鲁迅传略》虽然与我原来的意图相差甚远,但毕竟是隔离室中艰难时日的纪念,是力图挽救自己精神免于崩溃的产物,因此我仍很喜欢它。

这种时日一直持续到秋天的来临。天气渐渐地凉爽,日子也比较地好打熬了。9月份的某一天,在新闻联播节目中我突然听到《人民日报》——也许是《红旗》杂志,发表的一篇社论，是批判假马克思主义政治骗子的。在追溯这个骗子的历史时，还提到了《文学界两个口号问题应该休战》这篇文章，以揭示他打着调和折中的旗号来偏袒"国防文学"口号的老底。我研究过现代文学，清楚地记得《文学界两个口号问题应该休战》这篇文章是陈伯达写的，而陈伯达则是中央"文革"小组的组长，在"文革"中是个一手遮天的人物，怎么"文化大革命"会革到这位中央"文革"小组组长头上来呢？于是在此后几天内，我留心听新闻广播节目，仔细琢磨新闻、评论在字里行间所透露出来的言外之意。本来，只有文艺作品才讲究言外之意、弦外之音、象外之旨的，评论文章和新闻报道则以直接明了见长。但"文化大革命"以来，今天批这个，明天批那个，又有全点名、半点名、不点名等种种讲究，当权者在某些问题上想有所指示，但又不愿或不便直接说出，于是文章和报道就写得曲里拐弯，要读者自己去领会、猜测。好在我们本来就是文字游戏的国家，所以大家也在字谜中讨生活。但有时也有些人因为猜错了谜底而大吃苦头。

因为点了《文学界两个口号问题应该休战》这篇文章，陈伯达出了问题是无疑的。但到底是什么问题，却还捉摸不透。《文学界两个口号问题应该休战》这篇文章发表于1936年，解放后被收集在好几本文学运动史料中，本不是什么秘密，但对于陈伯达这样的大人物，决不会因三十多年前这么一篇文章而大动干戈。鲁迅说过，发思古之幽情，总是为了现在。我们上峰历来的做法是，某人在现实政治中出了问题，就把他过去的细账抖出来，用以证明他从来就不是好人。那么，陈伯达出了什么问题呢？陈伯达是党中央政治局常委，现在点名批判他,肯定是最高层发生了分裂,而且斗争已经白热化了,决不是陈伯达一个人的问题。但我更关心的是,上层这场新的政治斗争的结果,对我们这个案子的处理会产生什么影响。我很清楚,对我们这个案子的处理,是直接取决于张春桥的政治地位的。我希望张春桥牵涉进陈伯达的案子中去,这样我们就可以解放了。但看看又不像,新闻中还不断报道张春桥的出场,说明他一时还不会倒台。如果第二次炮打事件的确与陈伯达有关,那么,陈伯达的倒台也许反会加强张春桥的力量,这就对我们更不利了。但一时间也都看不出究竟来。

陈伯达事件对于我们隔离室生活的直接影响,是允许阅读马克思、列宁的著作了。报纸、广播中在批判假马克思主义的政治骗子的同时,不断宣传,要大家认真读几本马列原著,以便识别真假马克思主义。我抓住这个机会,要求让我读马列原著,终于获得同意。我要回了被收去的马克思著作,又托看守民兵买了几本,就认真地阅读起来。

真是开卷有益。认真读这些书的确有助于提高认识。然而,对现实政治却更加怀疑起来。马克思主义的理论核心是唯物史观和辩证法,而现实政治中有许多讲法和做法恰恰与此相反,这怎能不使人怀疑呢?

比如,马克思说过:"如爱尔维修所说的那样,每一个社会时代都需要自己的伟大人物,如果没有这样的人物,它就要创造出这样的人物来。"(《1848年—1850年的法兰西阶级斗争》)恩格斯对于这一观点有过更详尽的发挥:"恰巧某个伟大人物在一定时间出现于某一国家,这一情况完全是种偶然性。但是,如果我们把这个人除掉,那时就会需要有另外一个人来替代他,并且这个替代是会出现的——也许是较好些或较差些,但经过一些时间总是会出现的。恰巧拿破仑这个科西嘉岛人做了那被战争弄得疲竭的法兰西共和国所需要的军事独裁者——这是个偶然性。但是,假如不曾有拿破仑这个人,那末他的角色是会由另一个人来充当的。这点可由如下一点来证明,即每当需要有这样一个人的时候,就会出现这样一个人:恺撒、奥古斯特、克仑威尔等等就是如此。如果说唯物史观是由马克思把它发现了,那末梯也里、民耶、基佐以及1850年以前英国所有的历史学家等,便是证明有许多人都已在力求达到这一点,而摩尔根对于同一观点的发现就是表明做到这一点的时机已经成熟了,而这一发现必定要被作出来的了"(《致亨·施塔尔肯堡》)。马克思、恩格斯的观点很明确:是时势造英雄,并非英雄造时势;是时代创造思想,并非思想创造时代。印证历史,这种理论的确符合事实。马克思、恩格斯的理论是彻底的,他们在阐述理论观点时,并不把自己当作例外处理,你看,恩格斯在谈到马克思对于唯物史观的发现时,既没有脱离时代条件,也不抹煞别人的功绩。而我们那些理论家和实权人物,却把毛泽东说成是几百年才出现一个的创造历史的人物,只有他才是人民的大救星,才能使人民幸福;并把毛泽东说成是中国共产党和中国人民解放军的唯一缔造者,而和他一起闹革命的其他人则差不多个个都要打倒。对此之下,这些观点毫无唯物史观气息,怎么能称为马克思主义呢?

又如,恩格斯说:"当我们深思熟虑地考察自然、人类历史或我们自身的精神活动时,在我们面前首先呈现的是种种联系和交互作用的无限错综的图画,其中没有任何东西是不动的和不变的,万物皆动、皆变、皆生、皆灭。"(《社会主义从空想到科学的发展》)"我们知道,这些对立仅有相对的意义:凡今天被承认是真理的东西,都有现时隐蔽着而过些时候会显露出来的错误的方面;同样,凡现在被承认是谬误的东西,也都有真理的方面,因而,它从前才能被认做真理;那被断定为必然的东西,是由种种纯粹的偶然所构成的,而被认为是偶然的东西,则是一种有必然性隐藏在里面的形式,如此等等。"(《费尔巴哈与德国古典哲学的终结》)是的,世界是一个历史过程,一切都在发展变化之中。可是林彪却将毛泽东思想鼓吹成顶峰,说毛主席的话句句是真理,一句顶一万句,一切都要按毛主席的话去办,对毛主席的话理解的要执行,暂时不理解的也要去执行。这哪里有一点辩证法的成分?怪不得他们不但将历史上的一切思想家全否定光,而且连马克思的书都不准读。他们的言行是与马克思背道而驰的。

更令我震惊的是恩格斯对于黑格尔的"凡是现实的都是合理的,凡是合理的都是现实的"这个原理的分析:"黑格尔的这一原理,在应用于当时的普鲁士国家时,意思只是说:这个国家在它是必然的这个限度内,才是合理的,才是符合于理性的。如果说,在我们看来,它终究是不中用的,而且尽管不中用,仍旧继续存在,那末,政府的不中用,就可用臣民那相应的不中用来辩护和说明。当时的普鲁士人有着他们所应该有的政府。"(《费尔巴哈与德国古典哲学的终结》)这岂不是说,中国目前这场劫难,正是不中用的臣民所应该有的。这话虽然尖刻,但细想起来,却也很有道理。当"文化大革命"起来时,虽然人人自危，那些身居高位的人一个个被拉下马来，但有谁曾用手中的权力表示过抗争呢？他们抱着侥幸之心，想到的只是自己如何保住乌纱帽。而在全国老百姓中，救世主思想、权力崇拜现象不是普遍地存在吗？这样，顶峰论和个人崇拜才有市场啊？

这几本书我过去也曾读过，为什么对这些话竟没有注意，有些话虽然在学理上也研究过，但却没有联系现实作思考。可见我自己就不是一个独立思考者。大抵人总需经过一些磨难，才能变得聪明一些。

在读了那几本书之后，我对前途颇为乐观。

按照辩证法的观点看，没有任何东西是不变的，事情做过了头总会走向反面，目前这种混乱局面不可能长期延续下去。纵看历史，在历史的长途中大家都是来去匆匆的过客；俯察人生，在人生舞台上，每个人都是演员，是非功过，时间会作出最公正的评价，自吹自擂是无济于事的。我不能气馁，头顶上的乌云终会散去的，坚持下去，就是胜利。

我每天仔细听新闻联播节目，密切注意形势的变化。但是除了连篇累牍地不点名批判陈伯达之外，别的也听不出什么名堂。我们的案子仍旧拖着，除了王志惠常常与看守和专案组争吵之外，隔离室相当的安静，大家都磨出性子来了。

天气渐渐转凉，我由赤膊而穿汗背心而加衬衫，别人也大抵如此。独有王志惠仍旧赤着膊而高唱道："朔风吹，林涛吼……"颇有滑稽之感。有时在走廊或厕所里碰到，他就给我做做鬼脸，这是在隔离室中所能给我的心灵慰藉。有一天，又听到王志惠与专案组的争吵声了，而且愈吵愈激烈。仔细听听,原来是专案组说天冷了不准赤膊,要王志惠穿衣服。而王志惠说赤膊是他的自由,他要到寒露以后才穿衣服。正在争吵间,一名工宣队员突然插话道,寒露是 10 月 10 日,你要到那时穿衣服是想庆祝国民党的双十节,你反动透顶,云云。这顶帽子实在扣得莫名其妙,王志惠当然不买账,与他对骂起来。不几天,工宣队带了公安局的人来把王志惠带走了,罪名是大闹隔离室,思想反动。那名工宣队员得意洋洋地宣布:"你要自由,现在让你到拘留所去自由吧。"

这样又过了两三个星期,大概到了 10 月底的一天晚上,庄明玉和刘家国又到隔离室来找我谈话。刘家国宣布:明天要开宣判大会,宣判对"胡守钧小集团"成员的处理决定,问我还有什么交代没有,这是最后的机会了,否则,明天一宣判,就悔之晚矣。

这又是吓人战术,我不理睬他。我从抽屉里拿出一支香烟,慢条斯理地顿着烟头,点上火,漫不经心地吸着,不讲话。

"你这是什么态度,想顽抗到底是吗?"刘家国沉不住气,发火了。

"是不是不准抽烟? 我本来就不抽烟,只不过解解厌气,近来才买上几包抽抽。既然不准抽,我不抽就是了。"我故意将线搭错。

"不是说抽烟是态度不好,你看,我自己也抽烟。刘师傅是要你交代问题。"毕竟庄明玉比较老实,他赶快解释道。

"我没有什么问题好交代了,就等着明天宣判吧。"我不软不硬地回答道。

刘家国怒目而视,有火无处发。

第二天下午在江湾体育馆开了宣判大会。将胡守钧定为反革命分子，当场戴上手铐，由公安局带走。周谷声、邱励欧戴上反革命帽子，交群众监督改造。有些人定为反革命性质，但帽子拿在群众手里，暂不戴上，以观后效；有些是定为敌我矛盾性质，作人民内部矛盾处理；有些是犯严重政治错误；有些则说因为坦白交代得好，不作处理。真是五花八门，花样繁多。据说这叫体现政策，要全市各单位照这个样板来办理。

我等待着对我的宣判，看看他们能玩出什么花样。但始终没有提到我的名字，好像已经忘掉我这个被拉上台去批斗过的第四号人物。这使我很奇怪。但转而一想，觉得也有道理。判得重了，没有材料，难以服众——这大概还是托了"样板案"的福，使他们还有所顾忌；判得轻了，不合第四号人物的身份。干脆不宣判，这叫做"挂起来"，使人摸不着头脑。但"挂着"对我是很不利的，他们可以没完没了地继续审查。这场持久战还要拖下去。

宣判会之后，不管是戴上帽子的或不戴帽子的，一个个都放出隔离室。既然是群众监督，就要到群众中去。只有我还关在隔离室里，看来要把牢底来坐穿了。

一个星期之后，专案组通知我说，明天要押送我到干校去，进行劳动改造，并且由工宣队押着，让我回家取一些下乡需用的生活用品。

从校本部到教师宿舍这条过去每天都要走的道路，已经有八个多月没有走过了，现在感到有点陌生。路上的行人有许多是熟悉的，现在见到我，都投射过异样的眼光。走进宿舍，许多小孩子跟在后面指指点点，仿佛看到一个怪物。

回到家里,打开房门,一股霉味扑鼻而来。环顾屋内,书籍、衣服、家具都长满了白毛。

这就是我的家!

我的家已成了这个样子!

我所住的是日本式房屋的底层,根本没有防潮设施,平时就潮得厉害,何况关闭八个多月不通风呢!工宣队在我的学生家中抄出我的一封信,因信中写道:"我下乡劳动刚回来,来信躺在我这发霉的房间里已经好几个星期了",这句话被专案组上纲上线,定为反社会主义言论。我辩解道:"我的房间确实潮湿发霉,凡住这类房子的人均可作证。"但工宣队硬说我说的不是具体住房发霉,而是暗指社会主义制度发霉。当时住同类日本式房子的人虽然很多,平时也都埋怨太潮湿,但此时没有人敢出来作证。这也难怪,他们知道,这不是说理的地方,也不是说理的时候,谁敢据实直说,谁就是为反革命分子辩护,他本人也会成为反革命分子。人们干嘛要引火烧身呢?我很能理解他们的处境,其实也并不指望有人能出来说话。

但今天面对满室霉点白毛,我还是有几分激动。我倒不是惋惜这些家具、书籍、衣物,人到了这个份上,前途命运未卜,哪里还在乎这些身外之物!只是,我想让跟班的工宣队员看看,我的房间是真霉还是假霉,我信中的话是写实还是象征。虽然我几经暗示,他们却根本不接腔,也不知是真痴还是假呆,但态度却极好,说:快打扫收拾一下,还不知什么时候再回来。

我无法仔细打扫,只约略清理了一下,收拾了几件衣物用品,就跟工宣队回隔离室了。

干校风雨

第二天早饭后,一个工宣队员和一个青年教师将我押上一辆敞篷车。同时从隔离室押上车的还有三个人,我认得其中一个,叫盛春喜,是新闻系的学生,因为参加过"文艺界造反联络站",接触过30年代文艺报刊,被怀疑整江青的黑材料,所以也一直关着不放,另外两个我不认识,也不便探问,大家默默地坐着,任汽车穿过市区,驶到郊区,直至海滨。坐在无篷的货车上,风很大,好在秋阳甚好,关闭了八个多月之后第一次出远门,接触外界,仍感到很兴奋。

到达干校时,已是中午。午饭以后,马上集体开大会。起初不知何事,待得会议开始,才知道是对我们四人的批判会。押送我们来的四名教师发言,分别对我们四个人作了批判。到这时,我才知道那二人是徐志新和程显道。徐志新是"为反复辟学会翻案小集团"的主犯,我早在高音喇叭里听到过他的名字,知道他是坚持不认错的硬汉子;程显道的名字则是第一次听说,从批判发言中知道他是历史系教师,但听不出他到底犯了什么罪。可见这次"一打三反"运动除了高声喇叭里点名批判之外,还不知整了多少人。

我们这几个人都是老运动员了,这个批判会对我没有什么触动,对他们似乎也一样。与会者对我们的"罪状"大都也熟悉,所以大家似乎也听得并不起劲。也许是午饭后"食困",也许是上午劳动太吃力,有几个靠在墙根坐的人,竟然打起瞌睡来了。这个批判会本来是要给我们一个下马威的,但却变成了仪式,大家都不觉得震动。我本人就没有仔细听批判者批判我些什么,反正是那一套,重复一下罢了。我本以为在批判会结束时会宣布撤销对我的隔离审查,干校是要干农活的,总不能再继续关在屋子里吧。但干校领导人袁瑞云最后宣布道:这四个人都是不肯老实交代问题的反革命顽固分子,现在放到干校来,交给群众监督,继续审查。他们与广大"五七"战士不一样,不许走出干校,不准自由行动,学员们每个月休假回上海时,他们也不准回去。

又是这个袁瑞云!真是冤家路窄,到干校来还是在他管辖之下。我是他负责揪出来的,为了显示自己的正确性,他能承认搞错了吗?他能宽待我吗?决不会的,他非继续将我往死里整不可。

批判会结束之后,大家马上下地劳动,我们四人则先安顿住处。我正准备搬行李,押送我来干校、并作批判发言的那位青年教师四顾无人,就悄悄地说,我来帮你拎!可见他的批判,也只是应付上面布置下来的任务,心中另有看法。但工宣队却是认真搞阶级斗争的,不待我们的行李打开,就将我们赶到田里去劳动了,而且立即要我们干重活——挑担。我被关了八个多月之后,是第一天走出隔离室,筋肉衰退到连多走几步路都感到吃力,何况是挑重担呢。担一上肩,两腿就发软,但又不能不干,只好就这么摇摇晃晃地支撑到下工。我想,这才是真正的下马威。

干校是军事编制,校部就是连部,袁瑞云由工宣队连长变为干校的连长,还是做他的连长,下面每个系成立一个排。他们没有把我放到我的本系——中文系,却放到我素昧平生的生物系去，大概是怕中文系教师对我拉不开情面吧。这其实是多虑的，在那个以阶级斗争为纲的年代里，无论是谁，只要一旦被宣判为阶级敌人，便会陷入孤立无援的境地。鲁迅曾慨叹中国"少有敢单身鏖战的武人，少有敢抚哭叛徒的吊客；见胜兆则纷纷聚集，见败兆则纷纷逃亡"。这不但是国民性中缺乏信念的弱点所致，也是环境使然。在封建专制制度之下，实行着诛九族之类的严酷刑法，弄得人人自危，避之尚恐不及，哪里还敢去抚哭叛徒，同情囚犯呢？不过，在那个时候，毕竟还允许对充军的囚徒或押赴刑场的犯人设路祭之类，而现在，则要求绝对地划清阶级界线，即使明知是冤案，也决不允许有一点同情或慰抚的表现，否则，同情者自己也要受到牵连。所以，即使平时与我关系不错的人，这时也必须对我很冷漠。这使我感到周围空气的凛冽。如果说，在隔离室里因为与世隔绝而感到孤单的话，那么到干校之后，就因世态炎凉而感到寂寞了。这种炎凉的世态，在隔离室中还未充分地看透，虽然在批斗会上已有所感受，但毕竟发言的人数不多，脑子里总还残留着无数记忆中的温馨。到了干校，才发现整个世界都变了，这才知道"群众监督"的厉害，其压力有时胜于关班房。

　　早就有人告诫过我，叫我不要太重感情了。他说，人与人之间的关系是阶级关系，在你有地位时，人们都会奉承你，只要你一倒台，就会群起而攻之，决不要指望他们会真诚地对待你，那纯粹是空想。现在我信服了他的预见。不过我对一般人并无怨恨，我觉得他们自身也生活得不容易，除了少数人想踹我一脚而向上爬之外，大部分人或许是为了保护自己而出于不得已。因为不久我就发现，他们虽然统称之为"革命群众",其实除了极少数三代贫农或两代工人出身的人被列为依靠对象之外,大多数人实际上是改造对象,虽然比我们这些监督对象高出一等,但终日如履如临,日子也并不好过。

生物系特地为我组织了监督小组,而且动员全体人员对我进行监督,这使我比在隔离室还不自由。因为大家都住在一个草棚子里,我的一举一动都在他们的监视之下,真如孔夫子所说的:"十目所视,十手所指,其严乎!"有一回,我在睡觉前随手拿起邻近堆物空床上的一本《宋词选》在翻阅,就被训斥一顿,说你还要看业务书,这是不想改造的表现。又有一回,全排出动挑棉花萁,有一个年纪比我轻的人挑到半途挑不动了,我刚好走回来准备挑第二担,看他这副摇摇晃晃的样子,就接过他的担子,代他挑了一段路,我本以为做的是好事——当然并不想受表扬,却不料在晚上的总结会上,这个青年人痛加检讨说:"我虽然也犯有错误,但与吴中杰这个反革命分子是不一样的,今天挑棉花萁,我半路上挑不动,竟然接受吴中杰这样的人帮助,实在是耻辱。"我初闻之下,颇感惊讶,继而报以轻蔑,总算见识过这样的人了。

生物系的教师们虽然煞有介事地要对我监督改造,无奈我这个人却根本无所谓,对不合理的指责既不抗争,对批判帮助也无动于衷,有如水浇鸭背,一滑而过。这使他们感到束手,既鼓不起斗争情绪,也取不到他们希望有的成绩。他们对我这个阶级敌人感到累赘。我听到排长在隔壁房间向连长汇报工作,说我这个人对批判斗争根本无所谓,他们没有办法改造。袁瑞云似乎也拿不出什么妙计,于是又把我调到中文系这个排去。

中文系这个排劳改对象多,可以说是老中青三结合。

贾植芳是进步教授,原为复旦大学中文系现代文学教研组组长,1955年被打成"胡风反革命小集团骨干分子",系狱十年。出狱后仍为监督劳动对象,直至胡风案平反,这才重执教鞭。先生虽已老矣,仍受学子欢迎,我亦常去请教人生哲理。此照摄于先生书房中。

老的有贾植芳。他是我们系的老教师,1955年因胡风案被捕,坐了十年监狱,到1965年才释放出来,安排在出版科监督劳动,凡是别人不愿意干的活都叫他去干。本来,服刑期满应该重新取得公民权,如同常人一样的了,但在我们这里,只要进过一次监狱,就永远被视为异类,获释之后,谓之劳改释放分子,仍旧要接受监督。不久,"文化大革命"就开始了,这位"胡风反革命集团的骨干分子"、"劳改释放分子"的处境就可想而知了。好在贾植芳先生天生有一种达观精神,即使在最艰难的时候,也能乐天知命,听之任之。据他说,他在监狱里每天要挑十几担水,倒把身体锻炼得好起来了。而今他虽已五十开外,但挑起粪担来,还能走得很快。下了工之后,就捧起一本书——当然是马列著作,一边抽着八分钱一包的劳动牌香烟,一边摇头晃脑地读起来,读得自得其乐。连披在身上的衣服滑到地上去也不知道。

彭飞是复旦中文系 68 级学生,"文化革命"中被打成"反动学生",在同班同学毕业后,留校监督劳动,继续审查,直至"文革"结束后平反,分配到复旦分校(不久并入上海大学)中文系任教,后移居美国。我们一直保持着难友情谊。此照为 2007 年我游美时所摄,右为彭飞。

年轻的有彭飞,是我的学生。他已故的父亲是资本家,所以他属于黑五类、黑小子,本来就受到歧视,再加上他的大姐彭珮云是被聂元梓"第一张马列主义大字报"点名揪出来的全国有名"大黑帮",他受到了牵连。不知怎么一来,对他也审查个没完,同班同学都毕业了,他却被留下来监督劳动。他也有点无所谓的样子,因为他知道自己能否解放,完全取决于大姐彭珮云的定案处理。彭珮云如果解放了,他也会跟着解放,彭珮云如被定为反革命,那他也好不了。而彭珮云问题的处理,则取决于全国形势的变化,非个人的努力所能决定。他只要劳动认真,不触犯当权者,也就不会有什么大事。

上有老师,下有学生,我居其中。用今天的标准来衡量,我当时也还是青年,但因为扮演过"长胡子"的角色,辈分也就提高了一档。我们三人,平时彼此不大搭讪,碰到"革命群众"们去听文件传达或讨论文件精神,而让我们单独劳动时,我们往往在别人看不见的地方多歇一会,聊聊天,作为一种消遣。这时,贾植芳先生也肯谈点文坛的往事,在我的提问下,也谈点他哥嫂之事——他嫂子是李大钊的女儿,有很多上层关系,我们也听得很来劲。当然,对胡风案,他那时是绝口不提的,我们也不便问。

中文系这个排照例也有监督改造小组,因为被监督改造的人多,批判的火力势必分散,倒使我所受的压力要轻得多了。但凡事有一利必有一弊,正因为被监督的人多了,每次开管教会得把每个监督对象都教训到,开会的时间就延长了。特别有一位女积极分子,她是三代贫农出身,阶级责任感特别强,觉得身负监督重任,不能轻易放弃,所以每会必发言,每次发言必很长,而且喜欢在最后一个发言,还要把别人的发言内容重复一遍,在她是谆谆告诫,在我则感到唠唠叨叨,结果是每次会都拖得很久,吃饭迟到,好菜早被别人买光,有时只好吃点青菜、冷饭来充饥。

我们的排长也是三代贫农出身,在山东农村里干过苦活,他本来就看不起手不能提、肩不能挑的知识分子,管得那些"革命群众"们常常怨声载道,对我们当然抓得更紧了。他不但老要我们干重活,而且常常要我们吃过午饭不休息就加班干活,如挑宿舍里的便桶,或给食堂挑水之类。刚吃饱饭就挑重担,在常人也感到难受,何况我这个生胃病的人呢?虽然彭飞有时帮我挑几担,但我总不能老让他代挑,这就更加重了我的胃病,以致很快就第二次出血。

干校里还有很多劳改对象,周谷声、方农也在内。我们常在一起干重活。周谷声似乎也很达观,背地里常对我笑笑,但也只此而已,绝不能讲话打招呼,以免引起人们的注意。干校里的重活以挑粪为最,粪船一到,就叫一批人去挑到化粪池中,待需要时再从化粪池挑到大田里去浇庄稼。每次挑粪,我们这些劳改对象再加上一些内控对象算是基本队伍。虽然其时正在批判"劳动惩罚论",但耳听为虚,眼见为实,大家都看到,实际上是在进行劳动惩罚。即使在这样的队伍里,也不能乱发牢骚。有些内控对象自以为比劳改对象身价高出一等,还要对我们进行监督;有些人自身是劳改对象,但为了检举立功,也常常要打小报告,真可以说处处是荆棘了。只有孙桂梧先生,颇有点无所顾忌,谈笑自若。

孙桂梧先生曾经和笪移今先生一起教过我们班级的《政治经济学》课程,他的夫人是中国民主同盟元老沈钧儒的侄女,就在沈钧儒家里长大。他们早就协助共产党工作,可以说是老革命了。但是孙先生有点小毛病:贪图杯中之物。用他自己的话来说,就是每天离不开猫尿,而且微醺之后,就管束不住自己的嘴巴。结果就由老革命变成了老运动员。虽然没有被公开点名,但据他自己说,"那些龟儿子们"常常要批判他。孙桂梧先生做我们老师时,鼻梁上架一副金丝边深度眼镜,口含一支雪茄,衣衫整齐,一副严肃的学者派头,不知何时开始却变得如此落拓不羁和玩世不恭起来。金丝边眼镜和雪茄烟虽然依旧,但早已衣衫不整了,虽然已是秋凉,他劳动时却仍旧赤着膊,只穿一条短衬裤,着一双旧球鞋,皮肤晒成棕色。他洗粪桶时自谓有如司马相如着犊鼻裈洗酒甏。我纠正他说,犊鼻穴在膝盖之下,司马相如的犊鼻裈必然是长过膝盖的,他硬说我的考证不对,认定司马相如当年穿的就是他这种仅能遮羞的短裤。他自称为"粪坛一霸",并封我为"粪坛行走"。

"粪坛一霸"孙桂梧。孙桂梧老师在干校里经常赤膊挑粪,自称为"粪坛一霸",甚是了得,承他不弃,封我为"粪坛行走"。可惜我们都没有留下赤膊挑粪的倩影,他这张照片,作斯文状,有失当年的风采。

好在那些积极分子并不想与他争霸粪坛,而且此事批判起来也不大雅观,所以倒也没有惹出什么麻烦来。只有中文系那位"假党员",为了随处表现积极,曾正色警告过他,说吴中杰问题严重,叫他不要与之接触。但他不以为意,竟然不忘师生之情,自称愚师,呼我为贤契,有人时,之乎者也调侃我一通,无人处则给我通点消息,指点迷津,加以慰安。可惜孙先生在干校里劳累太过,回复旦之后,就长期卧病,不能工作,空有满腹经纶,亦无处施展了。

干校里还有一个引人注目的人物,是老将王中。这不仅因为江浙人黄、王读音不分,故意将他附会为《三国演义》中的黄忠老将,而且无论就哪方面说,他都可以配得上老将的称号。他是山东南下的老干部,我们读书时他是复旦党委常委兼统战部长、副教务长、新闻系主任,常常给全校师生做大报告,讲课生动风趣,比起党委书记杨西光的结结巴巴的报告来,不知要高明多少,所以很受师生欢迎。但不幸他在新闻理论上妄有主张,强调新闻的真实性和社会性,还创造了报纸的"二重价值论",说报纸除了宣传的性能之外,还有商品的性能,故报纸必须办得有趣味性,能吸引读者订阅等等。1957年大鸣大放时,他到处做报告,宣传他的新闻理论,而且公开批评党报一片机器声,一副晚娘面孔。于是"反右"运动开始后,他便成了大"右派"。据批判者说,他是老右倾,所以一再降级,才降到复旦来。可见他原来官做得更大,可算是革命老将。后来虽然摘去他的"右派"帽子,但仍称他为摘帽"右派","摘帽"二字成为定语,主语仍是"右派",所以每次运动都得挨整,可称为运动老将。王中是个"曾经沧海难为水"的人,对于工宣队的管教和"革命群众"的批判,根本不放在眼里,别人剑拔弩张,而他仍嬉皮笑脸,工宣队对他也无可奈何。但敲打还是要敲打的。有一次在广播中批判他,说他对人讲,每天早上起身后的第一件要事是抽烟,不抽烟不能过日子,而这完全是反动言论,因为革命群众每天起身后的第一件要事是学习毛主席著作,我们生命的源泉是毛泽东思想,因此王中的话就是反对学习毛主席著作,就是反毛泽东思想。当然,对于这种无限上纲的批判,谁也不把它当作一回事,何况老将王中呢?不但如此,王中还要倒打一耙,说早上起来没有刷牙,嘴巴不干不净就读毛主席著作,是对毛主席的不恭,弄得那些积极分子有口难辩。王中有严重的关节炎,走路很不方便,拖着腿一步一颠,当然不能在粪坛上行走,所以在干校时我们接触不多。我们的相识是在回校之后。那时他的关节炎更严重了,但仍需自己上菜场买菜。只见他穿一身破衣裳,一手挽着一只竹篮子,一手撑着一根高过头的长竹竿,颤颤巍巍地走着,很有点像鲁迅笔下的祥林嫂。我们始则点头打招呼,继则交谈,后来他请我到他的"寒舍"去坐坐。这个"寒舍"在体育场旁边,实在够寒伧的,只有一张床铺,一只小台子,两把凳子,几本破书,如此而已。但老王中很热情,从抽屉里搬出许多香烟,高、中、低档都有,由我选抽,他说那些好烟都是部队里的老战友送的,这时已是"文化大革命"后期,部队的人已敢于来看他。过一会,他又从屋角里拿出一罐鸡蛋请我参观,说这是他自己养的鸡生的,他在每只鸡蛋上都用铅笔写着生下来的日期。我问他是否在搞什么研究,他笑笑说,弄着玩玩而已。这是后话。

在干校里，人分数等，这就给某些人以一种错觉，仿佛他们是革命依靠的对象，所以表现得特别积极。其实这是工宣队的策略，用以分化、利用而已。当时有大班子、小班子之分，小班子是继续任用的，大班子则等待运动后期处理。市委、市政府里的干部，参加市革会工作的是小班子，"四个面向"和下放干校的是大班子；学校里的教师，参加教育改革，给工农兵学员上课的是小班子，下放到工厂、干校的是大班子。所以，在工宣队看来，干校里的学员其实大都是处理品，所不同者，仅二等品、三等品和等外品的区别而已。但也许有些人内心有危机感，所以表面上更要装得积极些，将别人当作垫脚石，希图爬到高处去。这样，在规定的各种项目之外，常常还有自选动作表演。上文所说的对王中鼓吹吸烟言论的批判，便是"革命群众"自动抓住的"阶级斗争新动向"。王中用巧计应付，批过也就完事了。有些劳改对象比较认真，敢于硬顶，斗争便愈演愈烈，往往酿成奇观。国际政治系的徐志新的确是条硬汉子，从把他揪出来，戴上"为反复辟学会翻案小集团的为首分子"的帽子以来，他就没有认过错，到干校以后，也常常把管教小组的管教顶回去。有一回，在气氛比较缓和的时候，有一位"革命群众"，为了省钱，去找他理发，但此事却被指责为混淆阶级阵线，拉拢革命群众，连那位找他理发的"革命群众"也赶忙站出来批判，并声称找徐志新理发是为了试验他是否会加害革命群众，他是手握拳头，随时准备斗争的。徐志新当然不会买账，就辩了起来，于是从理发的本事拉开，专批他的"恶劣态度"，最末，是那位"革命群众"将粪桶挂在徐志新的脖子上进行批斗。这种做法，真是别出心裁。但实际上也不过是古代戴枷示众的流衍，似乎也算不上什么创造发明。

就这么批批斗斗、锄锄挑挑，一晃过了半年。第二年春耕时节，一天晚上，我刚洗去身上的泥水，准备休息，副排长把我叫出去谈话，说是清查"五一六"分子的运动开始了，学校要调我回去继续审查，叫我准备一下，明天有车子来接。我"嗯"了一声，没有说什么。俎上的肉，任人宰割而已，有何话可说。我们相对沉默了片刻。这位副排长是高我一个年级的同学，平时大家还过得去，这时两人相对，他想表示一点关心，就说："你何必那么死心眼，有些事承认下来有什么了不起，你看某某人自己往自己头上倒脏水，把自己骂得狗屎不如，最后不是也没什么事吗？"我觉得对他解释什么或争辩什么都是多余的，仍然以沉默来结束这次谈话。

当天晚上我做了一个梦，梦见我在闷热的夏天又被关在隔离室里受煎熬。我打了一个寒颤，惊醒了。是的，天气渐渐转热了，再关进隔离室是不好受的。但我无力左右自己的命运，只好硬着头皮去闯。我所能做到的，是赶快多准备几本书，以免在隔离室里再受无书可读之苦。

这次被调回去受审查的，仍是同来的四个人。好在没有再进隔离室，这回是半隔离。工宣队向我宣布，所谓半隔离，就是不准出校门，校本部内可以走动，回家拿东西要请假。我被安排在六号楼底层走廊旁边的一间学生宿舍里。那时，原来的学生都已毕业，工农兵学员招进来还不多，所以宿舍很空，给我一个人住一间，旁边还有许多空房间。有些房间还住着别的审查对象。有一次，在洗澡间碰到潘啸龙，他也是"红三司"的头头，我们同一派，很熟的，大概也是被揪回来审查的。我们彼此看了一眼,没有打招呼,大家默默洗完澡,各自走开了。我知道,虽然让我单独住一间房,而且可以在校内自由走动,其实是有人监视的。我的房间靠着过道,人们来来往往,都可以看到我在房内的行动,而且在校内也未必没有人跟踪。我想,他们也许是钓鱼之计,看看我会跟什么人接头。其实我无须联络,也不想与人接触,干脆利用这段时间用功读书吧。于是,除了吃饭、睡觉之外,每天读上十三四个钟头的书,而且就坐在窗前明显处,让监视者可以看见。白天当然只能读马列著作,到夜深人静之后,则读点文学作品来调剂一下,这是我乘回家取衣物之便带来的。

刚回来时,还批斗过一两次,后来工宣队不来找我,我当然也不去找他们。我忽然想起《西游记》里唐僧与某国法师在高坛上比坐功的故事,觉得颇为有趣。好在我的坐功一向不错,每天坐着读十四小时的书并不以为苦。这样比拼了三个多月,终于还是他们耐不住性子来找我了。

来的共有三个人:两名工宣队员,一名受工宣队信用的教师。他们坐定之后,为首的就问:

"这一阵子你都在干些什么?"

我随手指了指满台子的马列著作说:"我在认真学习马列。"

"调你上来是让你参加运动,继续交代问题的,不是叫你来进修的。你倒好,大字报也不看,交代材料也不写,一天到晚坐着读书。"——可见的确是有人在暗中监视着我的行动的。

"毛主席号召我们认真读书,学习马列,这是头等大事。"我毫不客气地顶了一句。

"学习马列当然很好,但是理论要联系实际,要把你的问题交代出来。"

"我想不出有什么好交代的,所以先读点马列,提高了思想再说。"

工宣队员明知我是搪塞,但我说得冠冕堂皇,他又不好说不准我读马列,所以一时说不出话来。这时,那位陪同他们前来的左派教师开腔了:

"你不要耍花腔,你当我们不晓得,你读马列是当业务书来读,还是在搞你的文艺理论,你是幻想还有一天会重登讲台,再写文章。"

毕竟他是知识分子,懂得知识分子的心理。只可惜他不是利用自己的地位来为知识分子说话,反而利用他对知识分子的了解来帮助工宣队整知识分子。有人说,整知识分子最厉害的是知识分子,此言不诬也。

"怎样理解,随你的便,反正学习马列总没有错。"

我自知这个回答是无力的,但一时也想不出什么话来。好在工宣队并不深究,因为他们此来是另有目的。

"既然你回到学校里来不肯交代问题,那么还是回到干校去边劳动边接受审查。"

"我的问题已审查了一年半了,为什么还没有结论?我要求有了结论后再回干校去。我愿意在这里等。"

"你不彻底交代,叫我们怎么做结论?后天你跟车回干校去,总不能让你在这里一直关门读书吧!"

工宣队的态度较前缓和多了,但已没有讨价还价的余地。而且,我知道他们也不过是执行者,我的事不是他们决定得了的,也就不再争执下去了。

这次回干校的审查对象只剩下了三个人。历史系的程显道在这次审查中自杀了。我不知道他是怎样死的,只看到校内大标语上写着:"程显道自绝于人民,死有余辜!"那几年,复旦常有人被迫自杀,人们的神经都麻木了,但我还记得从干校被押回来时他那木然的面容,也还记得在干校劳动时他悄悄地对我说过:"朱永嘉是决不会放过我的。"现在,他终于解脱了。安息吧!

幕已落,戏未完

回干校后不久,就发生了"九一三"事件。林彪仓皇出逃,摔死在温都尔汗。

林彪当时是全国第二号人物,身居一人之下,七亿人之上,他的接班人地位是写入了党章的,正是炙手可热的人物——用孙桂梧先生的话说,就是手上可以摊烙饼的人。他出事之后,很久未敢公布消息,大概怕的是全国震动太大。那个时候,人们的消息来源只有国内电台、电视台和报纸,听外国电台广播就叫收听敌台,是可以判刑的,大家都不敢听,所以消息比较容易封锁。但大家也都学会了从字缝里看消息的本领,所以林彪死后不久,人们就心中有点数了。最初的迹象是中央电视台新闻节目开始时林彪的题词去掉了,接着,各种节目中不再提到"林副主席"了。而只要一发生疑点,许多材料就会附着上来。后来终于局势比较明朗了。这件事对人们的震动的确很大,我们的排长就说,他得知这个消息后,脑子像爆炸了一样,几个晚上都没有睡着觉。倒不是因为他讲过许多肉麻吹捧林彪的话,怕不好转弯——在那个时候,谁上台就拥护谁,谁垮台就叫打倒谁,早已成为家常便饭,根本不存在转弯不转弯的问题;而是由于"毛泽东伟大思想红旗"举得最高的人要反毛泽东,平时万岁不离口、语录不离手的人暗地里却要谋害毛泽东,这使他感到害怕。我们这位排长毕竟是农村来的,思想比较单纯,对政治斗争的复杂性不甚了解,而且平时忙于战天斗地、冲锋陷阵,读书无多,不知道许多历史掌故,所以林彪事件一出,他吓得晕头转向,难以接受这个事实。我对于政治风涛已经很麻木了,所以当时并没有那种天旋地转的感觉,只是产生了一种微茫的希望,希望林彪垮台以后,形势会变得对我们有利些。但我怀疑这种希望,因为张春桥还在台上,而且陈伯达倒台之后,对我们的处理还不是率由旧章吗?林彪的垮台,会不会反而加强张春桥的地位呢?

但林彪的垮台毕竟挫伤了那些极端分子的锐气,对我们的监督无形中放松了许多。每月干校休假的日子我可以回家了,到了年终,我爱人从黑龙江回来探亲时,还安排我回校到猪棚劳动,晚上可以住在家里。我爱人假满回黑龙江,我再回到干校时(那时复旦干校已迁到崇明岛上),忽然我的身份有了变化,通知去听中央文件,也不再受监督了。那时已全面展开对林彪的批判,我的日子也比较好过一些。但对我的审查结论,却直到1972年8月份,在我从干校调回中文系工作之后才宣布。结论是1970年10月份做的,定我为:犯有严重政治错误。我问为什么将近两年前做的审查结论要到今天才宣布,答曰:这是领导上的决定。我表示不同意这个结论,并申诉了多次,后来通知我:复查结果,维持原结论。

正如服刑期满者称为刑满释放分子，"右派"分子摘掉帽子之后叫摘帽"右派"，仍旧要被监督一样，我虽然属于人民内部矛盾，恢复了公民权利，但仍与别人不一样。居民小组组长就曾悄悄地告诉我说："上面叫我们监视你，你自己留心一点。"我知道自己是打入另册的人物，所以行动极其留心。但是有些学生仍想要来看望我。安文江目标太大，不能到复旦来，他回沪时还特地请一位我们两人都熟悉的小朋友祝敏申到复旦悄悄地把我接到市区他的家中与安文江会面。那天来了很多学生，劫后重逢，大家非常兴奋。至于教师，则大抵比较谨慎，大多数是直到"四人帮"垮台之后才敢与我来往。

本照片从左到右，为祝敏申、吴中杰、安文江。祝敏申在"文革"初期还是初中学生，后进工厂工作。我从干校回来之后，他受安文江之托，常来照顾还处于监控中的我，从此我们成了忘年交。"文革"结束之后，祝敏申考进复旦中文系，是77级语言专业学生，后赴澳大利亚国立大学留学，获得博士学位，留居澳大利亚。90年代中期，祝敏申到香港出差，约我与安文江一起至珠海相会，这是我们在珠海海边的留影。此时，这位小朋友已成为大朋友了。

1976年10月,"四人帮"被打倒了。人们对我们的态度立即大不相同。因为大家都知道,胡守钧案实际上是反张案,张春桥一倒,此案必翻无疑。但是,工宣队没有撤走,当年领导"一打三反"运动的人物还掌着实权,平反的事还拖着。这时,有些人又迫不及待地争做反"四人帮"的英雄了,他们摆出事实,说第一次炮打张春桥活动虽然是胡守钧发动的,但主力军是他们;第二次炮打则是他们搞起来的,说当时胡守钧、周谷声被关着,根本没有功。而此时,胡守钧还关在劳改农场里。后来,胡守钧释放出来了,但还要在公安局招待所住几时。据说,他见到复旦派去的人,只字不提六年来在监狱和劳改农场所吃的苦头,也不谈当年炮打张春桥之事,只在闻知他当年的爱人王华已嫁人时,这才激动不已。但不久他回到复旦,到我家来看我时,连王华的事也不提了,只是表示向我道歉。他说,当时那些人什么污水都往他身上泼,对不起他,而他则对不起两个人:一个是我,一个是蒋孔阳,无缘无故害了我们。

"当时他们逼得我没有办法,实在顶不住了,只好将整理江青黑材料的事赖到你的头上,他们一定要说是你指使我干的。其实根本没有那回事,我也没有指使过别人去整江青的黑材料,红鸥也是被逼得没法,赖我的。"他很沉痛地说。

我说:"这件事当时对我压力很大,而且我的结论拖了近两年才宣布,一直受监督,据说也是因为没查清此事,而又继续怀疑之故。现在事过境迁,这件事也不必再提了。我希望你也不必去记恨其他的人,他们也是顶不住压力,没有办法。"

胡守钧点头同意我的意见,就走了。

后来他还告诉我,他本来是坚决顶住逼供,不肯妥协的,后来专案组给他看了上海枪毙六十一人的布告,并对他说,现在批准死刑的权力已经下放到省市一级了,他一看这六十一人的罪状,其实都并不严重,就这样被枪毙了,这是很可怕的,所以只好顺着他们的口径交代,先把老命保住再说。

我们的平反大会拖了半年之后才开。地点仍在江湾体育馆,但并不是专为"胡守钧小集团"案平反,而是复旦几个大案一起平反。当年八面威风地坐在主席台上的徐景贤、朱永嘉等人,现在成了批斗对象,站在台下。但上台发言、控诉的,除了各案件的代表和死者家属外,却还有那位工宣队连长袁瑞云,他声色俱厉地批判张春桥对于工宣队的迫害。还有一个当年积极参加整我们的教师,现在也作为教师代表发言,控诉"四人帮"对广大教师的迫害。我坐在台下听着,总感到有点滑稽,有点不对劲。如果这些人仍居领导地位,仍做积极分子,那么被批判者必然还是我们了。好在不久工宣队奉命撤离学校,声称永远要在学校领导知识分子的袁瑞云,也只好十分不情愿地回到工厂里去了。

我想此后得避开政治斗争。但政治斗争却仍时常要光顾我。"文化大革命"结束以后的十多年中,不时要清查"文革"中的问题,我仍旧是清查对象。虽然也是一直查不出什么问题,但总要不时地来查一查、抓一抓。清查的主题当然不再是炮打张春桥的问题了,而换了别的题目。主持来查我的,则还是"四人帮"统治时受信用的人,有的还是当年结合进"革命委员会"的"革命干部",与工宣队一起坐主席台的人。这更使我莫名其妙了。

开始时我很愤愤,感到不平。后来则连这愤愤之情和不平之意也没有了。逐渐地变得有些浑浑噩噩起来。

当年一起在这个案子里挨整的同仁们,后来都纷纷出国了。先走的是周谷声,接着是方农、陈建炜、王志惠、邱励欧……他们开始是去读书的,后来有些人改为经商了,大概谋生也颇为不易。只有胡守钧还在国内,现在是复旦大学社会学系教授。有时在路上碰到,还是那一副沉思的面孔,也不知他在思考些什么。只听说他讲课很受学生欢迎,课堂上常常座无虚席,但在学途上似乎也并不顺利。对于胡守钧这样的人,上面是永远不会器重的。

但是作为一出戏,毕竟已经落幕了。各人扮演完自己的角色,都已卸装,恢复自己本来的面貌,作为生活的一员,过着平凡而艰辛的生活。

人生本是一个大戏场。有谁能不参加演出呢?只不过有些人是自觉地争当某种角色,有些人是被迫充当某种角色,有些人演得很起劲,有些人则演得很被动而已。

真是而已而已呀!

大学还是要办的

"文化大革命"革了十年有余,这大概是连发动者也始料所不及的。当时就看得出来,上面几次想收,却都收不拢来。这有点像潘多拉的盒子,一旦打了开来,放出祸患,就难以收拾了。

大学里开始是停课闹革命,因为不停课就不能大闹,制造不出革命气氛,后来虽然几次要复课,却都复不起来。除了在学校里忙于夺权的人之外,还有许多人正在外面进行"革命大串连"。这"革命大串连",原是作为煽风点火之用,后来却成为公费旅游的好方法。反正乘车不要买票,吃住都有接待站安排供应,背一个小书包,带一张串连证,就可上路,那又何乐而不为呢。开始时还要审查成分,还有不准游山玩水的规定,后来就管不到那么多了,有些人借此机会踏遍祖国山河,据说是为了培养爱国主义感情。在大串连高潮时,火车上人满为患,不但过道上挤满人,而且连行李架上、坐椅底下,也都塞满了人。上下车无法通行，只好从窗口上进出，但仍有人乐此不疲。

工宣队进校之后，挟雷霆之势，强制大家回校，效果倒是很好。但他们把师生召回学校来，不是复课学专业，而是办"抗大学习班"，专门从事阶级斗争。待到"清理阶级队伍"和"一打三反"运动基本结束，所有在校各年级的学生，也就全部毕业了。即使要复课，也无人可复。

这局面，使大学教师们对自己和学校的前途感到渺茫。还在学生走空之前，"斗、批、散"的说法就非常流行。当时正式文件上的提法是："斗、批、改"，一字之换，说明了人们情绪之悲观。

不过在斗、批、散之前，毛泽东在1968年7月21日又发出了"七二一指示"，说："大学还是要办的，我这里主要说的是理工科大学还要办，但学制要缩短，教育要革命，要无产阶级政治挂帅，走上海机床厂从工人中培养技术人员的道路，要从有实践经验的工人农民中间选拔学生，到学校学几年之后，又回到生产实践中去。"

时间到了20世纪中叶，一个七亿人口（当时的统计数字）的泱泱大国，还在讨论大学要不要办的问题，而文科大学更在未知之数，这实在有点滑稽。

但有了这个指示，大学教育又开始运转起来。不但理工科开始办学，而且文科也开始办学。1969年9月，复旦就办了两个试点班：微电子试点班和五七文科试点班。次年，一些系科即开始正式招生。当然，整个办学模式与以前不同，这是按照毛泽东所说的，从有实践经验的工人农民（还有士兵）中直接招收学生,故称之谓工农兵学员。

总把新桃换旧符

当两个试点班开始运作时,69届和70届的学生还没有毕业。虽然《十六条》中明确提出,教育要革命,学制要缩短,但"文革"前入学的五年制班级,却总要延长到第六年才能毕业。这延长的时间,不是为了学习专业知识,而仍是充当革命先锋。我不知道在这两个试点班入学之后,尚未毕业的两届同学的自我感觉如何,由我从旁观之,则觉得他们也是被遗弃的角色。教育改革的任务已经由另一批人担当了。

我们处在一个多变的社会里,常常会遇到这种弃旧从新,角色转换之事。我辈在50年代读书时,常听到领导人将1949年以前培养的人才称为旧社会培养的知识分子,列入要改造的行列,而对1949年以后入学的大学生,则看作是共产党自己培养的知识分子,列为可信任的对象。但到得"文化革命"开始以后,则这些人又都成为修正主义教育路线培养的知识分子,也算作不可信赖的群体了。即使是那些被尊为"革命小将"的红卫兵学生,在发挥过一阵冲冲杀杀的作用之后,也都成为过时人物,现在用来作为教育革命主力的,已经是另外一批新人了。这就应了张春桥所引用的王安石的诗句:"千门万户曈曈日,总把新桃换旧符。"

但工农兵大学生的教育体制,却仍有其历史渊源。远的,如"大跃进"时期以办党校的方式来办文科,近的,则与"文革"开始前的另一种教育体制试点(山湾办学)有某种联系。它们都打破了课程的系统性,而要求用战斗任务带动教学。当然也有很多变化,比如:学员的成分则更纯了,不但强调阶级出身,而且直接从工农兵中招收;招生方式也由统考改为推荐。

这种靠推荐来选拔人才的方式,看似新进,其实却是复旧,因为此种方法是古已有之的。我国在科举制度建立以前,所谓"贤良方正"之类的选才办法,不就是由地方长官和缙绅举荐的吗?这样,选才的权力就掌握在豪强手里,必然要压制许多缺乏家庭背景的有用之材。科举制度的建立,虽然起了某种牢笼的作用,但也为中下层知识分子开启了一条上升之路。后来的废除科举制度,主要是因为它的考试内容已经不能适应新的形势要求,而以考试取士的方式,经过相应的改革之后,还是在新式学校中延续下来。但到"文革"时期,却被整个地革除了。因为一经考试,就会出现在考分面前人人平等的局面,不利于阶级路线的贯彻。

但这种不经过文化考试的推荐方式所带来的弊病,却是显而易见的。入学者的文化基础参差不齐,高中程度、初中程度乃至小学程度,各个层次都有,当然会给教学带来许多困难,大学的教学质量也无法保证;而走后门现象和由基层领导的好恶以定取舍的事也必然会夹杂其中,种种不正之风,时有所闻。大概是想弥补此种缺陷吧,到得1973年招收第三届工农兵学员时,招生方法就改为推荐与考试相结合,不料这时却出现了一个"交白卷英雄"张铁生,又把水搅浑了。张铁生在考试时做不出试题,却在语文试卷上写了一段意见,说是他响应号召,下乡后全心全意务农,不再顾及书本,现在却又要进行文化考试,倒是鼓励了那些不肯认真劳动,死抱着书本不放的人。看来,张铁生是个直线思维的人,他不知道历来在政策转变的时候,都会牺牲一批原政策的忠实执行者。他的牢骚,就他个人的角度来说,似乎也不无理由,但对整个教育事业的发展来说,却是不利的。特别是他的意见被毛远新等人所利用,更造成了一种破坏力量。文化考试之事,当然就被取消了。

试点班是新生事物,所以领导上非常重视。历来凡是试点之事,照例是要不惜工本地投入,所以师资力量配备得相当雄厚。五七文科试点班是大文科性质,教师是从各系调来的,其中以中文系最多,有刘大杰、章培恒、陆树苍、江巨荣、吴欢章、李家耀等,此外还有历史系的樊树志、经济系的施岳群、哲学系的金炳华等。因为办学方法是以战斗任务带动教学,所以课程安排要围绕着战斗任务转,不讲究基础性和系统性,只是根据当时的热点来配菜。据五七文科学员回忆,他们听过的课有:刘大杰的《红楼梦研究》、章培恒的《水浒研究》、樊树志的《中俄关系史》、李家耀的《诗词格律》;哲学课程则选讲了两本马列经典著作。

能进入试点班做教师,是一种殊荣,有如唱京戏的演员进了"样板戏"的班子,身价陡增,显得与众不同。但试点班教师之间,地位也不一样。刘大杰和章培恒二人是作为反面教员放进去的,这一点领导上对学员们有过明确的交代。

既然认为是有问题的人,为什么却要放到五七文科试点班去教课呢?既让他们教课,为什么又要向学员们明确交代他们是反面教员呢?这种违乎常理的做法,与毛泽东的指示有关。

还在工宣队进校不久,毛泽东就点名要保几个知识分子,其中有北京的翦伯赞、冯友兰、梁思成、刘仙舟,有上海的周谷城、苏步青、谈家桢、刘大杰,说是对他们要"一批二用"或"一批二养",以体现政策云。这时,工宣队风头正健,对知识分子甚为歧视,所以毛泽东的这一指示也不能马上贯彻。但在"最高指示"拖压期间,却发生了翦伯赞夫妇自杀事件,震惊全国,于是上海方面赶快传达。上海被毛泽东点名要保的这四位,都是复旦教授,在运动初期冲击过后,这时本已相对地安定下来,工宣队为了落实"最高指示",重新将他们拉出来在全校大会上批斗,而且还要他们互相揭发。刘大杰先生一向脑子灵活,善于逢场作戏,在批判别人和自我批判方面都做得很好,把他放到五七文科试点班来教课,正是"一批二用"政策的体现。不过他揭批得太像那么一回事,弄得周谷城、苏步青都对他很有意见,那是他始料所未及的。

章培恒自从1955年因胡风集团案而被开除党籍之后,就被打入另册。但复旦党委对他还比较爱惜,杨西光、王零准备要重新发展他入党,所以他的处境还不算太坏,回系之后,从蒋天枢先生治古典文学,斐然有成,到得"文革"前夕,因为他的一篇评论李伯元的文章得到毛泽东的赞扬,更加受到领导重视。但"文革"开始,却被当作复旦党委招降纳叛的典型,打入劳改队,工宣队进校之后,又把他和谷超豪、华中一一起,作为走白专道路的典型,在全校大会上加以批判。现在将他放到五七文科试点班去,也算是"一批二用"的实验吧。在这几个白专典型中,谷超豪原是杨西光、王零树立起来的红专典型,杨、王一倒,他就成为白专典型,红白之间的变幻,实在有点令人莫测。只有与谷超豪同时树起来的杨福家,却一直不倒,没有受到什么冲击,这是另一回事了。

既然领导上有所交代,说刘大杰和章培恒是反面教员,工农兵学员当然有所警惕,但相处时间一久,观念有所改变,关系也渐渐融洽起来。刘大杰口才之好,是远近闻名的,任何枯燥的课程都能讲得生动活泼,何况是《红楼梦》这样的内容;章培恒虽然不能口若悬河,但课讲得极其清楚,同样很受同学欢迎。

当时有大班子、小班子之说,大班子是淘汰人员,小班子是留用人员。但当各系都建立工农兵学员班,并且每年招生之后,所需要之教师日多,这个小班子也就日益扩大。被扩大进去的人,自我感觉很好,有些人还到处炫耀。记得有一位也受过批斗的教师,跑到我们《鲁迅年谱》组来对我们加以奚落,讥笑我们不配下班级,只能在系里搞点资料工作,因为他已下班级参加教学活动,仿佛脱籍之娼,自感高人一等了。

参加小班子教学活动的人,虽然很感荣耀,但内心也相当紧张,工作起来如临深渊,如履薄冰,生怕讲错话做错事,要受到批判。因为工农兵学员带着"上、管、改"的使命入学,对教师要常加监督、改造。记得文学创作专业有一对师生到外地去出差,回来之后,那位学员就将那教师参了一本,说他资产阶级思想严重,吃东西挑肥拣瘦,喜欢睡懒觉,赤脚在泥地里走路都走不稳,等等。这很使那些教师们神经紧张。荣耀和惧怕,或许就是某些教师心态的两面性。

但《鲁迅年谱》组之受奚落,却是情理中事。因为这个小组都是注入另册之人。

这《鲁迅年谱》编写组的形成，与当时别的写作组不同，不是由上面布置下来，而是因我的倡议而产生。我在当时是被打倒的人物，本无倡议的资格，我也无意于倡议成立这么一个组，只因从干校回系之后，被发落在资料室，做点抄写文稿、查找资料的工作，我不愿意将时间消磨在这些事情上面，就提出要编写一部《鲁迅年谱》，无非是想借此机会来读点书。但那时我是沪上要犯，据说我的工作安排校系领导都无权决定，要上报市革会审批。不久，中文系领导传达朱永嘉的批示道：《鲁迅年谱》可搞，但不能让吴中杰一个人搞，可在两校组织班子集体编写。这样，就有了《鲁迅年谱》组的产生。

所谓上海两校者，即复旦大学和当时由华东师大、上海师院合并而成的上海师范大学是也。因为这个写作组不是上面计划组织的，所以调入的大都是当时被认为有问题的人物，大概也只是废物利用的意思吧。记得师大有施蛰存、钱谷融诸先生，复旦有赵景深、刘国梁诸先生，初稿很快写成，最后留下来定稿的有：复旦的王继权、秦家琪、潘旭澜和我，师大的石汝祥和龚济民。定稿的时间拖得很长，我借此机会读了不少与鲁迅相关的书籍和杂志。好在鲁迅作品的涉及面很广，我们也可把"相关"的范围扩得很广。比如，当时我要调阅一本《野瘦曝言》，图书馆的人说这是黄色小说，不能阅读，我就说这是鲁迅与林语堂争议过的作品，不读一下搞不清他们到底争议些什么，无法做作品提要。结果还是调出来让我看了。至于二三十年代的报刊，则除了电影方面的之外，都让我翻阅一过。当然，这只限于复旦图书馆的馆藏范围。但在当时，已很难得，我也很满足了。所以，我宁可让人看不起，受人奚落，也不愿结束《鲁迅年谱》组的工作。而且只怕这份工作一旦引起重视,就会有人插手,我们做不下去了,所以最欢迎别人看不起这份工作和这个工作班子。

但闭门读书毕竟与当时的环境很不协调,特别是我辈问题人物。系领导终于发出通知,要我们限期完成定稿工作,回到教研组去待命。从资料室到教研组,表面上看来,是升了一级,但我却觉得损失不小——失却了自由阅读的时间和条件。

回到教研组不久,即随同其他教师一起下班级。开始是到学生小组中去参加一些活动,后来就正式担任一个小组的辅导教员,那已是75届学生入学的时候了。

到得连我也要下班级的时候,跟班教师已毫无优越感可言了,只不过是一种工作需要。因为这时的教学体制与"文革"以前不同,"文革"前是以课程为单位进行辅导,辅导教师或由讲课教师自己担任,或另加配备,所需教师的数量有限,这时却是每个学习小组派一个教师,进行业务上的全面辅导,需要量很大。对于下班级,我自己并没有欣喜的感觉,因为我知道,这只不过是另一种监督劳动的方式,工宣队肯定对工农兵学员有所交代。

后来这个组的同学告诉我,系领导的确将我的"问题"告诉他们,要他们随时监督。但是,相处时间一久,他们与我有了感情,却对我很好,不但并不歧视,反而多方加以关照。当时内子高云还在黑龙江插队落户——后转为慰问团,我一个人带着女儿,白天将她送到托儿所,晚上有事时,只好带着她到学生宿舍去,同学们都对她很好。有一位做过运动员的女生,还主动教她游泳,与她做了朋友;另一位医生家庭出来的女生,还带她到父亲的医院里去检查身体。这班学员,一直到现在还有许多人与我有联系,时相往还。

说起带着女儿上班之事,最困难的时候是在工宣队入校之初,那时我女儿还只有两岁多一点,我们白天晚上都要开会,只好将她白天晚上都放在托儿所里,中文系的教师发言积极,喜欢拖会,我到托儿所去接女儿时,往往是最后一个了,深感内疚。有一次晚上无会,我早早把女儿接回家来,却不料到8点钟新闻联播时,播出了毛主席的"最新指示",这时候照例要游行欢呼的,否则就是对毛主席不忠——那时候有所谓"三忠于"、"四无限"的说法,谁也不敢违抗,我只好带着女儿去集合。工宣队并不照顾我的特殊困难,仍要我随队出发,我让女儿跨在我的肩膀上,一起游行,走了一段路,她在我的肩膀上打起瞌睡来,我怕她跌下来,只好抱着她游行,后来实在抱不动了,工宣队才准许我提前回家。

经过此种磨难,现在带着女儿去辅导,受到同学的关照,我当然很感激,辅导起来也很认真。我与这个小组的同学还一起编印了一本《鲁迅语录》,"文革"结束以后在复旦出版科内部出版。

这时的课程也进行了调整,逐渐趋向系统化。这个班级学过的课程有:《中国古代文学》、《中国现代文学》、《外国文学》、《古代汉语》、《文艺理论》、《美学》、《小说创作》、《文学评论》等,还请了一些导演、演员和音乐家给他们上艺术实践和艺术鉴赏课。当然,文艺理论讲的是从"样板戏"中总结出来的"三突出"原则,现代文学中的许多禁区也不可能突破,但古代文学讲了《诗经》,外国文学也讲过古希腊文学,总算在知识面上有所拓展。算起来,从"大跃进"时代开始,以战斗任务来带动教学的改革浪潮,这已经是第三次了,最终还是回到系统性的教学中来,可见高等教育自有其规律性,不是任何人的主观意志和某种政治意图所能改变得了的。

但在当时,下乡下厂、社会调查之类的事情很多,还要配合形势组织写作,所以这个班级真正坐下来读书学习的时间也不多。记得1976年张春桥要在上海搞"穷过渡"试点,就把这班同学拉到青浦县去搞试点了。虽然有徐俊西等教师带队,但他们是带着学生搞政治试验,而不是指导学生进行业务学习。所谓"穷过渡"者,即要打破马克思所说的只能在生产力高度发展,社会物资充分流通之后才能进入共产主义社会的理论,而要在贫穷状态下过渡到共产主义社会。"穷过渡"的理论颇有超越马克思之意,据说是"张春桥思想"的重要组成部分,所以这个试点工作就是个重要的政治任务,我当然不得参加。但是到了夏天,忽然接到通知,要我到乡下去给学生上鲁迅课。我到乡下,利用晚上时间,把学生集中到屋前空地上,一面纳凉,一面讲课,没有课桌,也没有电灯,他们不能记笔记,我也无法看讲稿,只凭记忆讲来,他们也好像在纳凉中听故事,虽然很有乡村情趣,但教学效果是可想而知。

就我所接触到的而言,这些同学其实是很想学习的,但形势如此,也无可奈何。到后来,却说他们的专业基础太差,在业务上不堪大用,所以工农兵学员出身的,做干部、做职员的多,做教师的少,做教授的更少。他们也成为政策转换的牺牲品。

在对待工农兵学员问题上,复旦还比较讲实际,并不一刀切。就中文系而言，就有三位工农兵学员出身的教师做了教授和博士研究生导师，他们是：骆玉明、朱文华和陈尚君。陈尚君是重新读过硕士研究生的，或可另作别论，而骆玉明和朱文华则不肯再攻硕攻博——骆玉明是工农兵研究生，但这种研究生的学历，后来并不被认可，只是因为他们的专业成绩突出，还是升了教授，做了博导，而且骆玉明还是从讲师破格直升教授的。但这种现象并不普遍。

臭老九啊臭老九

中国号称文明古国，文化人的地位一向较高，社会群体的序列是：士、农、工、商，士为四民之首。到得1949年以后，排列的次序已改为：工、农、兵、学、商，学子们已经降为最后第二位了。这是由于阶级关系变动之故，文化人从启蒙者变为被改造者。但当时还承认知识分子在社会主义建设中的作用，教育、改造之外，还要团结、使用，"文化革命"开始后，知识分子便成为革命的对象，批判斗争，不仅触及灵魂，而且触及皮肉。到得工宣队占领上层建筑，知识分子就成为"臭老九"了。

这"老九"的名称，来自元朝蒙古人对于社会等级的排列：一官、二吏、三僧、四道、五医、六工、七猎、八妓、九儒、十丐，文化人的位置界乎娼妓和乞丐之间，位居第九，可悲可怜。而现在在"老九"之前，还要加上一个"臭"字者，一方面表现出当时以社会主人自居的人对于知识分子的鄙视，另一方面则是由于此时的老九，连介乎倡、丐之间的"九儒"都不如，它已是位居地、富、反、坏、右、叛徒、特务、走资派八类分子之后的第九类分子,当然是其臭无比的了。

但不知怎样一来,这话传到了毛泽东耳朵里,他借用京剧"样板戏"《智取威虎山》里座山雕挽留杨子荣的一句台词,说:"老九不能走!"大概正是这句话,使得马上要"斗批散"的老九们,又留了下来。

留下来的老九们怎么安排呢?好在当时上面交代下来的文化事务很多,也正需要老九们去做。

规模最大的工作是标点二十四史。这工作在"文化革命"以前就已经开始了,那是几位老专家做的,他们各自标点一部,已点好了前四史。这次是姚文元想把它抓在自己手里,就写了一个报告,要继续这项工作,不料周恩来总理却批给中华书局主管,并请顾颉刚总其成,毛泽东批示"照办"之后,就不好再更动了。这很扫上海帮的兴,从此就对此事不积极,但既然是姚文元主动提议的,也不好太冷漠,所以还是接受了一些任务,计有五部史书放在上海标点:《旧唐书》、《新唐书》、《旧五代史》、《新五代史》、《宋史》,其中《旧唐书》和《旧五代史》由复旦负责,于是就从历史系和中文系调集了一大批教师,在学生宿舍摆开一个大摊子,从1970年一直点到1975年,整整点了五年。这工作虽然很枯燥,而且也非中文系教师所长,但大部分参加标点的教师还是很乐意的,因为可以借此避开一些运动的折腾,而且还可以乘机读点书。只是当时知识分子自感前途渺茫,有些心灰意懒,也不想做什么学问了。胡裕树先生在"文革"结束之后曾对我说,当时他在史书中发现了许多语法资料,如果记下来,可写一部著作,提出一些新观点,可惜当时没有心思做学问,忽略过去了,现在就来不及补做了。

但二十四史标点组也不是避风港,要完全避开运动的风浪是不可能的。批林批孔运动一来,他们就不得安闲了。这个运动从批判林彪开始,引向对孔子的批判,又从批判"大儒",影射现实人物,并将中国的思想史切为两半:儒家和法家,认为儒家是反动的,法家是进步的,所以又叫批儒评法运动。当时中山大学的杨荣国教授,北京大学的冯友兰教授,都已站到批儒评法的第一线,发表文章,发表演说,很受中央领导重视,出尽风头。复旦工宣队也想从本校抓出个风云人物来,给自己增添政治资本,可惜复旦老教授们消极抵制的为多。朱东润先生对这场运动就很不满意,说了句调侃的话:"孔夫子读《易》,韦编三绝,恐怕是因为牛皮绳子没有煮熟的缘故",结果成了反面典型,受到严厉的批判。

不过,复旦当时也出了一个风云人物,这就是刘大杰先生。刘大杰不是因批林批孔出名,却也与此有关。他是根据儒法斗争的理论,修改了他的《中国文学发展史》,而受到追捧。但刘大杰并不是主动迎上去的,而是上面找过来的。盖因毛泽东看过他的《中国文学发展史》,很有好感,江青就抓住他,要他根据儒法斗争理论来修改这本书。在当时的形势下,如果抗命,就会被打入底层,如果遵命,就会走红。大杰先生不敢抗命,而且他本身又是个喜欢热闹之人,于是遵命修改,果然走红。但当第二卷修改本出版时,"四人帮"被打倒了,他又转而成为批判对象,而且批判他的大都是他的同辈老教授,这使他很恐慌,不久就癌症复发,一命呜呼了。倒是当年挨批的朱东润先生讲了句公道话,他说:这也难怪刘先生,上面下达的命令,要是放在我们身上,也是扛不住的。

朱东润先生自己是根硬骨头，他讲这话，是体恤大杰先生的意思，但说的也是实情。到得"文革"后期，上海的知识分子们也只能听由"四人帮"安排，受他们驱使。那时复旦成立了两个大批判组：文科大批判组和理科大批判组，网罗了许多知识分子，老、中、青三代都有，有些是长期工，有些是临时工，虽然有人以此为荣，但也有许多人是不得已而为之。文科大批判组当然是要结合"战斗任务"写文章，从批林批孔，到批邓反击右倾翻案风，写了不少大批判文章；理科大批判组以翻译为主，译出了《马克思数学手稿》《牛顿自然哲学著作选》以及伽利略的《哥白尼和托勒密两大世界体系的对话》、康德的《宇宙发展史概论》，和海森堡的《严密自然科学基础近年来的变化》等，很有价值，但也难免要写些大批判文章，如批爱因斯坦，批周培源。

大批判文章当时是人人都要写的，写不写是一个政治态度问题。有一次，我因为怠慢了一点，就受到批判。

那是批林批孔的时候，系革委会规定，当天晚上每人必须写出一篇大批判文章，第二天小组会上发完言要交稿。那时我白天在系里编写《鲁迅年谱》，晚上则带着女儿到吴剑岚先生家跟他学习中医，他老人家说这种大批判文章他是写不来的，要我代笔，他自己再抄一遍拿去交账。师命不可违，我当然要照办。虽然只是从报纸上东拼西凑，但也要花些时间，那天晚上代他写了一篇之后，就没有时间再写自己的一篇了。第二天开会，乘别人在发言时，我躲在角落里赶快补写，不料被小组长看到了，立刻向工宣队告发，害得我又被点名批判了一通。这位小组长原在后勤部门当一名科长，因为平时喜欢整人，民愤较大，在批判"资反路线"时，被该科工人打得青一块紫一块，跑到我家来哭诉，我当时正在做解放干部工作，就出面制止武斗，使他免受皮肉之苦，他也曾感激涕零，现在却反过来积极地告发我，这一方面表现出他个人的品质问题，另一方面也可见写不写大批判文章是何等重要的大事。

当然，我们所写，只是表态文章，作为石头用来打人的重点文章，是由大批判组写的。还有人发挥自己的专长，写出了颇有影响的杂文，编出了电影脚本《复旦园内卷狂飙》，很为复旦争了光。但到得"四人帮"被打倒，这些人都受到了审查，有些还受到处分。

其实，这种所谓政治路线的错误，根源并不在知识分子身上。对于知识分子来说，更为重要的，是如何保持自己的独立精神与自由思想的问题，如果不能做到这一点，还在服从政治、紧跟形势、追随领导的思路中打转，那么，在政治力量转换时期，要不犯错误是不可能的，常常会再跟再犯。可惜那时都没有从这一根本问题上去总结一下经验教训。所以知识分子是犯不完的错误，挨不尽的批判。

写大批判文章，是一种使用知识分子的方式；根据上峰的需要写评论、搞注释，又是一种使用方式。

毛泽东好读古书，在谈话中常加引用，张春桥、姚文元赶快把消息通下来，于是朱永嘉就组织老教授们对这些古文加以注释，印了大字本送上去，讨得毛泽东的欢心。印大字本的费用很昂贵，用的是国库里的钱，他们在所不惜。有时，毛泽东和江青对哪位古代诗人表示欣赏之意，消息传过来，朱永嘉马上组织复旦教师撰写评介文章，发表在他们出版的刊物《学习与批判》上，希图引起注意。这些都是臣下迎合上意的邀宠方法，知识分子就做了他们邀宠的工具。

当时所谓得到起用的知识分子的地位，如此而已，远不及古代官府中的幕僚。古之幕僚，虽然也是为长官服务的，但在东翁心目中，还有师爷之尊，而"文革"中的知识分子，即使受到青睐，却连这一点地位都没有，实在可怜。

中国古代知识分子称之为士，虽居四民之首，其实并无独立地位。"朝为田舍郎，暮登天子堂"是他们的理想，"学成文武艺，货于帝王家"，是他们的志愿。鲁迅把古之诗人分为两类：廊庙诗人和山林诗人，这就是说，缺乏的是有独立思想的诗人。1949年以后，由于生活资料无可依托，山林诗人是无法生存的了，自由撰稿人也难以维持，剩下的唯一生路，就是为廊庙服务。这就是毛泽东皮毛之论的实质，它强调的是知识分子的依附性，而独立精神和自由思想，就成为改造的最大障碍。意识形态领域中的历次运动，其实就是要打掉知识分子的独立性，要他们做一个驯服的工具。此次"文化大革命"运动中，"驯服工具论"虽然遭到批判，但实际上是把知识分子向更加驯服的方向推进。到得"文革"后期，这种做法达到了极致。

但是，独立的精神，自由的思想，是现代知识分子的基本立足点。没有这个立足点，就无法进行创造性的劳动，知识分子也就不成其为知识分子。而没有真正意义上的知识分子，则不但无从进行现代化建设，而且还要国将不国。

于是，中国知识分子的悲哀，也就成为中国的悲哀。

艰难的转折

1976年9月9日,毛泽东逝世。10月6日,"四人帮"头目王洪文、张春桥、江青、姚文元被捕。

十年"文革",就此结束。

从此,中国政治有了转机,中国教育也有了转机。

但是,这个转折却实在并不容易。这里,有权力转移的问题,有体制转轨的问题,而且还有思想观念和思维模式的转变问题。

就某种意义上说,后一种转变似乎更为艰难。由于长年的积淀,某些思想观念和思维模式已经变成集体无意识,因此,在新挂出的招牌下,往往会徘徊着旧精灵。要驱赶这些旧精灵,还需作出不懈的努力。

青山遮不住,毕竟东流去

"四人帮"被捕之初,消息并没有马上公布。我最先是从孙桂梧先生那里知道的。这位老夫子一向消息灵通，也肯向我透露。有一天在第九宿舍后面的小路上碰到，那时，这里还是一片农田，比较冷僻，他四顾无人，就悄悄对我做了一个手抓的动作，说："龙虎山上那帮子人，被这样了。"我在吴剑岚先生家学中医时，孙老夫子常过来聊天，我自然听得懂他的隐语：龙虎山是张天师修道之所，而张天师者，即张春桥也。张春桥等人被抓，这当然是天大的喜讯，我立即兴奋起来。他赶忙说："现在形势还不明朗，上海滩上那帮子混账东西，必然在注意你的动向，你要装作若无其事，静观其变。"

不过两三天之后，校门口的地面上就刷出了打倒王、张、江、姚的大字标语。再过几天，消息公布，学校里已组织庆祝打倒"四人帮"的游行了。

复旦是张春桥镇压学生运动的重灾区，整肃知识分子的试验田，本来应该有很大的反弹，但此时却出奇的平静，远不及两次炮打时的热闹。当年炮打张春桥的学生早已毕业分散，而教师们经过多年整肃，已是炼就一种"冷眼向洋看世界"的心态，所以内心虽然高兴，但也并不过分激动，大家手持小旗，随队游行，跟喊口号，笑谈过往，有点例行公事的味道。

教师们不太兴奋是有道理的，因为统治学校的还是"四人帮"派来的工宣队和他们扶持起来的革委会。鲁迅在《阿Q正传》里，描写辛亥革命之后县城里换汤不换药的政权道："据传来的消息，知道革命党虽然进了城，倒还没有什么大异样。知县大老爷还是原官，不过改称了什么，而且举人老爷也做了什么……官，带兵的也还是先前的老把总。"而这时的复旦权力机构，则连这种官称上的改变也没有，不但药是原药，而且连汤也还是原汤。激昂慷慨地批判"四人帮"的,不是被压迫的师生,而是执行"四人帮"整人指令的工宣队。他们一下子从镇压反张师生的打手,变成了受张春桥压迫的受害者,这叫人怎么能积极得起来?

正因为整人的人还在台上,所以尽管"四人帮"已被打倒,但是人们还是疑虑重重。有一位老同学从别的学校老远的跑到我家,劝我千万不要翻案。他说:"张春桥打倒了,你的日子一定会比以前好过,但不能提出翻案,一翻案,问题就复杂了,说不定会处理得更重。"这位老同学长期从事党政工作,富有政治经验,深知政坛上的把戏。我很感谢他的好意,但觉得政治形势既已改变,政治角色也是应该转换的,何必再把反动角色扮演下去呢?何况,毛泽东说过:"扫帚不到,灰尘照例不会自己跑掉。"这种事是不能消极等待的,而是要积极主动地去争取。所以尽管阻力重重,我还是要站出来说话。而你真敢站出来说话,别人倒也不敢拿你怎么样,因为他们骤失靠山,自己内心也很恐慌。我索性一不做二不休,不但为自己翻案,而且还要为难友翻案。蒋孔阳先生本来就木讷,从1958年以来一直挨整,被整得更加不敢讲话了,不管别人说些什么,他一概保持沉默。我实在看不过去,在那天全系辩论会上,说完自己的事后,顺便就为蒋孔阳申冤。我说:"与我同时被打成'胡守钧反革命小集团'幕后人物的,还有蒋孔阳,他长年研究西方美学,研究得木头木脑,与青年学生毫无联系,你们看看他这副样子,叫他指挥黑格尔、白格尔还可以,叫他指挥红卫兵,他能指挥得动吗?说他是胡守钧后面的长胡子人物,真是荒唐透顶!"说得人们哄堂大笑,也没有人敢出来反驳。这形势鼓舞了孔阳先生,他在下午的大会上勇敢地站出来,作了全面的发言,讲得哀而动人,效果很好。

不久,在"一打三反"运动中被揪回来挨批判的学生们,都纷纷回校要求平反,场面比后来任何一次校庆都更为热闹。最精彩的一幕,是劳元一在登辉堂全校大会上的发言。劳元一本来口才出众,现在一旦复居主动地位,真是锐不可当。他直指着会议主持人、工宣队清队负责人唐金文的鼻子,提出一连串的质问,连讽刺带挖苦,引得满场掌声。他还引用鲁迅《论"费厄泼赖"应该缓行》中的话,指责他们是"以人血染红顶子",说得原来惯于张牙舞爪的唐金文,哑口无言,狼狈之极。工宣队这才领略到知识分子的智慧和口才。臭老九的能量一旦释放出来,岂是他们这些专靠整人吃饭的人所能抵挡得住的?工宣队的头头们大都是中专毕业生,他们在高等学校的统治,正应了罗隆基当年的一句话:"现在是无产阶级的小知识分子领导资产阶级大知识分子。"其实,工宣队之所以能在高校中横行霸道,宣称能将大闹天宫的孙悟空镇在五指山下,无非是因为他们手中有一张符咒,贴在山上,使孙猴子不能翻身,一旦符咒失灵,五指山又有何用?

我已经记不清楚工宣队是什么时候离校回厂的了。因为他们进校时是敲锣打鼓、威风凛凛地进来的,离校时却是灰溜溜、静悄悄地走的。总之,不久之后,原党委代理书记王零复出,掌握全面工作,那时,工宣队还没有撤离,但已不那么威风了。

王零在被打倒之前,整起人来也是蛮厉害的。特别是在"文化革命"运动初期,为了保自己、保党委,把学术权威当作

"穷寇"来追,弄得许多知识分子吃尽苦头。但在"罢官"之后,倒明白了许多事理,此时复出,对冤假错案的平反工作,还是很积极的,他和当时复出的组织部长李庆云一起,尽了极大的努力来做这项工作。

"胡守钧反革命小集团"案是文革期间上海第一大案,又是张春桥亲自处理的反张案件,要平反冤假错案,此案必然首当其冲,所以复旦对此案相当重视。听说此案的平反材料上报到上海市公安局之后,复出的公安局长黄赤波也很积极。因为当初处理此案时,公安局的干部本来就不同意,认为于法无所依,结果受到张春桥们的批判,还处分了几个人,案子被硬定下来。所以为胡守钧案平反,同时也就为许多公安干部平反。

胡守钧案平反之事,尽管校领导和公安局领导都很积极,但仍拖了很久。这也是打击起来雷厉风行,平反起来曲折拐弯的老习惯。

不但案子拖得很久,我辈发表文章也很困难。当时正是揭批"四人帮"的高潮中,我也写了一篇文章,批判姚文元的鲁迅研究著作,寄给《文汇报》。"文革"以前,我是《文汇报》的经常撰稿人,关系一向不错,他们收到我的文章后,立即排出校样,表示准备发表,但却一直压着,就是发不出来,而上海市革会写作班下属《鲁迅传》写作组石一歌的文章,却仍旧照发不误。我一打听,原来是上海新市委宣传部长车文仪的指示,他很欣赏石一歌,说仍要发表他们的文章,报社不能不照办。当时还不知道"凡是派"的名称,但觉得这种受压迫者仍旧受压,受信任者依然受信任的事,总有些不对劲。最近看到一位原石一歌成员的文章,大谈车文仪部长对他的重视,这就证实了当时的传闻。

但是,"青山遮不住,毕竟东流去"。无论是工宣队或是"凡是派",都阻挡不住历史的潮流,无论是平反工作,还是改革工作,都积极地向前推进着。

我的那篇文章压了半年多,终于在1977年6月7日见报了。一位朋友很坦率地对我说:"你的文章写得有些退步了,这篇文章还不及'文革'以前的文章写得好。"这是老实话,其实也并不奇怪。俗语说"拳不离手,曲不离口",搁笔十年再写文章,自然是文笔生涩了。但这篇文章倒是影响很大。读者不在乎文笔的好坏,只是看到作者的名字,就很感兴趣,人们纷纷议论道:"吴中杰发表文章了,胡守钧集团的案子平反了。"因为当年批斗"胡守钧小集团"是大张旗鼓,全市皆知,而如今平反,却并不宣传,许多人并不知道,所以这篇文章在无意中成为一种信号,起了亮相和宣传的作用,也可见胡守钧案在市民中影响之大。后来77级学生入学,系里安排我担任这个班级的《文学概论》课,许多同学对我说:"吴老师,我们早就认识你了。"他们就是从大字报和批斗会上认识我的。

从1977年下半年到1978年,我们常常参加平反会和补开的追悼会,一方面觉得沉重,另一方面也充满希望。

而今迈步从头越

大学者,顾名思义,应该是学习的机构,但长期以来,却变成政治运动的中心地带,体力劳动者的储备场所。1949年以来,政治运动就没有停过,1957年以后,下乡下厂更是家常便饭。

1978年，系里曾经统计过各位教师从事体力劳动的时间。那时，我工作刚满二十一年，下乡下厂及在校参加挖防空洞等劳动时间，合计有十四年之多，恰好占总时数的三分之二。另外三分之一时间也大都是搞运动搞掉的，所以这二十多年基本上没有怎么读书。从二十一岁到四十多岁，这可是人生最美好的青春年华，精力最充沛的时候啊！

当然，各人的情况有所不同。比如，有些人没有下放劳动，有些人"四清运动"只搞一期，还有个别积极分子，由于工宣队的偏爱，根本就没有下干校，也不下工厂，不过，他们的劳动时间少了，政治任务却重了，也没有时间读书。大家都在上阶级斗争这门主课，大家都在不断地改造思想。

当时统计劳动时间的目的，是要根据各人劳动时间的多少，重新安排下乡下厂日期的。因为当时正在搞"拨乱反正"工作，"乱"者，"文革"之所为也，"正"者，"文革"以前十七年之体制也。这就是说，还要按照"文革"前的模式来安排我们的工作和生活。所以我们的劳动服都不敢丢掉，以备随时披挂上阵。我那几件千补百衲的劳动服，直到好几年以后搬家时，才清理掉。

但在1978年年底，中共中央十届三中全会之后，政策有了很大的改变。那时明确宣布，不再搞政治运动，要把全国的工作重心转移到经济建设上来，学校则以教学和科研为主，而且说是要保证搞业务时间不得少于六分之五。

我们听了传达报告，学习了中央文件，都很高兴，觉得这一下子可以坐下来读书、教学、研究、写作了。

但在老轨道上滑行惯了的人，要转到新轨上来，也不很容易，有时仍会沿着习惯性思路行动。

比如，习惯于天天开会的人，要他把教师的会议限于每周一天或两个半天，就很困难。因此常常会有临时会议要开。这是现在习惯于每周开半天会的青年教师所难以理解的。记得有一天没有会议，我把唯一的一件外衣洗掉了，就安安心心地坐在家里看书，不料到得8点多钟，系里却打传呼电话来通知我去开会，因为这是临时通知的额外会议，我就直截了当地说，我的外套刚洗了还没有干，不能去开会，一时传为笑谈。但好在那时大家都穷，没有换洗的外衣不是什么丢人之事。

1977年4月，胡守钧案获得平反，我又重新登上讲台，并重新开始写作。这是我在伏案修改十五年前与内子高云合写的第一本著作《论鲁迅的小说创作》。因"四清"运动和"文革"运动而耽误了出版，此书1978年由上海文艺出版社出版。

那时，工资开始增加了，但加了一级，也只有七十二元，仍旧很紧张。稿费也恢复了，但只有象征意义。1978年4月，我和高云在《文汇报》发了一大版批评《虹南作战史》的文章：《反形象思维论的畸形儿》，总有八千字，去掉标题和各处空格，大约作七千字算，每千字四元，所得稿费只有二十八元；同年11月，我们在上海文艺出版社出版了第一本著作：《论鲁迅的小说创作》，十四万一千字，第一次印刷五万本，三个月内售完，所得稿费四十二元。出版社告诉我：在本社的刊物上发表过的文章，不再支付稿费；在别家刊物上发表过的文章，支付一半稿费——千字四元；没有发表过的文章，才给全稿费——千字八元。当时虽然觉得这种算法实在太抠门，但也无处可以说理。可见要恢复到"文革"以前的稿费标准，也很不容易。

更令人讨厌的是，领导上整人的习惯也难改。虽然中央已经宣布不再搞政治运动，但有些基层领导对于不顺眼的人，总还是想整一整，否则，就不能显示出他的威力。所以到得80年代初，我还挨了一次整。起因是《中国青年报》派人来外调中文系一位毕业生的情况，说是要提拔他做副总编，我对这位学生印象不错，就说了几句好话，却不料因此而触犯了时忌。据一位系领导说，这个学生在运动初期参加过造反派，吴中杰竟然为他说好话，这就是为造反派翻案，也就是肯定"文化革命"，与中央唱反调。而且居然有人站出来揭发，说他听到吴中杰与外调人员吵架，于是罪莫大焉。这种揭发批判，得到了系主要领导人的支持，我又成为中文系的重点批判对象，而且逼着教师们起来揭发，一时弄得非常紧张。只是"文革"时期，我的罪名是"攻击无产阶级文化大革命"，这回则改为

"肯定文化革命"了,而发动批判者,还是"文革"中批判会上坐在主席台上的人,跟着批判的,也还是那些"革命群众"。

但时间毕竟到了80年代,被批判者总算获得了自我申辩的权利。我找到党委副书记,说明我的观点:第一,作为教师,为自己的学生说几句好话,有何不可?他在运动初期参加造反派,是响应伟大领袖的号召,又没有做过打砸抢之类的坏事。第二,《中国青年报》社派人来外调,明确说是要提他为副总编,我也认为他可以提升,观点一致,怎么会吵架呢?即使与外调人员吵起架来,又有什么了不起!不信你们可以派人到北京去外调。第三,这位系领导在"文革"时期就做系革委会副主任,"四人帮"批斗我的时候,他就坐在主席台上做帮凶,他为什么自己不清查清查?

《中国青年报》似乎全不理会复旦的风浪,不但依然提拔这位学生做副总编,而且不久又提他为总编;中文系对我的批判最终也不了了之。后来中共复旦纪委书记到我家来安抚,我提出中文系领导应该向我道歉。这位纪委书记说:"老吴啊,这件事就算了罢,不要太认真了,我们从来没有道歉的习惯,不继续整下去,就说明你没有错。"这真是奇怪的逻辑!

有些老师知道此事后,也对我加以宽慰。陈子展先生说:"杜月村整人是习惯性动作,一向如此,也未必特别对你有意见。"鲍正鹄先生说:"老杜是雨果《悲惨世界》里的暗探沙威,总想要追捕什么人,这是他的职业习惯。"这些话说得不无道理,虽然他们未必知道其中还夹杂着别的人事关系和别的意图。有一次,上面布置下来要批判白桦的电影《太阳与人》,这位杜领导作了激昂慷慨的发言,骆玉明开他的玩笑,说:"杜老师,你真有办法,能够看到这部电影,我们怎么就看不到?"杜月村竟听不出来小骆是讽刺他不看原作,跟风批判的做法,却一本正经地说:"我哪里看过这部电影,我是根据报上的批判文章来发言的。"说得别人都笑了起来,而他却不知道错在哪里。

然而这笑声,却表现出一种觉醒。群众已经不愿意跟风批判,而要用自己的眼睛来看一看,用自己的脑子来想一想了。这结果,是大批判愈来愈搞不起来,即使是有几次全国性的批判任务,大多数人也无动于衷。可见独立思考与绝对领导的确是相抵触的,过去批判知识分子的独立思想,是为了树立绝对权威,绝对权威一旦动摇,则独立思想必然抬头,这是压制不住的历史趋势。

何况,评职称开始了,靠大批判吃饭的时代已经过去了,人们不能不重新调整自己的思路。

马克思主义的道理千头万绪,在我看来,最主要的一句话是:社会存在决定社会意识。这是颠扑不破的真理。人们的一切行为动机,都是由实际利益决定的。以前靠做政治运动积极分子能吃好饭,大家就争做积极分子,现在实际利益与职称相联系,人们不能不重视业务成绩。

在刚开始评职称时,政治因素还是起很大作用。非学术委员的党总支书记坐镇学术委员会,发号施令,要确保某人上,要把某人拉下来,而且还要把不听话的学术委员排挤出学术委员会。所以,当教授评审权下放到复旦时,朱东润先生说了一句很有意思的话:"这下子糟糕了,升不升得上教授,就要看他祖宗坟风水好不好了。"贾植芳先生告诉我,当谢希德校长向一些老教授宣布评审权下放时,他们有些人说:"我们可不敢评,要是不同意有些干部上,会说我们搞阶级报复。"这虽然是说笑话,但也可见当时的氛围。

不过历史总是在前进的。虽然政治因素、人事关系都还存在,但业务成果毕竟更加看重了,于是风气也随之大变,却不料一变又变到了另一极端。

以前是少写文章、少出书为好,多写多出就是名利思想,白专道路,现在要是写得少了、出得少了,则是科研成果欠缺,要不是有什么特殊关系,特殊手段,就很难提升职称。为了学术前程,也为了生活问题,大家只好多写文章多出书,甚至不惜贴钱来支付版面费和出版费——当然,这钱也未必是从自己腰包里掏出来的,还可以拉赞助或者申请什么基金之类。但学术这东西是靠长期积累的,无法急就,弄得太急了,只好东拼西凑,甚至不惜窃取他人成果以为己有。

当复旦教师的剽窃事件在报上被揭露时,一位校领导在路上碰到我,顺便征询我的意见。我坦率地说:"此事别人已拿出了证据,还有什么可辩的?这种事在复旦恐怕还不止一两件,我们是该整顿一下学风的时候了。问题的严重性还在于,这些剽窃者,已不是那些写不出文章,提不上职称的人,而是校方所器重的学术精英、学科带头人。他们不是写不出学术著作,而是被现在这种要求多出成果、快出成果的风气搞坏了。你看当年我们的老师们,著作写得多么扎实,一生的代表作也就那么一两本,何必求其多?"这位领导也很坦率地回答道:"我们都是复旦毕业的,当然都知道老先生们是怎样扎扎实实做学问的。这种治学方法好是好,但何年何月能拿出成果来呢？现在复旦已经滑坡了，也要急于每年上报成果啊！"看来这位校领导并非糊涂人，他们自有苦衷也。但是，话说到这个分上，也就不必再往下说了。

为了要快出成果，出大成果，搞集体著作自然是一个好方法。这做法，在"大跃进"时期已开其端，现在做起来自然驾轻就熟。所以领导上一加提倡，下面就全面开花。不过我对某领导所说搞集体著作能出人才，能出大成果的说法颇有异议。我觉得搞集体著作，无非是用大家的力量垫高了几个带头人，却埋没了许多人才，而这种急就章的成果，也经不起时间的检验。系里和本教研室负责人希望我出来主编一部《中国美学史》，也为我所拒绝。因为我虽然喜欢中国美学，但自知尚未到达写书的火候，而且也不喜欢搞集体著作——至于后来主编的《中国古代审美文化论》，则是多年指导博士生的工作成果，由他们的博士论文组成，又是另一种情况了。

教研室把我的意见汇报到系主任陈允吉老弟那里，他特地来约我一起作饭后散步，边走边谈。他说："我其实是很同意你的意见的。学术著作应是个人多年研究的成果，不能靠很多人集体来搞，大跃进时代的大兵团作战就是一个严重的教训。所以你个人不愿意搞集体著作，我是赞成的，但你也不要反对别人搞。从全系工作来考虑，总得有一些人来搞集体著作，以应付上面的要求，而且也总有些人喜欢搞集体著作的；但同时也要另外支持一些人从事个人研究，以保存我们系的元气，不致全部掏空。这样，两方面都能兼顾到，一个系才能维持下去。"这话说得非常现实主义，我当然不好再说什么了。

然而这种浮躁的学风,仍有扩大的趋势,也影响到研究生的培养工作。不知从哪里传来的一股风,各校都规定硕士生和博士生在读期间要发表一定数量的论文,才能毕业,而且还要在什么权威期刊和核心期刊上发表才能作数。这规定弄得大家很紧张。因为各学科的权威期刊很少,核心期刊也有限,而全国各校的硕士生和博士生的数字却增长很快,听几家核心期刊的主编说,即使将所有核心期刊的篇幅都用来发表研究生论文,也还不够。所以,研究生和导师们对此种规定都有很大的意见,也多次向研究生院反映,希望取消这种不合理的规定,但始终无效。

有一次在校学位委员会上,前校长杨福家教授提出,说文科的学术论文也应该像理科的论文一样,要进入 SCI,取得世界公认。我借此机会,提出了反对意见。我认为:"文科的情况和理科不一样,理科的科研成果没有意识形态性,易于取得世界公认,如物理学诺贝尔奖;而文科的东西意识形态性强,难于取得世界公认,比如在中国作为指导思想的理论,到外国就不可能取得同样的地位,而诺贝尔文学奖也因为意识形态和审美趣味的关系,而往往不能取得公认。现在以理工科模式来规范文科,是一种通病,也是一种误区。比如,权威期刊、核心期刊的规定,就是从理工科套过来的。对文科说来,文章的好坏,历来不取决于发表刊物的大小。鲁迅有两篇文章:《魏晋风度及文章与药及酒之关系》和《上海文艺之一瞥》,前者说古,后者论今,都是经典论著。这样高水平的文章,我是写不出来的,料想诸位也未必能写得出来。但是前一篇发表在广州《国民日报》的副刊上,后一篇发表在《文艺新闻》上。

《文艺新闻》是一张小报,《国民日报》也不是什么重要报刊,可见文章的价值不在于发表在什么地方。我们的规定也该改一改了。"这意见取得了许多文科学位委员的赞同,但一付诸表决,还是失败了,因为在学位委员会里,还是理科的委员为多。

我原先是劝我的博士生少写文章,迟发文章。盖因厚积才能薄发也,现在写得少,将来才能写得多,写得好。但在现行体制下,这办法有点行不通。他们现在要毕业,将来要升职,都非要急于拿出成果不可。所以我也改变了主意,建议他们分两手来抓。我说:"你们可以先发两篇文章,取得毕业文凭,再写两本书,骗骗学术委员,弄个副教授、教授当当,取得一定的生活资料,但千万不要把自己也骗了,以为这就是学术成果。你们以后还是要沉下心来做学问,一个学者一辈子要能写出一两本像样的书来,就算对得起自己了。"博士生们觉得这话既不唱高调,也不随波逐流,还比较实在,有可行性。

至于行得如何,当然要看时代风潮而定,不是导师的几句话所能决定的。

发扬复旦精神

在迎接百年校庆之际,《复旦》校刊上提出了"复旦精神"的讨论。什么是复旦精神?有说是爱国主义,有说是追求真理,还有其他等等。这些话都有一定的道理。但是,爱国主义和对真理的追求,是别的行业都应该提倡的精神,作为高等学府,它应该有自己独特的东西。所以我认为,过去校歌上所说的"学术独立,思想自由,政罗教网无羁绊",倒是应该发扬的精神。回顾复旦历史,学校的兴衰,都与这种精神能否发扬有关。到得"文化革命"时期,思想禁锢到达极点,学术上也出现了万马齐喑的局面。

现在,政治运动的时代已经过去了,但又出现了经济诱惑的局面。这种诱惑,多少还带有强制性质。因为项目基金,成果奖金,都已成为提升职称的硬指标,使你不得不去追求。而各种基金的评定,又具有明显的导向性,你只能在设定的课题中选择,在规定的时间里完成。而创造性的科研,是不能有这些规定的,在选题和时间上,都要有相当的自由度。评委们首肯的选题,未必是重要的选题,而真正有价值的选题,却常常不为人所重视。至于评项评奖中的猫腻,更是不可胜数。

我常常劝诫我的博士生,要有跳出三界外的勇气,不被基金和奖金所圈住。不要为申请科研经费而去迁就上面规定的题目,而要以自己决定的选题去申请经费,有则领之,没有也仍旧进行自己的研究,这样才能研究出有价值的东西。这意见,得到他们在理论上的赞同,但实际上却很难做到,学术体制使然也。没有基金项目,他们就难以在学术界立足,而在学术界立住了足,却往往丢掉了真正的学术。

近年又时行设立"学术带头人"和"首席教授"制度,复旦自然不能免俗。这在理工科或者有它的必要性,如搞什么工程或项目,总得有个为首的来统筹、指挥,但文科学术的生命力却在于自由研究,若都纳入带头人的规划,就难免要走进了死胡同。而且,在同一档次的学者里面,大家各有千秋,硬要定一个"首席"出来,这是无谓地制造矛盾,于自由竞争,大有妨碍。

更有甚者,在某些系科里,还大搞什么四代同堂,三代传人之类的玩意儿,这更是师徒承袭的做法,近亲繁殖的典型。中国封建制度历史悠长,武侠小说广泛流行,所以这种宗族制度、帮派行规,于无形中渗入到学术领域中来,使得学科的圈子愈搞愈小,实在危害不浅。若要学术得到发展,还是应该回到学术民主的轨道上来,鼓励大家自由发展。

复旦要想成为世界一流大学,硬件建设固然必不可少,软件建设似乎更为重要。软件者何?师资力量和学术环境是也。

我在复旦五十多年,眼见复旦的房子愈造愈多,校区愈来愈大。1953年刚入学时,学生宿舍还在邯郸路对面的日本式房子里,全体女生和文科男生合住淞庄(第六宿舍),男东女西,各据半边,理科男生则住德庄(现为附中宿舍),两个宿舍就容纳了全体学生。二年级以后,才造了新式学生宿舍,但也不过是大食堂旁边四幢。到教室里上课,还需走过一条泥路,因为当时的校本部东边只到四幢楼为止,竹篱笆外面就是农田,还有一条曲折的小河,我在星期天曾经带着表弟在那里捉蟹钓鱼,虽然钓到的只不过是泥鳅,但总算还有些田园风味。生物楼和化学楼是我们快毕业时落成的,物理楼则在我1959年下放劳动回来时,还在脚手架上搬运过砖头。宿舍区和教学区之间,也已连成一片。第一教学楼是我们读二年级时开始启用的,后来又有了第二、第三、乃至第N教学楼。80年代之后,房子造得更多了,多得我这个老复旦都摸不清门径,有时校方通知在哪幢楼开会,我不知道该楼坐落何方,要问清楚了才能走到。

平反以后,我与内子高云、女儿吴扬在物理楼前合影。虽然前途还很艰辛,但当时总算松了一口气。

然而,正如一位教育家所说:"所谓大学者,非有大楼之谓也,有大师之谓也。"在师资力量上,我始终怀念50年代复旦中文系名师荟萃的局面。何时能够超越呢?

要形成一支强大的师资队伍,要培养出有研究能力的人才,不是靠做成几个橱窗产品所能济事,也不是靠几种硬指标所能挤压得出来的。要造成一种民主的学术气氛,让大家在宽松的环境中自由发展。也许他多年不飞,而一飞冲天,长期不鸣,而一鸣惊人。过多的硬指标,会把他们挤压得没有发展的余地。

记得我们读书时,并不太在乎考试成绩,而比较注重研究能力。门门成绩考五分(那时学习苏联,实行五分制)的人,别人未必看得起，具有独立见解的人，却很受人尊重。那几年，倒是培养出了一些学术人才。后来不知怎么一来，考分变得愈来愈重要了，独立见解倒成了犯忌之事。所出人才，政治方面的要多于学术方面。这也是值得总结的历史教训。

中国本来就具有官本位的文化传统，"学而优则仕"，所以把官员看得比学者高。许多学校都把做了高官的学生看作本校的骄傲，千方百计要与他们拉上关系。但学校毕竟是教育单位、学术机构，而非官场，重点不能转移。

1993年，我们复旦中文系53级同学举行入学四十周年纪念会，可惜到者不满三分之一，但大家还是异常兴奋。入学时的小青年，如今都已老矣！

前几年校方曾召集几位老教师开会，讨论如何把复旦办成世界一流大学。我不揣冒昧，提了一条意见，认为复旦若想办成世界一流大学，首先需要做到学术独立，学习蔡元培改造北京大学的办法，规定政府官员不能兼任教授。我说："我们复旦现在就应该把离开复旦去从政的教授,从名单中划掉。人不在上海,怎么讲课教学？更不能要他挂名担任什么领导职务,因为他根本无法做。美国的基辛格,原是哈佛大学教授,做了国家安全助理和国务卿,自然就离开哈佛了,后来从国务卿的位置上退了下来,想要回到哈佛教书,校长是他的老朋友,本该不成问题,但这位校长却断然拒绝了。理由是:你基辛格以前是能够全心全意从事教学工作的,现在成了政治明星,脑子里老是考虑着明天在午餐会上发表什么演说,后天在晚餐会上讲什么话,哪里还有心思来给我指导学生！此之所以为世界一流大学的哈佛也。我们若想要成为世界一流大学,就要学学这种哈佛精神。"

大家听后,哈哈大笑。或者以为我是在说笑话。

然而,在我,是认真的。

复旦燕园中的小桥流水

附录:

谈校史的编写方法
——在复旦中文系"系史编写组"访谈会上的发言

编写校史、系史,是对过去所走过的办学道路做一个历史总结。这样就可以看到,我们过去做过哪些建设性的工作,又走过哪些弯路;我们现在所做的事,哪些是向前发展的,哪些是倒退的,将来应该怎么做才好。这样就有了一个比较,对历史的发展有一个过程感。鲁迅不是讲过,历史上都写着中国的灵魂,指示着将来的命运吗,所以,研究历史,了解历史是很重要的。当然,不单是校史、系史,而且还包括对整个国家历史、世界历史的了解。社会是怎么发展过来的,学校是怎么发展过来的,在发展过程中,哪些方面是好的,哪些是坏的,我们把它总结一下,写出来,作为今后工作上的借鉴,这件事是很值得做的,不只是为了应付系里布置的任务,而要看到它本身的价值。

研究校史或者系史,大体上有两种不同的方法。一种,是摆成绩，唱赞歌，专门宣扬本校的辉煌；另一种是既说成绩，也说错误，认真地总结历史经验。现在编写校史的，大都走的是前一条路子，写的是官样文章。这不是研究校史的正确方法。我觉得真正要研究历史，不管校史也好，系史也好，或者是国家的历史也好，目的总是要总结经验，过去我们所做的事情中，哪些是做得好的，应该去发扬的，哪些做得不好的，以后应该克服的，应该避免的。但是，真正从总结经验的角度去研究校史的很少。你若要认真总结经验，就必须有好说好，有坏说坏，但这就要犯忌。讲好当然太平无事，但讲不好的地方就会引起麻烦。因为当官的总喜欢听好话，你讲不好的地方，他就不高兴，这样，编写的路子就弄歪了。我当然不是说我们研究历史一定要专讲不好的地方，这也不全面，好的就要讲好的，不好的就讲不好的，对吧，这样才能够总结经验，以后才能够避免错误，将正确的方面发扬光大。而现在有些人写历史，往往都是根据领导意图来决定取舍，甚至着意编造，这是"秘书史学"。

秘书与历史学家是两种不同的职业，他们有不同的工作要求，具有不同的思维方式，不能混而为一。秘书是首长的助手，他的工作特点是根据领导意图办事，不好自作主张的，领导要讲什么话，你得根据他的意思写成讲话稿，领导认为这段时期的工作有哪些成绩、哪些缺点，你就得根据他的意思来写总结，来做文章，当然也有领导叫你先写成稿子，他再来提修改意见的，但要写得符合领导意图，这才是一个好的秘书。以前，复旦党委书记杨西光有个秘书，很能领会领导意图，据说，他根据杨西光的意见写成总结，请杨西光过目，杨西光提出修改意见之处，他当然马上修改了，连杨西光没有说出口的意见，只是在看到这个地方时眉头一皱，他就有数了，这个地方也能够马上改过来。这就是一个高级秘书的才能。但这不是一个历史学家所应该做的事情。历史学家是需要有独立见解的，他根据自己的见解来写作。当然，这种见解不是凭空想出来的，而是从大量历史资料中提炼出来的。严格根据史实，写出自己的史识来，这才是历史学家。

  我并不轻视秘书工作，要做好这项工作也是很不容易的。我只是说明，做秘书跟做历史学家或做文学家是两码事，两者不能混淆起来。有些人秘书做久了，写起历史著作来，也是根据上面所规定的要求写的，虽然风光一时，但并没有真正的历史价值。因为这不是信史，而是政治宣传品。陈伯达在做秘书之后所写的历史著作，就属于这一类。我觉得历史观念很要紧。我们要写信史，就是要根据真实情况来写，而不能根据别人的指示来写。如果领导上把你写作的具体观点都定好了，那史料的价值何在呢？史家的史识何在呢？但现在有些事情很怪，比如，写历史不是根据真实的史料写，而是要根据什么决议的精神来写。历史是客观存在，历史问题是要根据史实来写的，怎么可以根据什么"精神"来写呢？"精神"是一种意识形态，"决议"是政策性的东西，它是根据某种政治需要而定的，与历史的实际情况是两码事。历史学家不应根据什么"决议"的"精神"来写作，而要根据真实的历史情况来写。

  当然，这里还有一个价值判断问题。如果文化观念不同，历史观念不同，对同一事物，也会有不同的看法。我举一个例子：北京大学在蔡元培就任校长时，曾制订一条校规：北大教授必须是专任的,外面来兼任的教员,只能给以讲师的名义。这原是他改造北大的一条有力的措施。因为北大是由京师大学堂改造而来的,京师大学堂是培养官僚的学校,整个学校官气很重。学生是带着听差来上学的,什么事都由佣人伺候着。改为北京大学之后,当然听差不能带来了,但官气还是很重。那时的学生喜欢那些在外面做大官的老师,真正做学问的老师他不大喜欢。为什么呢,做学问的老师在外面没有势力,我跟了你,虽然能获得学问,但是将来职业不好找,在官场里没有靠山,不好混。所以他们喜欢的是那些兼职的老师,就是当官的在那里兼任教职的。就像现在有一些部长、局长到大学里来兼职的一样。学生喜欢和他们接近,为什么呢,我是他的学生,将来可以靠他找工作,以他为靠山。蔡元培提出,大学应以学术为主,为了要在北大树立好的学风,他决心要改变这个不良的风气。他就把那些不学无术的官僚都赶走了,把一些不学无术的外国教员也赶走了。两个英国教师很狠,他说你蔡元培看着,将来我要你下台。结果真的去请了英国公使朱尔典,出面与中国政府打交道。但蔡元培就是不买这个账,他们对蔡元培也没有办法。蔡元培跟我们现在那些听从上级命令的校长不同,他有自己的办学理念,要按自己的理念行事。当然,他有很深的资历,官方对他也无可奈何,他能顶得住。为了使北大能够驱除官气,以学术为主,所以他才订出那条规定,就是北大的教授,一定要专任的,外面来兼任的,只能做讲师。鲁迅为什么在北大只能做讲师?不是因为他学术水平不够,而是因为他是教育部的官员——佥事、课长,他在北大只是兼职,按规定,兼任的只能做讲师。应该说,这是蔡元培在北大搞教育改革的一个重要措施。但现在有些人就不这么理解了。前几年,我在《文汇读书周报》上看到一大版的文章,作者是解放初期北大经济系的一个秘书,他从另一个角度来谈,观念大不相同。他说,1949年刚解放的时候,薛暮桥是周恩来手下搞经济工作的官员,他到北大来兼课,北大根据蔡元培定下的规矩,只能给他兼职讲师的聘书,薛暮桥本人倒并不计较,但回去之后,那些政府官员很有意见,认为北大这样做太不像样,薛暮桥这么高的官员,又是的名的经济学家,怎么可以给个讲师聘书呢?后来,北大只好改了这个决定,将一些官员聘为兼职教授,而这些兼职教授,有些还是不上课的。这位先生写这段史事时写得很得意,因为改变这个决定,他是出了力的。他就不晓得,蔡元培这样做是一种人文主义的表现,是注重学术的表现。而解放后这些人所做的事,实际上是推翻了学术本位,而恢复到官本位。这是历史的倒退。可见校史上同样一件事情,是会有不同的看法的,就看你站在什么立场上讲话。站在人文主义的立场上,站在学术本位的立场上,还是站在官本位的立场上,就会得出两种不同的结论。

所以,我们研究校史,既要面对史实,也要注意观察问题的视角,即要从人文观念去看待这些问题。如果从官本位看问题,那就偏离学术的正道了。我们的大学,至今还喜欢拉一些高级官员来做教授,为自己的学校增添些光彩。这也是官本位思想作怪。这些官员,在他所从业的范围内,或许有些实践经验,你可以请他来做报告、开讲座,但做教授却不一定合适,因为他的知识缺乏系统性,跟学术的要求还是有一定距离。而教授则需要有系统的学术知识。而且,官员们公务繁多,交游也很忙,哪有多少时间来为你教学呀!

从这个角度去看,有许多办学的历史经验很值得总结,因为它对现实仍具有指导意义。

如果不认真总结历史经验,我们就无法前进。我觉得现在所犯的许多毛病,实际上过去都犯过了。由于没有好好地总结经验,所以就不断地重犯。比如说,现在大家喜欢搞集体项目,因为这样很快就能搞出成果来。可以上报成绩,可以应付检查。人家检查团要来检查我们,大家要赶快拿出许多成果来。有的学校为应付检查,花上九牛二虎之力,为了显示成绩,就喜欢走捷径。这种做法,哪里能够搞出好的成果来呢?高质量的著作,是学者穷毕生的精力搞出来的。从历史上看,这种大呼隆地搞集体项目,是"大跃进"时代的产物。应该总结一下1958年"大跃进"的经验,对这个问题可以有比较清醒的认识。以前,教授们著书立说是很认真的,穷毕生的精力,才写出一两部像样的著作来。到"大跃进"的时候,情况就不同了。为了要打破对于"资产阶级学术权威"的迷信,就发动批判运动,愈是有影响的教授,愈是有影响的著作,愈是要批判。这叫"拔白旗"。既然拔掉"白旗",那么就要插上"红旗",这样才能占领学术高地。于是发动学生跟青年教师一起搞集体著述。文学史还没有读完,还没有获得完整知识,就动手编书了。北大先带头,搞了两本红皮本的文学史,复旦马上跟上去,搞出三本黄皮本的文学史。在当时,影响都很大。复旦中文系很有雄心壮志,还要搞配套成龙,搞系列教材。《中国文学史》之外,还出版了《中国现代文艺思想斗争史》、《中国近代文学史稿》、《中国现代文学史》等,搞了一整套。都是学生跟老师一起搞,白天晚上一起战斗。大家分工,你写一章,他写一章,或几个人合写一章。有些学生还没有学过这门课,尚未入门,就可以去写教材了。因为上面支持,形成一股风气,出版社也要配合。我们系搞现代文学史的时候,上海文艺出版社特地派了三个编辑来参与,那时候书还没有写呢,编辑就先来了。一起来讨论,一起定提纲。这种集体编教材的方法,叫做"大兵团作战"。这么多人,日夜作战,那当然进度很快,一本教材很快就搞出来了,符合"多快好省"的总路线精神。但是,中国的事情都是讲风向的,先搞出来的教材,正在集体编书的风头上,当然有人出版,但风潮一过,搞得慢一点的教材就出版不了了。现在你们这些复旦学子,都不晓得复旦当年出版过一整套的教材吧?不要说你们,他们中青年教师也都不晓得。只有我们这些老头子还记得这些事。我因为下放到乡下劳动,回来迟了,我参加编写的两本书都没有能够出版。一本《鲁迅评传》,是辅导61级学生搞的,一本是《文学概论》,是辅导62级学生搞的。这两本书编好之后,"大跃进"的高潮已经过,就不能出版了。

有人鼓吹集体写作,说集体写作能够快出成果,快出人才。但这要有分析。当时集体编写的文学史的确很有影响,但那是因为上面提倡,鼓吹出来的。时过境迁,都没有能站得住脚。所以,要做出站得住脚的成果,并不那么容易。

出人才呢?各大学校都出了一些,可能与当年搞集体著作时所造成的影响也有些关系。但出人才主要看两个条件:一是个人努力,二是学术环境。留在北大、留在复旦的,当然容易做出成绩来,分到边远地区的,就难了。中国和外国不一样,在外国,个人奋斗的力量比较强一些,中国当然也有个人因素,个人不奋斗完全随波逐流混日子,当然也不行。但是客观条件显得更重要。当然你们现在的条件比我们那时好一点,你们觉得这个学校对你不合适,可以辞职另外再找工作,我们那个时候却不行,一辞职就没有工作好做了,所以客观条件是有很大的关系。

搞集体项目,有些人也可以受到一定的写作训练,但很不均衡。原来我们读书的时候,要做学年论文,毕业论文,各人自己选题,自己搜集资料,自己构思,自己写作,能受到论文写作的系统训练。搞集体项目就不同了,大家分工合作,有些人是分工搞资料,你不好讲我不搞资料,我要写,那是个人主义,不行的。所以,执笔写的人,他的锻炼可能比较多一点,而有些专门搞资料的人,写作训练就少了。所以后来还是恢复了毕业论文的写作。

当年发动学生来编书,是为了冲击老知识分子。以前的学者,有一本教材,有一部著作,就很了不得了。为了剥夺知识分子最后的资本,就要打破著书的神圣感。你们教授有知识能够写书,我要打破这个迷信,所以我将这些学生们发动起来,他们没有学过这门学科也可以写书。我给他出版,做宣传,照样可以搞得轰轰烈烈。"大跃进"时代的集体写书,就是这么一种背景。这样匆忙写出来的书,怎么能站得住脚呢?现在留得下来的,基本上都是个人的研究成果。现在重印的文学史,还是刘大杰先生的《中国文学发展史》。刘先生的那本书,当年是被批判的靶子,因为它是资产阶级学者写的书,而且很有影响。我还收藏了一本书,书名叫做《〈中国文学发展史〉批判》,这本书专门收集了我们中文系师生写的批判文章,从中青年教师、青年教师,一直到学生,大家都写批判文章。但现在回过头来看看,还是刘先生这本书写得好。我们应该总结这个经验。以我的看法,现在许多人的研究著作,实际上是做表面文章。现在我们喜欢搞重点项目,重点学科,既有钱,又有名。那个时候搞集体项目是没有钱的,我们大家去找资料的时候,在食堂里买了馒头当中饭,啃着馒头找资料,现在有大笔的经费下来,大家就更愿意搞了。我们过来人觉得,现在整个还是"大跃进"时代的那种搞法,不是踏踏实实做学问的味道。过去那样做,是为了要把做学问的旗帜从这些老知识分子手中夺过来,掌握在党领导下的青年人手里头,也就是掌握在党的手里,有这么个意图;另外呢,还要贯彻多快好省的总路线精神。你一个人长年累月地写,那是少慢差费,不符合总路线精神。刘大杰写这本书写了好多年,上册是1941年出版的,下册到1949年才出版,其间就相隔了八年,当然,刘先生这一辈子也写了好多东西,开始时介绍过德国的表现主义,而且还写过小说,他以自己为模特儿写了《三儿苦学记》,他什么都写。还写过情诗,有人写文章介绍他的情诗,题目是:《刘大杰寄情春波楼》。我们做学生时,最喜欢去找老师的著作看。但他真正有价值,能够留得下来的则是这本《中国文学发展史》——还有一本《魏晋思想论》也写得很好。一个教师,一个学者,这一辈子有一部书到两部书能够留得下来,能够有保留价值,这就很了不得了。如果写得很多,却是过眼烟云,这又有什么意思呢?以前没有这个风气的,以前发表一篇文章很不容易,出一本书很神圣。出的书不多,但是很慎重。复旦中文系的学风，原来是比较扎实的，现在完全变了，变得很浮躁。我觉得这一变化的转折点就是"大跃进"时期，就是搞"大兵团作战"搞的。当时很多领导人是从部队上下来的，所以用的是部队上的术语，叫"大兵团作战"。现在很多领导人都是理工科出身，所以用语也改了，不叫"大兵团作战"了，而叫做"××工程"。你们仔细想一想那些用语，都是有一定背景的。不但用语，而且随着这种用语而来的，是思维方法和工作方法的渗透。他们是拿部队的方法或做工程的方法来领导文科，这都是外行领导内行，这怎么能领导得好呢？

现在为什么学风搞得那样浮躁？学校的领导似乎也有苦衷。因为随时要报成果，还有发表论文也有指数。这些都影响到学校的排名。你搞几十年搞出一本东西来，有谁承认呀？

可见，这是整个体制问题，不是个人问题，也不是一个学校的问题。要改起来就更难了。但是不改，是办不好学校的。

如果我们认认真真研究中文系的系史，就会发现一个奇怪现象：凡是很虔诚地听领导的话，跟着领导走的人，没有成才的。我们系里头，现在年轻的一辈我不熟悉，年纪比较大一些，像我们这一辈，或更老的这一辈，业务上好一些的，都是受批判的。你完全跟着领导走，倒反而要迷失方向。因为领导的意见是跟着形势转的，形势一变，领导的口气也变了，他不会为你过去付出的代价、付出的时间来负责。过去谁要钻研业务，就要受到批判，你跟着领导走，热衷于政治，浪费了大好光阴，怎么能找补得回来？我们这一辈人中，有许多在业务上做不出什么成绩来，就是因为太听话，不敢钻研业务的关系。不过，当时不听话也不行，你们现在不听话还好一点，我们那时候不听话就要挨批判。我们几个喜欢写文章的青年教师，就被批判为"白专道路"。对我们一批判，其他教师就被吓住了，都不敢写文章了。你们现在需要发表文章作为学术成果，文章写得越多越好，我们那时候多发几篇文章是要受批判的。但写作是要从年轻时候就开始练习，年轻的时候不写，到年纪大了再写，笔头就显得很重了。"文革"结束那一年我是四十岁，同辈的教师都比我大几岁，甚至大十几岁。一个人到四十几岁、五十几岁才开始学习写作，是有点迟了。以前耽误掉的时间，谁负责？没有人会给你负责。上面路线一个急转弯，坐在他车子上的人，都甩到外面去了。所以我就讲，该走什么路要自己把定主意，不要盲目地跟着上面转，也不要去赶时髦。我觉得研究校史会提高认识能力，还是有好处的。看历史上怎么培养人才的，哪些方法是好的，哪些方法是不好的。我不晓得你们是从哪一个角度去研究系史、校史，我是想从总结历史经验的角度去研究，但要自己去总结，不能够跟着上面定的调子去搞。现在各个大学都在写校史，并成立有专门机构，叫校史办，但校史办并不能自己决定怎样写，要听从校领导的指示来写，这怎么能够写得好呢，这就难免要出官样文章。要认真总结经验，这样写出来的校史才能反映真实历史面貌，也能对今后工作有借鉴作用。如果是歌功颂德式的，能反映全面情况，能总结历史经验吗？

要编写校史，必然要面对校史上一些重要领导人。我们现在对前领导人的评价，完全看他以后的政治地位而定。这不是真正写历史人物的方法。无论写什么人，都要有全面观点。过去有一个讲法很好，叫作"面面观"。上面很肯定的人物,也有他的缺点;上面否定的人物,有时也有他的优点。我们要从多侧面去看,这样你才能看出他的真面目来。比如说,要写复旦的校史,就不能避开杨西光这个人,杨西光长期做复旦党委书记,后来做了市委书记处书记,也还在管着复旦,与复旦关系密切。杨西光在"文革"时期曾经被打倒,大字报上说他如何如何坏;现在则受到人们的追捧,讲他如何建设复旦,如何爱护教师,人格如何高尚。但是我觉得他是一个复杂的人物,具有多面性。他对复旦办学的确有贡献,"文革"结束后他自己也说过:我晓得办学校要靠人才、靠教师,我不能把教师都打成右派。这是实情。华东师大当年那个党委书记就差得多,他在"反右"的时候把华东师大很多老年、青年、中年的学术精英、学术骨干都打成"右派",所以华东师大"反右"之后元气大伤。复旦当然也打了好多"右派",但的确也还保护了一部分业务骨干,这样,复旦在运动之后仍保存了一些元气。这就是杨西光的聪明之处,也就是他好的一面。但是他有霸道的一面,也整了很多人,特别是对他不听话的人。杨西光霸道到什么地步?在复旦大搞一言堂,不听话的都要受打击。甚至党代会上选举时有谁没有投他的票,也要追查。有一次党代会选举党委委员,杨西光自然高票当选,但不是全票,大概缺一票,这是很自然的,但是马上追查,谁没有投这位西光同志的票。有一位政治教师,也是党代表,他不赞成这种做法,说:我是投杨西光同志的票的,但是我认为,人家不投票也有他的权利。就是这句话,反映上去,被打成"右派"。霸道到这个样子!由此可见,评价一个人得要面面观。他有好的地方,也有坏的地方。巴赫金论陀思妥耶夫斯基的小说叫作

"复调小说",复调,就是不能单调;鲁迅批评《三国演义》的写法,说好人就是绝对的好,坏人就是绝对的坏,那是古代的写法,现代作品不能这样了。我们现在写人物,真正写得好的也很少,也是片面化的多,还是好人是绝对的好,坏人是绝对的坏,而且好坏评价都是由上面定的。中国整个历史都是这么个写法,不真实。

"文革"结束之后,什么坏事都往林彪、"四人帮"身上推,这也不真实。其实,有些坏事是他们做的,有些不是他们做的。要写出真实情况来。上海有位作家写了一篇散文,说"文革"初期,某作家是"四人帮"抛出来的。其实,那时"四人帮"还未形成,王洪文还在国棉十八厂做保卫干事,他哪里有权力管市里的事?决定将这些"反动学术权威"抛出来的,是当时市委第一书记。"文革"结束之后这位领导复出了,只是换了个地方做书记,这些作家又跑去拜访他,还津津乐道,实在有点奴相。所以回忆录也不很可靠。中国的知识分子,独立意识太差,总习惯于按上面的口径来讲话。比如,纪念朱东润先生时,人们总是说造反派怎么怎么搞朱老,其实,朱老是党委点名抛出来的,当时造反派还没有形成。一位当时的党委常委跟我讲,"文革"开始时,党委常委决定,各系都定出一个重点批判对象,中文系原来报的是刘大杰,杨西光说:"你们什么都是刘大杰,中文系就没有人啦?"所以就换成朱东润。怎么说是造反派揪出来的呢?是总支提名,党委抛出来的。但是,在我说明实际情况以后,继我之后而发言的人,还是说造反派抛出来,不敢讲党委。这也是奴性在起作用。所以,要真实地叙述历史事件,不去掉奴性意识是不行的。要直面历史真实,还需要有一点勇气,而且不单是个校史、系史问题。不但现在,中国历来都如此,安史之乱之后,都说杨贵妃不好,红颜祸水。其实,没有唐明皇,杨贵妃能够做什么事?主要的责任人当然是唐明皇。但是唐明皇是皇帝,尽管后来改朝换代了,但封建文人们也没有一个敢追究唐明皇的责任,总是说杨贵妃不好。杭州岳坟前面跪着秦桧,秦桧的老婆,还有另外两个人。当然,秦桧做了很多坏事,但若没有宋高宗,秦桧能杀得了岳飞吗?岳飞是一个大将,地位也是很高的,没有宋高宗的同意,没有他的指示,秦桧能杀岳飞吗,但很少有人指责宋高宗。应该说,秦桧只能够负次要责任,杨贵妃连次要责任我看都还谈不上,首先是皇帝。看不到这一点,或者虽然看到了,而不能说出,那也不是信史。所以我觉得要实事求是地面对现实,这是一个大问题。

我讲的都是一些原则的问题,写校史、系史的方法问题。不知对你们有没有帮助?

后记

我进复旦,越五十年,百年校史,过其半矣。半个世纪来耳闻目睹,可回忆可思考者多多。只是我身处底层,局居一隅,见闻毕竟有限,只能就我个人视听所及,略作追记。好在许多师友,知我有写作《复旦往事》之举,皆竭诚提供材料,玉成其事。陈思和又在他所主编的《上海文学》上特辟专栏,予以连载,使我能在成书之前,听取读者意见,加以补充修订。

回忆文章,当以翔实为要,访谈之外,还需查核材料。可惜我们虽有档案馆之设,而不向我辈平民开放。当然还有公开发行的旧报陈刊可以查阅,但毕竟过于简略,不敷应用。"文化革命"期间的油印材料,我原来有所收藏,准备他日写作之用,但在隔离批斗之日,被作为"黑材料"悉数查抄,询问许多过来人,也都早已散失。后经朋友介绍,找到当日主编复旦大学"文化革命"《大事记》和《大字报选》的"史红战斗组"徐振保先生,才借到这两本资料,得以写成"文革"期间的几篇回忆文章。特此致谢。

其中《按照剧本排演生活》一文，则是根据旧作《人生大戏场》修改而成，这篇文章曾收在同名散文集中。文章不宜重复收集，但本文所写胡守钧案，是"文革"期间上海第一大案，牵连到复旦的许多事情，写《复旦往事》不能缺掉这一内容，我又无法将同一内容另写一篇，所以只好移用。那本散文集已绝版多年，以后倘有重印机会，当抽去此篇，以免重复。

近年我颇热衷于写作纪实文学，因为我有一种看法：中国现实之离奇，远甚于作家的艺术想象，只要将生活如实记录下来，即可说明问题，用不着作家去虚构什么。但在写作的过程中，却深感纪实之难。我想起鲁迅《写在〈坟〉后面》中的一段话："偏爱我的作品的读者，有时批评说，我的文字是说真话的。这其实是过誉，那原因就因为他偏爱。我自然不想太欺骗人，但也未尝将心里的话照样说尽，大约只要看得可以交卷就算完。我的确时时解剖别人，然而更多的是更无情面地解剖我自己，发表一点，酷爱温暖的人物已经觉得冷酷了，如果全露出我的血肉来，末路正不知要到怎样。"

鲁迅尚且如此，何况我辈！

此所以虚构文学之有活力也。

吴中杰

2004/6/2 于海上木石斋

再版后记

本书获得再版机会,在复看时,随手作了些文句上的改动,至于文意,则一仍其旧,未作修改。只是描写"一打三反"运动的第十篇,却更换了标题。这篇文章原题为《人生大戏场》,后来改题为《按照剧本排演生活》,但都觉得未能很好地表达出文中所写的内容。忽然想到,现在网上流行着一种被动句式:"被代表"、"被幸福"、"被自杀"、"被赶不上车"……因而受到了启示,深感我们在"一打三反"那场闹剧中,就是这样"被扮演"的角色,因而改题为《被扮演的"反革命"》,或者较为贴切。

被动句式并不是新出现的句法结构,但从来没有像现在这样包含着丰富的社会内容,也从来没有像现在这样引起人们的注意。被动句式的泛用和反讽化,表明被动者的觉醒。不可能再像"一打三反"和历次政治运动中那样,对被制造的冤假错案深信不疑了。这是时代的进步。但是,被动句式的流行，也表明被动者的无奈，他们仍旧处于弱势，仍旧没有主动权。要到被动者能够不被动，大概仍须继续作出相当的努力。

《谈校史的编写方法》一文，是根据我在中文系研究生"系史编写组"访谈会上发言的录音稿整理而成。他们之所以找我访谈，大概就是因为我写过《复旦往事》的缘故。这本书其实并非严格意义上的校史，只不过是以校史为题材，就我个人的见闻所及，写下的几篇纪实性文字。但既然与校史有关，那就要遵循史书的写作原则：忠于历史事实，探索历史经验。这篇访谈记录的观点，也是在写《复旦往事》中形成的。现在将它作为附录收入本书，既是自己写作态度的表白，也可以与校史作者们进行切磋，以求得到提高。

吴中杰

2011年8月1日于悉尼客舍

图书在版编目(CIP)数据

复旦往事/吴中杰著.—上海:复旦大学出版社,2012.1
ISBN 978-7-309-08632-4

Ⅰ.复… Ⅱ.吴… Ⅲ.复旦大学-校史 Ⅳ.G649.285.1

中国版本图书馆 CIP 数据核字(2011)第 250518 号

复旦往事
吴中杰　著
责任编辑/邵　丹

复旦大学出版社有限公司出版发行
上海市国权路 579 号　邮编:200433
网址:fupnet@fudanpress.com　http://www.fudanpress.com
门市零售:86-21-65642857　团体订购:86-21-65118853
外埠邮购:86-21-65109143
上海华教印务有限公司

开本 787×960　1/16　印张 24.5　字数 242 千
2012 年 1 月第 1 版第 1 次印刷
印数 1—4 100

ISBN 978-7-309-08632-4/G·1039
定价:42.00 元

如有印装质量问题,请向复旦大学出版社有限公司发行部调换。
版权所有　侵权必究